5W1H 思考で学ぶ キャッシュ・フロー計算書

2022 年実施　改訂学習指導要領（商業編）を見据えて

我妻 芳徳・著

Wagatsuma Yoshinori

はしがき

まずは、この本を手に取っていただき、ありがとうございます。皆さんはどんな方々なのでしょうか。

○商業に関する専門高校生で「財務会計Ⅰ・Ⅱ」科目で、キャッシュ・フロー計算書を学習している高校生。

○キャッシュ・フロー計算書を初めて学ぶ商科・経営系の大学生。

○簿記・会計学系の専門学校で、税理士や公認会計士を志している専門学校生で、キャッシュ・フロー計算書をもう少し深く学びたいと思っている学生。

○日々、企業の会計経理部門等で、キャッシュ・フロー計算書を含む財務諸表に携わっているビジネス・パーソン。

○キャッシュ・フロー計算書に興味・関心があり、これから学ぼうとしている方々。

●商業に関する専門高校において、「財務会計Ⅱ」科目等を教えている高等学校商業科の先生。

●商科・経営系の大学で、「財務諸表論」等を学生に対して教えたり、キャッシュ・フロー計算書を専門の研究分野になさっていたりする大学の先生。

○その他、タイトルを一見して、何となく手にとってくださった等、諸々の皆さん。

いかがですか。いずれかに当てはまりましたでしょうか。

本書は、上記に羅列した皆さんを念頭におきながら、下記の二つの目的で書きました。

目的１［●で示した読者諸氏］ 指導の手引書としてご活用できるように、基礎理論から、一般的な、いわゆるハウツー本では詳細に取り扱わない歴史的経緯等の項目も網羅しています。

目的２　［○で示した読者諸氏］ 文部科学省検定済教科書や問題集には記載されていない項目も含めて、もっと深く学ぶために、副教材的な視点での活用できるように、“５Ｗ１Ｈの思考”により、わかりやすい説明・解説をしました。とくに、商業高校で、財務会計Ⅰ・Ⅱを学ぶ高校生諸君には、学びが最適解になるように配慮しました。

それぞれ、読者諸氏の必要な章全体や部分について、ご活用いただければ、筆者にとって望外の幸せです。

ところで、筆者が、キャッシュ・フロー計算書に初めて出会ったのは、高校３年生の時でした。商業高校の出身なのですが、「簿記会計Ⅲ」科目（当時の科目、現在の「財務会計Ⅱ」に相当）の特別授業の中で、「黒字倒産」という言葉が出てきました。「何期も連続して損益計算書に、当期純利益が計上されているのになぜ企業はつぶれるのか？」腑に落ちませんでした。放課後、授業担当の先生に聞きに行くも、「自分で調べなさい」と一蹴。図書館でいろいろ調べるうち、貸借対照表や損益計算書の他に、「資金計算書」（当時はこのように呼んでいた）なるものが存在することを知ったのです。なぜ？？　好奇心は尽きない。大学に進学した大きなきっかけにもなりました。

大学では、早速、会計学の基礎はもちろん、管理会計・経営分析の領域（とくに資金会計論）に深くふれることになりました。アメリカにおける資金計算書の考察をとおして、件（くだん）の黒字倒産のメカニズムも鮮明になりました。好奇心はとどまらす、「ドイツでは、資金計算書論について、どのような研究が行われているのだろうか、アメリカの資金計算書とどう違うのだろうか」という疑問。神戸まで足を伸ばし、大学院にて、ドイツ簿記理論・資金会計論の権威の先生に師事し、継続研究。

修了後は、地元山形に戻り、公立高等学校の商業科教員として、母校を中心に、34年間教鞭をとりました。会計関係科目（簿記・財務会計・原価計算等－時代によって科目名は異なる－）がメイン担当でした。キャッシュ・フロー計算書に関する指導は、平成20年度から、10年間携わりました。その傍ら、リカレント教育として、会計学指導のスキルアップとして、再び大学院の門をたたき、最新のキャッシュ・フロー計算書論を極めています。簿記会計は私にとってライフワーク。簿記の800余年の歴史のなかをさまよい続けています。

かの有名な元ＮＨＫアンウンサーの鈴木健二氏は、「知るは楽しみ、知識は財産、たくさん持つと人生を楽しくしてくれる」といった名言を番組の中で常套句とされていました。本書では、筆者の、こうした長きにわたる継続研究の一端を紹介していきます。かつて、ある生徒は、

「キャッシュ・フロー計算書は、最初むずかしそうで、とっつきにくかったが、いざ学習してみると、意外と楽しかった」という趣旨の感想を残しています。

それでは、キャッシュ・フロー計算書の“知の扉”を早速、開いていきましょう。

令和3年2月10日 「簿記の記念日」にて

目　　次

序章
はじめに

1．本書を著すにあたって

1－1　キャッシュ・フロー計算書に関する指導上の諸課題の浮彫り

わが国において、平成10年[1]（1998年）3月、企業会計審議会より、「連結キャッシュ・フロー計算書等の作成基準の設定に関する意見書」（以下、「意見書」と略称）が公表されたことは周知のとおりである。このことにより、従前、財務諸表外として使用されていた資金収支表に代えて、キャッシュ・フロー計算書（以下、引用の場合を除き、総称としてこの名称を用いる）[2]を財務諸表のひとつとして位置づけられることになった[3]。併せて、同年6月には、日本公認会計士協会から「連結キャッシュ・フロー計算書等の作成に関する実務指針」（以下、「実務指針」と略称）[4]も出されている。また、翌年3月には、「財務諸表等の用語、様式及び作成方法に関する規則」および「連結財務諸表の用語、様式及び作成方法に関する規則」（それぞれ大蔵省令第21号・第22号、現内閣府令）が改正され、2000年3月期から、金融商品取引法の適用になる連結企業にあっては、連結キャッシュ・フロー計算書の作成および開示が義務付けられることとなった。

こうした一連の、わが国のキャッシュ・フロー情報のディスクロージャーの充実の流れに呼応し、高等学校商業教育の場面でも、平成11年（1999年）3月告示（平成15年度実施）の前高等学校学習指導要領商業編（以下、前指導要領と略称）の「会計実務」科目の中に、初めて「キャッシュ・フロー計算書」と題する学習単元が導入されたのである。

筆者が勤務する商業に関する専門高等学校[5]（以下、本校と略称）においては、前指導要領の実施に向け、小学科名を変更するとともに教育課程表の編成を大幅に見直し、平成18年度入学生から「会計実務」科目を3年次の3学科[6]共通の選択科目（2単位）として履修させることとなった。

このような経過のもと、平成20年度より、これまでの10年間、筆者を含め本校の4名の教員が、当該科目の授業に携わることとなった。導入当初、選択生徒も50名（1学年在籍160名）を超え、前指導要領の解説書と教科書、教科書準拠ワークブック等を参照し複数の教員で綿密な打ち合わせのうえ授業計画を立案するものの、われわれ教員にとっても初めての科目であり、授業は試行錯誤の連続であった。平成25年度実施（平成21年3月告示）の現行の学習指導要領に切り替わり、取り扱い科目は「財務会計Ⅱ」になったが、キャッシュ・フロー計算書に関する単元の指導項目・内容に関しては、ほぼそのまま踏襲されていたこともあり、試行錯誤の状態はそれほど変わらなかった。筆者自身、いま改めて指導を振り返ると、10年間の授業実践の中で抱えた3つの指導上の課題が見えてきた。下に掲げると次のようである。

（1）会計実務または財務会計Ⅱ科目のねらいや特質[7]から、財務会計Ⅰ（旧「会計」）科目に比して生徒にとって会計実務または財務会計Ⅱの科目内容自体を難解と感じており、興味・関心が持ちづらいという課題。とりわけキャッシュ・フロー計算書の単元は、3年次になるまで概要しか触れておらず、初めての学習項目だけになおさらであること。

（2）年間指導計画における単元配当時間[8]の制約から、何をどのようにどれだけ指導するか、すなわち、教材観および指導観の見極めをどうするかという課題。特に生徒の学び（理解度）を深化させるための指導法の工夫と改善をどう進めるかということ。

（3）キャッシュ・フロー計算書の指導法に特化した参考書や副教材は、筆者の知るかぎりほとんど市販されておらず、指導教材の背景となるべきキャッシュ・フロー計算書に関する会計理論や会計制度等の教材研究をどう進め、どう教材化し、授業の中でどのように反映させ、活用するか、といった課題である。

1－2　本書執筆のねらい

本書の主たるねらいは、こうした指導上の課題を解決するために、キャッシュ・フロー計算書に関する理論研究および制度化の論理を考察することをとおして、指導者のための手引書の作成を試みることにある。

その具体的な研究手順は、平成30年（2018年）4月公示、令和4年（2022年）4月実施の改訂指導要領[9]の内容を十分に見据えながら、まず、指導に必要なキャッシュ・フロー計算書に関して内容が深く、幅広い教材研究を先行研究レビューに範をとりながら行っている。次に同時展開で、探究型学習[10]とケーススタディの手法を中心に据えた授業を実践研究[11]することにより、キャッシュ・フロー計算書に関する新たな教材観および指導観を模索する。さらには、それを実現するために、文部科学省の検定済教科書が刊行される前に独自の、キャッシュ・フロー計算書に特化した教科書およびそれに付随する指導者（おもに高校の商業科教員）誰でもが汎用的に活用できる指導手引書の足掛かりとなる、その歴史的経緯、基礎概念、基礎概念に内包する課題論点、将来志向的キャッシュ・フロー計算書および制度化の論理ついて、それぞれ考察している。

1－3　研究の手順・方法

本研究のねらいをもとに、研究の手順・方法および構成（章立て）を可視化し俯瞰できるように、［図表0－1－4①　本研究の論文構成イメージ関連図］を作成した。この図にしたがって研究手順と方法を順に羅列する。

（1）教材研究～キャッシュ・フロー計算書に関する会計理論研究

①　キャッシュ・フロー計算書に関わる三者の情報利用者（株主・投資家、債権者、および経営者）のそれぞれからみたキャッシュ・フロー計算書の意義・目的・役割・必要性・計算書の作成や表示方法等を考察すること。

②－1　ヨーロッパ圏主要国（イギリス・ドイツ・フランス）、アメリカおよびイベロアメリカ圏[12]の代表としてのメキシコの5か国における歴史的経緯とわが国の理論研究への影響を考察すること。

②－2　ヨーロッパ圏主要国（イギリス・ドイツ・フランス）、アメリカお

よびイベロアメリカ圏のメキシコの5か国における制度化の歴史的経緯とりわけ、キャッシュ・フロー計算書の源流とされる制度を考察し、他の諸国の制度化やわが国の制度化へ与えた影響、あるいは諸国間の関係性を考察すること。

具体的には、下記の制度についておもに取り上げる。

ア　イギリス　「SSAP 10号」、「FRS 1号」・「改訂FRS 1号」

イ　ドイツ　「商法典　第287条（1998年改正）」
「企業領域における統制および透明化に関する法律（コントラック法）」

ウ　フランス　1982年版「プラン・コンタブル・ジェネラル」

エ　アメリカ　わが国の制度化に最も多くの影響を与えたと思われるアメリカにおけるオピニオンとステートメントの2点
a 会計原則審議会意見書第19号
(Accounting Principles Board OpinionNo.19) 1971年
以下、「APBO 19」と略称
b 財務会計基準書第95号
(Statement of Financial Accounting Standards No.95)
1987年　以下、「SFAS 95」と略称

オ　メキシコ　商法典 会社法の会計規定

②－3　わが国における制度化の経緯と諸外国からの影響について考察すること。

ア　1953年　大蔵省令第74号「有価証券の募集又は売出等に関する省令」

イ　1998年　「意見書」および「実務指針」

③－1　国際財務報告基準（以下、IFRSと略称）の国際会計基準第7号(International Accounting Standard NO.7)（以下、IAS 7と略称）に触れながら、IFRSの二つの公開草案（2010年および2019年）を検討することによって、将来志向的キャッシュ・フロー計算書に関する考察を行うこと。

③－2　ローソンをはじめとして、イギリスでかつて研究されていた将来志向的キャッシュ・フロー計算書の学説、アメリカの「バッター営業予算」における「ファンド・フローの計画表」の意義、リュッケに

代表されるドイツの「資金計画論」、およびわが国における将来志向的なキャッシュ・フロー計算書と考えられる予算会計における予算キャッシュ・フロー計算書に関する理論と実践を検討することによって、将来志向のキャッシュ・フロー計算書に関する考察を行うこと。

④ キャッシュ・フロー計算書に関わる課題・問題点を浮彫りにして、それらの課題について考察すること。

（2）授業実践研究

平成29年度および平成30年度の授業計画と実践とふりかえり。

（3）わが国における、これからのキャッシュ・フロー計算書とそれに関する指導

わが国は現在、グローバル化社会が進展し、企業会計を取り巻く経済環境は大きな変動の中にある。この傾向は高度なＡＩ技術の発展をともない、ますます加速度を増すと思われる。

こうした中にあって、企業のキャッシュ・フロー計算書はどのようになっていくのだろうか。連動して、キャッシュ・フロー計算書に関わる指導はどのようにしていけばいいのだろうか。2022年実施改訂指導要領は、文部科学省の見解によれば、10年後の社会を見据えて作成されたという。改訂指導要領の意図するところを踏まえて、本書では、キャッシュ・フロー計算書の動向とその指導に関わる動向および今後の課題について考察を加え、指導手引書の編修を考察する。

１－４　本書の章立て

上記の主題設定の理由、本書のねらい、研究手順・方法から、具体的に次のように本書の章立てをする。「序章」と「終章」を加えて、全８章とする。それぞれの章構成の関連図は、［図表０－１－４①］として掲載する。

はしがき　～学び・研究のプロローグ～

序　章　はじめに

第１章　キャッシュ・フロー計算書に関する基礎的知識　～５Ｗ１Ｈ思考による～

本書は、下記のとおり“２枚看板”の方法で論述する。

１枚目（表側）：キャッシュ・フロー計算書に関する理論研究および制度化の論理

２枚目（裏側）：キャッシュ・フロー計算書に関する指導手引書の作成

つまり一つの論文でありながら、二つの成果を期待するものである。前頁の［図表０－１－４①］に示すとおり、１枚目は、考察の視点の横軸を“過去”“現在”“将来”という時系列とする。そして、縦軸は、上部の象限に理論研究と制度化の論理をとり、下部の象限には、上限にもとづいた指導領域を示している。横軸と縦軸とは、複雑に結びついており、すべての矢印では表せないほど複雑な関連性を持っていると考えられる。

一方、２枚目は１枚目の論考を教科書に準拠する形で、章の順番を入れ替えて、加筆修正すれば、そのまま、オリジナルの指導手引書になるというわけである。中心になる章は、第１章の基礎的知識である。実際の指導手引書の編修においては、第１章をメインストリームとしながら、第３章の制度化の論理および第２章の歴史的経緯を脚注またはコラム的な扱いを想定している。第４章については、重要な指導教材であるので、別枠での取り扱いを考えている。

１－５　期待される教育的効果および本書の意義

前指導要領において、会計実務科目（現行の指導要領においては財務会計Ⅱ科目）の中に、キャッシュ・フロー計算書に関わる学習単元が導入されてから早10年余が経過しようとしている。しかしながら、簿記科目から比べれば指導の歴史ははるかに浅く、文部科学省検定済の財務会計Ⅱ教科書[13]のまえがきにも記載されているように、会計科目群の中では、生徒にとって難解な学習領域とされている。同様に、筆者も含めてわれわれ高等学校商業科教員等の指導者にとっても、会計学学習領域のなかでも難解な指導領域であるといえよう。授業実践にあたり、十分な教材研究と教授法研究について幅広い情報が満載された指導手引書が必要な所以はここにある。

[図表0－1－4① 本研究の構成イメージ関連図]

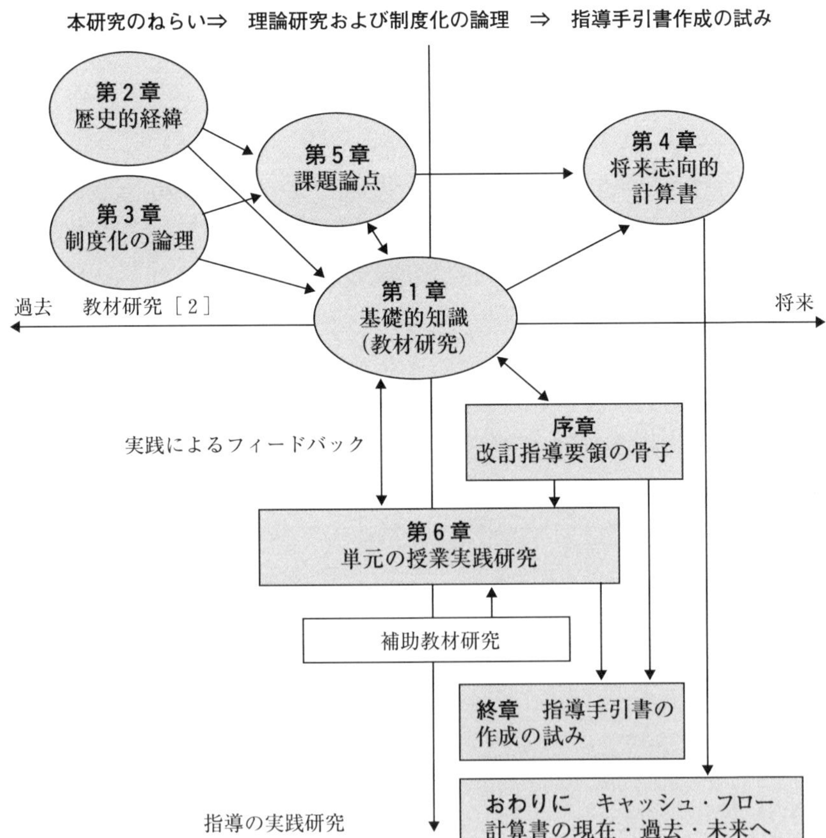

まして、キャッシュ・フロー計算書に特化した指導の手引書や参考書、問題集の市販は稀有であることに加え、全国の高等学校で商業科（大学科）のうち、財務会計Ⅱを必修・選択を問わず教育課程表に入れているのは、過半数程度しかない現状[14]である。また、財務会計Ⅰ科目も含めて、高等学校教員によるキャッシュ・フロー計算書に関する授業実践事例、授業報告、研究発表および論文を公にしているケースも極めて少ない[15]。

こうした意味で、本書の研究は、キャッシュ・フロー計算書の単元における効果的で生徒諸君にとってわかりやすい指導に導くため指導手引書のモデルあるいは事例になるとともに、上記の諸課題の解決に一石を投じるものと考える。

2．2022年実施改訂学習指導要領（商業編）の骨子

2022年実施指導要領を見据えた指導手引書を作成するには、指導要領改訂の趣旨や骨子を把握しておく必要がある。ここでは、2018年3月に公示された改訂学習指導要領の解説書にしたがい、まず、商業教育の視点からその全体像を概観したい。次に、キュッシュフロー計算書の単元について、単元の目標、指導項目、指導内容の概要を確認したい。

2－1　改訂指導要領の全体像と商業教育

最初に、文部科学省[16]によれば、改訂の基本的な考え方（理念）は以下の3点にあるという。

① 社会や世界の状況を視野に入れ、学校教育をとおしてよりよい社会を創る目標をもち、社会と共存すること

② これからの社会を生きていく子どもが、自分の人生を切り開いていくための資質・能力とは何かを明確にして育むこと

③ 学校内のみならず、社会と共有・連携しながら社会に開かれた教育を実践すること

商業科にあってはこのような理念のもと、時代の変化に対応するとともに社会の要請に応える視点から改訂を図ったという。近年、経済のグローバル化、

情報技術の進歩等、経済社会が大きく変化する中にあって、専門的な知識や技術も変化し、高度化している。こうしたことを踏まえ、教科の目標も科目構成の改善が図られた。商業科として目指す人材像は、「ビジネスを通じて地域産業をはじめ経済社会の健全で持続的な発展を担う職業人」としている。この職業人に求められる資質・能力は3つの柱、①知識および技術、②思考・判断・表現力、③学びに向かう力、人間性である。このような資質・能力を育むため、4分野20科目の編成になっている。各科目とも、商業の見方・考え方を働かせ、実践的・体験的な学習が期待されている。

次に、学習内容と学習指導内容の改善・充実を概観する。

経済のグローバル化が進展する中で、企業活動が社会に及ぼす影響に責任をもち、地球規模で経済を俯瞰し、経済のグローバル化に適切に対応して直接的・間接的に他国との関わりをもってビジネスを展開するのに必要な資質・能力を育成する観点から、会計分野においても、指導項目の充実が図られている。

学習指導の改善・充実については、育成すべき3つの柱（知識・技能、思考・判断・表現力、学びに向かう力）をバランスよく実現できるように、単元の配当時間を見通しながら、「生徒の主体的で対話的な深い学び」に向けた授業改善が重要となる。商業科においては、これまでもこうしたスタンスで指導してきているところであるが、生徒や学校の実態に応じ、より充実した授業が期待される。「主体的で対話的な深い学び」の内容は次のようである。

①主体的な学び…ビジネスに関する課題を自ら設定し、習得した知識・技術を活用する「課題解決学習」等が考えられる。

②対話的な学び…ビジネスに関する具体的な事例を取り上げ、生徒同士でディスカッションを行うことが考えられる。

③深い学び…商業の見方・考え方を働かせながら、課題の探究のプロセスにおいてめざす資質・能力の度合いを検証し、次の学習活動につなげていくこと等が考えられる。

さらには、今次の改訂の特徴は、各科目の目標や内容の示し方をわかりやすくするために、次のように統一されていることである。具体的には5つのステップで表現されている。

① 目指す人材像は何か

② そのための資質・能力は何か
③ 何を学ぶか
④ どのように学ぶか
⑤ （その結果）何が身についたか

この示し方のイメージを図示すると下のようになる。

［図表０－２－１①　改訂学習指導要領における学びのイメージ］

改訂指導要領の方向性

新しい時代に必要となる資質・能力の育成と、学習評価の充実
生きて働く知識・技能の習得 ═══ 未知の状況にも対応できる思考力・判断力・表現力の育成
何ができるようになるか

↓

各学校におけるカリキュラム・マネジメントの実現

↓　↓

何を学ぶか	どのように学ぶか
新しい時代に必要となる資質・能力を踏まえた教科・科目の新設や目標・内容の見直し（構造的に示す）	学びのキーワード 「主体的で対話的な深い学び」いわゆる「アクティブラーニング」の視点からの学習過程の改善

出所：文部科学省「新しい学習指導要領の考え方」（2017）の図表をもとに、筆者作成　www.mext.go.jp/icsFiles2017/pdf（2020 年 5 月閲覧）

2－2　財務会計Ⅱの目標とキャッシュ・フロー計算書の単元目標および指導項目

「指導要領商業編（平成 30 年告示）解説」[17] から、目標、育成すべき必要な資質と指導内容を概観する。

［財務会計Ⅱ　目標の要旨］

商業の見方・考え方を働かせ、実践的・体験的な学習活動を行うことなどをとおして会計情報の提供と活用に必要な資質・能力を育成する。 (1) 財務会計について、実務に即して、体系的、系統的に理解し、関連する技術を身につける。 (2) 財務会計に関する法規、基準、会計処理の妥当性と課題を見い出し、ビジネスに関わる者として創造的に課題に対応する。 (3) 自ら学び、国際的な会計基準を踏まえた適切な会計情報の提供と活用に主体的にかつ協働的に取り組む。

［キャッシュ・フローに関する財務諸表　単元の目標］

上記の科目目標を踏まえ、キャッシュ・フローに関する財務諸表についての知識・技術などを基礎にして、企業会計に関する法規と基準を実務に適用し、適正なキャッシュ・フローに関する財務諸表による適切な会計情報の提供について、組織の一員としての役割を果たすことができるようにすること。

このねらいを実現するための次の3つの事項を身につけるよう指導する。

キャッシュ・フローに関する財務諸表について、

① 理論と実務を関連付けて理解し、関連する技術を身につけること

② 法規と基準、会計処理方法の妥当性と実務における課題を発見し、その課題に対応すること

③ 自ら学び、適正なキャッシュ・フローに関する財務諸表による適切な会計情報の提供について主体的かつ協働的に取り組むこと

指導項目は以下の２項目である。

① 資金繰りの重要性:適切な資金繰りをおこなうためのキャッシュ・フローに関する財務諸表の意義についても取り扱うこと

② キャッシュ・フローに関する財務諸表の作成:取り入れる項目

・営業活動、投資活動および財務活動によるキャッシュ・フローの重要性

・キャッシュ・フロー計算書を作成する方法

・資料をもとにしてキャッシュ・フロー計算書を作成する学習活動

以上、2022年実施の指導要領を概観したが、大きな変更点は以下のようである。

すなわち、①指導目的の具体的明確化、②指導法の骨子の明確化、そして③計算書の名称変更であった。とりわけ、②は改訂の大きな“目玉”とされ、「主体的で対話的な深い学び」(いわゆるアクティブラーニング)という教授法が示された。また、指導項目と指導内容については、現行のものを踏襲しているけれども、指導上の留意点については、「ビジネスの感覚を働かせ」とした文言を追記し、生徒に考えさせる指導を要求していることが窺える。

さらに、③に関して学習単元名が、現行の「キャッシュ・フロー計算書」から「キャッシュ・フローに関する財務諸表」と表記が変わっている[18]ことに注意しなければならない。

以下、本書ではここで概観してきた改訂指導要領の骨子を念頭に置きながら、キャッシュ・フロー計算書に関する教材研究として理論研究および授業実践研究を行っていくとともに、この骨子に沿って、単元の指導計画・実践研究を行い、指導手引書の作成を試みる。

1　年号については、例えば政府刊行物や会計法規等、和暦を用いる参考文献・資料については、原則的に和暦と西暦を併記、その他の参考文献は西暦に換算して表記することとした。

2　本書では、文献の引用、参照を除き、資金計算書などの様々な名称が付されたキャッシュ･フローに関する計算書の総称として用いることにする。また、特に断らないかぎり、連結、個別の計算書を区別せずに論述する。

3　企業会計審議会「意見書」「二キャッシュ・フロー計算書の位置付け」に記述がある。

4　平成11年改正、平成19年最終改正されている。

5　山形県立米沢商業高等学校

6　総合ビジネス科、国際ビジネス科、情報ビジネス科の小学科（平成18年度当時）

7　指導要領によれば、科目のねらいは「ビジネス」における会計の現状について理解させ、実務に対応した会計に関する知識と技術を習得させるとともに、（以下省略）とされており、直接的には、旧「会計」科目または財務会計Ⅰ科目の発展学習ではないと考えられる。

8　２単位の授業では、年間の配当時間は実施曜日により変動するが、概ね60～65時間とされる。そのうち、キャッシュ・フロー計算書の単元の標準配当時間は6～7時間である（実教出版編修部『財務会計Ⅱ指導書』」2015　見開きによる）。

9　文部科学省ＨＰ参照　2018年5月1日閲覧（www.mext.go.jp／）

10　いわゆる「アクティブラーニング」と軌を一にする教授法。

11　本書では、授業実践研究は第6章で取り上げる。下記の拙稿も参照されたい。
［我妻2018］我妻芳徳「キャッシュ・フロー計算書に関わる指導法の研究」『商業教育論集』（日本商業教育学会）第28集　2018年
［我妻2019］我妻芳徳「ケース教材を活用したキャッシュ・フロー計算書に関わる授業実践研究」『商業教育論集』第29集　2019年

12　イベロアメリカ圏は、かつてスペインとポルトガルの植民地であった諸国を指すが、ここでは、人口も一番多くアメリカに隣接していることからメキシコを取り上げた。

13　［大塚宗春他2012］『財務会計Ⅱ』実教出版、高等学校文部科学省検定済教科書

14　文部科学省　「商業教育の実態調査資料」による。（2019年8月10日現在のデータ）

15　もちろん、キャッシュ・フロー計算書に関わる指導において意欲的に取り組まれている先生もおられる。例えば
［中筋2017］中筋健太「財務会計Ⅰ科目の中でのキャッシュ･フロー計算書の指導」『商業教育研究』第69号（公益財団法人全国商業高等学校協会）2017年　がある。

16　［西村2018］西村修一「高等学校学習指導要領の改訂と商業教育」『とうほう navi 商業情報』第11号　2018年　1-8頁参照

17　文部科学省『高等学校学習指導要領（平成30年告示）解説』実教出版　2019年

18　このことについて、文部科学省の教科調査官の先生（商業科担当）にお会いした時に、なぜ変更になったか、お尋ねしたところ、後日、文部科学省の見解として、次のような返答をいただいた。「10年後を見据えたときに、キャッシュ・フロー計算書という命名が変更になる可能性もある。指導上は、キャッシュ・フロー計算書のままで構いません。」と。

第１章
キャッシュ・フロー計算書の基礎的知識

1．はじめに　～“現在”の理論から見えるもの～

次章においては、各国のキャッシュ・フロー計算書の歴史的経緯、とくにその萌芽についてレビューするわけであるが、そこでは、各国とも、その国固有の独自性が感じられ、わが国の現在のキャッシュ・フロー計算書の基礎概念に大きな影響を与えていることが鮮明に見えてくる。

本章では、多様な観点から、キャッシュ・フロー計算書について、その基礎的な知識を確認していく。なお、本章の内容は、キャッシュ・フロー計算書に関する教育指導実践のテキストおよび指導手引書として編修することを前提としている。したがって、取り上げた項目は、序章で概観した2022年度実施改訂指導要領の指導項目および内容を中心にして構成されている。商業高校生の皆さんに対して、あるいは商学系大学の会計学を学ぶ初心者学生諸氏に対して、わかりやすい説明を行っていく観点から、いわゆるプレゼンテーションのための「５Ｗ１Ｈ」の思考スタイルを導入することとした。

2．キャッシュ・フロー計算書の５Ｗ１Ｈ思考による意義付け

「５Ｗ１Ｈ」は、周知のとおり、ＷＨＯ（誰が)、ＷＨＥＲＥ（どこで)、ＷＨＥＮ（いつ)、ＷＨＡＴ（何を)、ＷＨＹ（何のために、なぜ)、ＨＯＷ（どのように）の頭文字を取ったものである。よく事業プロジェクト企画やイベント企画のプレゼンテーションの場面で用いるのが定説となっている。

本章のテーマであるキャッシュ･フロー計算書の基礎的知識に関して､次ページのような一覧表［図表１－２①　５Ｗ１Ｈ思考によるキャッシュ・フロー計算書の基本概念一覧　Ｑ＆Ａ］を作成し、取り上げる指導（説明）項目を簡潔にまとめてみたい。

ところで､キャッシュ･フロー計算書に関する書籍､論文､雑誌･新聞記事等は､わが国に限ってみても、膨大な件数に上る。［松村 2011］[1] によれば、1998 年「意見書」が公表された翌年 1999 年には､「キャッシュ・フロー」というキーワードだけに限定すると 1418 件という膨大な件数を数えるという。さらには、1999 年に公表された関連論文に限ってみると、350 件にものぼっているというのである。わが国では､「キャッシュ・フロー経営」のブームに相まって、1990 年ごろから件数は増えはじめたが、1999 年をピークに漸減し、2010 年頃には、キャッシュ・フロー計算書に関する論文数も、かなり少なくなっている現状であることがわかる。

こうした膨大な文献のなかから、2010 年以降の、一般に市販されている、いわゆるハウツー本を含め、専門の書籍、学術論文等の一部を垣間見るとき、その意義（意味）や計算書のねらい、表示、作成方法等の表現や意図するところが微妙に違っていると感じられる。

こうしたなかで、一覧表を作成にあたっては、教科書および指導手引書というスタンスに鑑み、現行の高等学校商業科で使用されている文部科学省検定教科書「財務会計Ⅱ」科目[2] および数冊の会計学・財務会計論に関する専門書、およびキャッシュ・フロー計算書に特化した文献を中心に参照することとした。

この一覧表に関して、簡潔にコメント欄について解説しておきたい。

まず､項目Ａのキャッシュ･フロー計算書の意味についてである｡キャッシュ･フロー計算書に関するほとんど文献では、多少の表現は異なるものの、内容解釈としてはほぼ同一な意味説明であると考えられる。このような辞書的な表現はひじょうに抽象的であるけれども、突き詰めていくと、おそらく原点は、どれも「意見書」であったり、FASB の SFAS95 で示された定義であったりと考えられる。キャッシュ・フロー計算書に関する指導実践では、導入場面では簡単な説明にとどめ、むしろ、単元の最終段階のふりかえりの学習の場面で、詳細を解説した方が理解の深化を促すことができると考える。したがって、こ

［図表1‐2① 5W1H 思考によるキャッシュ・フロー計算書の基本概念一覧 Q＆A］

項目	5W1H	設問（Q）	Text	コメント：簡易な回答 （A）
A	WHAT	①キャッシュ・フロー計算書とは何ですか？意味 ②キャッシュとは何ですか？	○	①一会計期間における企業のキャッシュ・フローの状況（動き）を一定の活動区分別に表示する財務諸表[3]。 ②キャッシュの範囲は、現金および現金同等物である。
B	WHO To WHOM	誰が、誰に対して作成・提供するのですか？	×	作成者：経営者 提供先：財務諸表（キャッシュ・フロー情報）の利用者 具体的には①株主・投資家、②債権者③経営者自ら、④その他利害関係者
C	WHEN	いつ、提供するのですか？	×	・連結会計の場合：第2四半期と決算期開示する。第1と第3四半期は任意。 （連結財務諸表規則による） 個別の場合は作成のみ
D	WHERE	どこで作成？	×	企業内 有価証券報告書のひとつとして
E	WHY	この計算書は、なぜ作成するのですか？ その必要性はどこにありますか？	 ○ ○ ○ ○ × ○	想定される（期待される）作成目的[4] 理由1：資金繰りと黒字倒産の回避 理由2：利益の質＝発生主義との乖離 理由3：営業活動の現金創出能力評価 理由4：配当金支払能力、債務返済能力 理由5：投資・財務活動の財政状態への影響評価・分析 理由6：経営者の経営のための資料
F	HOW	①どのように表示区分されますか？ ②どのような表示方法があり、どのように計算書が作成されますか？ 各々の長所と短所は？ ③配当金や利息は、どの区分にはいりますか？	○ ○	① キャッシュ・フローの状況を活動区分ごとに3区分で表示する。 Ⅰ 営業活動によるキャッシュ・フロー Ⅱ 投資活動によるキャッシュ・フロー Ⅲ 財務活動によるキャッシュ・フロー ② 方法1：直接法 方法2：間接法 ※各々の方法の長所と短所の検討は別途掲載する。 二者択一の選択制が認められている。

※テキスト欄は、［桑原知 2018］現行の高等学校商業科教科書『財務会計Ⅱ』において、本文中に説明の記載があれば○印、なければ×印を付した。△印は一部分の取り扱い。

こでは辞書的な意味では、とくに異議・問題はないとして深入りしないこととする。

しかし、②のキャッシュの範囲について、煩雑でわかりにくいため定義[5]の確認が必要であると考える。［図表１－２②］にまとめる。

［図表１－２②　キャッシュの範囲］

(1)	現　　金	手許現金 要求払預金 　普通預金 　当座預金 　通知預金	⇒簿記上の、いわゆる「現金」のこと ⇒引出前の２日以上前銀行に通知必要
(2)	現金同等物	定期預金 譲渡性預金 コマーシャルペーパー（ＣＰ）等	⇒資金調達のために企業が短期的に振り出す約束手形のこと

※　○現金同等物とは、容易に換金可能であり、かつ価値の変動について僅少なリスクしか負わない短期投資をいう。短期投資とは、取得日から満期日までの期間が３カ月以内のものであることをいう。
○現金同等物は、現金同等に支払い手段として役だつ資産が該当する。
○注意しなければならないのは、市場性のある有価証券は現金同等物には該当しないことである。有価証券は頻繁に価格変動があり、リスクが高いためである。

次に、項目ＣおよびＤについてであるが、記載されている文献は僅少である。監査法人が、著作している実務書の一部に掲載があるのが見受けられるのみである。したがって、高等学校の教科書には記載がない。“ＷＨＥＲＥ”はなくても支障はないと思うが、もっとも高等学校商業科教科書は連結財務諸表ではなく個別のキャッシュ・フロー計算書の学習を前提としているにしても、参考としていつ計算書を開示するのか[6]に関しても、教科書の脚注欄にでも示してもよいのではないかと考える。

３．キャッシュ・フロー計算書の利用者別の目的・機能

ここでは、上記の一覧表のなかの、“ＢとＣ”との関連性について、若干考察することは重要であると考える。というのは、キャッシュ・フロー計算書の

利用者である株主と投資家、債権者、そして経営者にとってそれぞれが、求めている（期待している）計算書の目的・機能が違うのではないか、と考えるからである。

キャッシュ・フロー計算書に関する書籍や論文を紐解くとき、そのほとんどは、キャッシュ・フロー計算書が誰のために作られ、あるいは誰の立場で活用されるか、明言していないと感じるのは筆者だけだろうか。半ば暗黙の了解で、最後までその書籍や論文をよく読みこなさないとどちらの立場から論述しているのかわからないケースが多いと気づく。したがって、ここで、立場ごとに、［梅田 1999］[7]の論考を参考にして、計算書の必要性との関連性を整理してみたい。

3－1　株主・投資家の立場から見たキャッシュ・フロー計算書の必要性

株主・投資家の立場に立てば、最大の関心事は、いうまでもなく価値のある会社すなわち、長期的な株主リターン（配当＋株価上昇）の高い会社への投資ということになる。換言すれば、株主の拠出した資本を効率的に使って高リターンをもたらしてくれる、投資効率のよい会社に、原則的には着目し、投資していると考えられる。

株式市場は、企業が直面する多様な事業環境によって時々刻々と変化することは周知のとおりである。わが国では、株式市場のグローバル化の進展にともない、外国人による日本株の保有額が、上場株の時価総額換算で、年々上昇している傾向もある。

こうした背景の中、キャッシュ・フロー計算書の必要性を論じるためには、逆の立場で、コーポレート・ガバナンスのことも検討の範囲に入れなければならない。昨今、コーポレートガバナンスの議論をよく目にする。資本主義経済の下では、「株主価値の最大化」が企業の目的となるわけだが、もちろんその場合、従業員や社会貢献を無視してよいというわけではない。経営者は市場をとおして、各々のステークホルダーの利害調整をしつつ、株主利益を追求することになる。したがって、顧客や従業員の満足度の向上は、企業価値の最大化を長期的に図っていく上でひじょうに重要なファクターとなる。

一時期話題になったキャッシュ・フロー経営においては、将来長期的に、獲得するキャッシュを最大化することに主眼が置かれ、そのキャッシュをもたらすために、いくらのキャッシュが使われたかが管理される。この意味では、まさに、株主・投資家向けの経営スタイルということができよう。

アメリカにおいては、古くからキャッシュ・フロー情報と株価との相関関係について、実証研究が進んでいる。ホルト・バリュー・アソシエーツ社の調査研究によると、当期利益よりもキャッシュ・フロー情報との相関関係がより高いことが実証されている（出所：HOLT Value Associates, アメリカの株価と会計利益指標、および同社「アメリカの株価とキャッシュ・フロー指標」,1993)。このことは、株主・投資家がキャッシュ・フロー情報を重要視していることがわかる。また、プライスウォーターハウスの調査によれば、株主・投資家は「一株当たりの利益」とともに、キャッシュ・フロー情報の分析も行っているという。わが国においては、こうしたキャッシュ・フロー分析手法の利用割合は、アメリカに比べてかなり少ないという調査結果も出ている。キャッシュ・フロー情報を、わが国の株主や投資家は、あまり利用していないということだろうか[8]。一方、プライスウォーターハウスが、イギリスの投資家に対して、「価値ある情報とは」というテーマでアンケート調査（1997年調査）を行っている。その回答結果は、キャッシュ・フロー情報が有用であるという回答が約83%（複数回答）という比較的高いデータ集計結果を示している。

さて、こうして見てくると、日本のみならず世界的にも、株主・投資家は、キャッシュ・フロー情報を重要視していることが分かったわけだが、それを分析する基礎データとして、キャッシュ・フロー計算書に何を求めているのだろうか。つまり、株主・投資家にとって、キャッシュ・フロー計算書の目的・機能は何だろうか。

先に示した、[図表1－2①] Eの理由・目的に照らし、詳細を検討する。

株主・投資家の立場に立つとき、キャッシュ・フロー計算書に対して想定される（期待される）目的は、おもに表中で掲げた以下の4つの観点であると考える。すなわち、

理由1：資金繰りと黒字倒産の回避、理由2：利益の質＝発生主義との乖離＝「アクルーアル」、理由3：営業活動の現金創出能力および理由5：投資・財務活動の財政状態への影響の評価である。

［理由１：資金繰りと黒字倒産の回避］

この目的は、後述する経営者の立場からみたキャッシュ・フロー計算書の必要性と重なる部分でもある。つまり、資金繰りは、株主・債権者と経営者の両者にとって重要であることを物語る。指導面から見ても、学習指導要領のキャッシュ・フロー計算書の単元における指導項目の一つとして取り上げられる理由もここにあるのではないかと考える。

ゴーイングコンサーンの前提のもと、企業経営が継続、発展していくために一番必要なものは、やはりキャッシュと言っても過言ではない。いわゆる「黒字倒産」の事例にみられるように、たとえ損益計算書上に純利益を計上していたとしても、さまざまな要因で、資金繰りがたたなくなれば倒産に追い込まれる可能性が高くなることになる。キャッシュ・フロー経営の考え方からすれば、利益を上げることは当然のこととして、加えて、売上債権の回収や商品回転率、そして設備投資の状況を睨みながら、長期的なキャッシュ・フローを最大化するための経営方策がとられるはずである。株主・投資家は、キャッシュ・フロー計算書に現れる情報をもとに投資意思決定することになる。具体的に言えば、計算書全体の傾向を観察し、とくに営業活動によるキャッシュ・フローの金額に着目し、その金額がプラスであるのかマイナスであるのか等を睨む。また、投資活動によるキャッシュ・フローや財務活動との関係を分析するだろう。こうしたキャッシュ・フロー情報から、投資している、またはこれから投資しようとする企業が、近い将来倒産するかもしれない予測[9]をする株主や投資家もいるに違いない。倒産によるリスクを回避するための行動にでることになると考えられる。まさに、こうした意味では資金繰りの状況分析や黒字倒産の予知や回避が、キャッシュ・フロー計算書に期待される役割のひとつであるといえよう。

［理由２：利益の質＝発生主義との乖離＝「アクルーアル」］

アクルーアル（会計発生高）とは、決算上の利益と現金収支（キャッシュフロー）の差のことをいう。現金収入を伴う質の高い利益かどうかを見極める指標で、特別損益を除いた税引き後の利益から営業キャッシュ・フローを引いて算出、マイナスとなる企業は、現金収入を伴った質の高い利益を産み出している企業とされる。一般的に、株式投資のデータとしても活用される[10]。

株主・投資家は、この算出された金額に着目して分析を行い、投資情報として活用すると考えられる。というのは、キャッシュ・フロー計算書は、損益計算書上で計算される利益とキャッシュ・フローとの差額を明確化することによって、株主・投資家の、投資意思決定の分析のために有用な計算書となりうるからである。換言すれば、減価償却費等の当期にキャッシュの支出を伴わない費用や資産・負債の増減等、当期純利益と営業活動によるキャッシュ・フローとの間に生じる差異の原因となる項目をすべてリストアップし、間接法表示においては、当期純利益を始点として調整計算を行い営業活動によるキャッシュ･フローの算出過程を示すのが、キャッシュ･フロー計算書だからである。

また、キャッシュ・フロー計算書に関する文献では、「利益の質」という言葉をよく耳にする。そもそも、SFAS95では、キャッシュ・フロー計算書の目的の一つに、この差異の原因を評価することを挙げている。「利益の質」を分析することは、キャッシュ・フロー情報の有用性にとって重要である。こうした分析の実証研究は、さまざまな形で行われている[11]。

[理由３：営業活動の現金創出能力の評価]

５項目の理由・目的のうち、[田宮 1999] は、株主・投資家にとって一番重要な目的であると考えられると指摘する。そう考える理由としては、まずSFAS95が理由として筆頭に掲げているからであるとする。次に1960年代後半のアメリカでの会計をめぐる環境の大きな変化があったからだとしている[12]。

現代の会計は、1930年代アメリカにおいて確立、制度化されたことは周知のとおりである。当時、投資家は自己責任のもと投資意思決定に必要な情報を適正な期間損益計算が有用であると考えていたのであった。しかし、資本市場が発達するにつれて、財務会計理論が展開し、会計情報の収集インフラの整備も整ったこともあり、大きく会計が様変わりしたのだった。

1960年代後半ごろから、コーポレートファイナンス理論を基礎にして、企業価値は企業の将来にわたり創出するキャッシュ・フローで評価するという考え方が、株主・投資家の間で広まったのであった。そこで、FASBは、1978年に次のような財務会計概念ステートメント第1号「財務会計の目的」を公表した。すなわち、「財務報告は投資家、債権者、その他の人々が、その企業の獲得する将来のキャッシュ・フローの金額、時期、および不確実性を評価するために役立つ情報を提供しなければならない」と。

SFAS95が、キャッシュ・フロー計算書の目的の最初に掲げたのはこうした会計観の大きな変化・背景と密接なかかわりがあったからだと思われる[13]。

では、現金創出能力の評価とキャッシュ・フロー計算書とがどのように結びつくのか考えてみる。言い換えれば、現金創出能力の評価に、おもにキャッシュ・フロー計算書がどのように活用されるのか、検討してみる。

投資家等が企業価値を評価する場合、原則的に、ある程度長期間を見通して、その企業が獲得するだろうと期待されるキャッシュ・フローを予測し、現在の企業価値を評価することが一般的である。というのは、キャッシュ・フローが持っている4つの特質があるからであるという[14]。すなわち、

①「企業価値＝将来のキャッシュ・フローの現在価値」という定義はわかりやすいこと

直感的にわかりやすく、将来キャッシュ・フローとして実現する価値を現在価値に換算することは一定の合理性があると考えられる。損益計算書上の利益に基づいて企業価値を評価することに比較して多くの投資家等に合意を得やすい。

②値が一義的に測定され、経営者の恣意が介入しないこと

キャッシュのインフロー・アウトフローを基準にすると、企業の一つの取引に対してひとつの測定値しか存在せず、恣意的な影響はほとんどない。ひじょうに透明性が高いと言える。

③取引の時間的な差を価値評価に反映させやすいこと

キャッシュのインフロー・アウトフローを予測することができれば、時間を計算要素に取り入れて現在価値を割引くことで、時間的な差を企業価値評価に反映させやすいことになる。概念的に予想精度の緻密化につ

ながると考えられる。

④ビジネスリスクを価値評価に反映させることができること

企業経営に関わるリスクに相応した割引率を適用することで、予想したキャッシュ・フローを将来実現する可能性を考慮に入れた評価を行うことができる。

［理由５］　投資・財務の影響の評価

SFAS95においては「資金的もしくは非資金的な投資取引や財務取引が企業の財政状態に及ぼす影響を評価する」ことを目的のひとつに掲げているが、一瞥しただけでは抽象的である。どのような意味だろうか。

一般的には、財政状態を開示する役割を担うのはおもに貸借対照表であると考えられる。したがって、キャッシュ・フロー計算書には、この貸借対照表上の各項目の増減について説明する役割があると理解できる。さらに、この目的は、企業活動の結果、キャッシュのインフロー・アウトフローをともなう取引のみならず、キャッシュ・フロー上で計算されるキャッシュ・フローに影響を与えない非資金的な取引も対象とするところに意味を持たせていると考えられる。

つまり、かつて財政状態変動表が資金概念を広くとらえ、キャッシュの受け取りや支払いを伴わない投資もしくは財務取引も報告の対象にしていた経過があり、キャッシュ・フロー計算書にもその機能を踏襲させたものと解釈されよう。具体的な取引としては、現物出資による資産の受け入れなどが該当するが、FASBでは、これらの取引が行われた場合には、キャッシュ・フロー計算書に注記して情報を開示することを求めている。ただし、この［理由５］は、現在では、中心的なものではなく、あくまでも副次的な目的（理由）として位置付けられると考えられる。

以上のような特性を考えたとき、キャッシュ・フロー計算書は過去のキャッシュ・フローを測定する公表財務諸表のひとつであるにしても、この将来のキャッシュ・フローを予測する際に大いに貢献し、企業価値の評価に役立つと期待されるのは当然といえよう。それでは過去のデータをどのように表示（表現）すれば、その期待に応えられるのだろうか。

もちろん、過去のキャッシュ・フローを表すキャッシュ・フロー計算書から、ダイレクトに将来のキャッシュ・フローを導き出すこと困難であることはいうまでもない。ここで、FASBが想定する将来キャッシュ・フローの予想イメージを確認する。

［田宮1999］はこのことに関して、下記のように図示しているので引用する[15]。

［図表1－3－1① FASBが想定するキャッシュ・フロー計算書の役割］

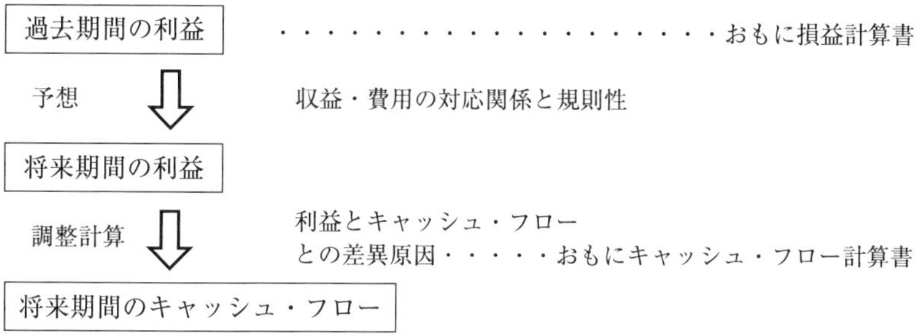

過去期間の利益	・・・・・・・・・・・・・・・・・・・・・・おもに損益計算書
予想 ⇩	収益・費用の対応関係と規則性
将来期間の利益	
調整計算 ⇩	利益とキャッシュ・フローとの差異原因・・・・・おもにキャッシュ・フロー計算書
将来期間のキャッシュ・フロー	

出所：［田宮1999］前掲書 55頁

この図で示していることから明らかなように、将来キャッシュ・フローの予測にあたっては、キャッシュ・フロー計算書のみならず、損益計算書の役割がクローズアップされていることがわかる。この予測のフローチャートは、SFAS95で規定するキャッシュ・フロー計算書の規定のなかに明確に位置づけられている。将来の利益をキャッシュ・フローに置き換えるプロセスで必要な情報は、利益とキャッシュ・フローとの間の差額を生み出す原因と影響である。それはとりもなおさず、営業活動によるキャッシュ・フローを間接法表示した情報に他ならないのである。間接法表示については、後で詳細に取り上げる。

3－2 債権者の立場から見たキャッシュ・フロー計算書の必要性

次に、株主・投資家の立場からみた必要性の論議に引き続き、債権者の立場からみた計算書の必要性について検討する。

われわれは、次章での歴史的経緯のレビューに際して、フランスにおけるキャッシュ・フロー計算書の萌芽について論議するわけだが、そこにおいては、フランス銀行が、債権者保護のために、キャッシュ・フロー計算書のひな型や内容等を開発した経緯があることを明らかにする。

一方、アメリカにおいても、キャッシュ・フロー計算書が制度化される以前、資金収支に関する財務報告として、「資金運用表」そして「財政状態変動表」が作成され開示されていた時代があった。これらの計算書が想定していた目的・機能は微妙に違っていたけれども、名称の相違にかかわらず、資金収支の表示を扱っていたことを考えれば、期間損益計算とは別の角度で、企業の支払能力に関わる情報の開示が債権者から求められていたことは想像にかたくない。

この債権者からの情報ニーズの背景には、産業経済の発展とともに、収益発生の認識時期と、実際の回収時期、つまりキャッシュの収支の時期とのズレが大きくなったことがうかがわれる。換言すれば、発生主義会計に基づく損益計算書上の利益が計上されているにもかかわらず、企業が債務の返済に窮して、支払不能に陥る可能性が否定できない事態も起こってきたのである。そして、最悪の場合、いわゆる「黒字倒産」ということになったのであった。

そこで当時、企業の過去の資金収支の実績を把握することが、将来資金不足に陥るリスクを推測するために有用であると考えられたのである。逆の立場でみれば、債権者は、資金を貸し付けるにあたり、その回収の十分な保証の可能性を重視していたため、資金収支に関わる情報が必要不可欠になったと考えられるのである。

「資金運用表」や「財政状態変動表」の計算書の名称・形式が、「キャッシュ・フロー計算書」へと変わっても、こうした債権者の支払能力に関わる情報ニーズはなくなることはなかった。むしろ、逆に、キャッシュ・フロー計算書に対して期待する支払能力の評価という目的がさらに高まったと考えられる。具体的には、損益計算書や貸借対照表が複雑化したこと、企業をとりまく経営環境の変化が激変していること、そして、債務等の返済能力も短期的にめまぐるしく変わるなかにあって、債権者が、企業の支払能力を適正に評価し資金貸付を行うか否かを判断することが重要視するようになったからである[16]。このように考えてくると、支払能力の評価をキャッシュ・フロー計算書に求められる情報は、企業の短期的な支払能力とみることもできるのではないだろうか。

以上のことは、SFAS95において、「企業が債務や配当金を支払う能力を評価し、外部資金調達の必要性を判断する」という目的を提示する所以であろう。

翻って、わが国においては、こうした考え方、つまり債権者がキャッシュ・フロー計算書の目的・機能としての支払能力の評価をどうみているのだろうか。

わが国において、支払能力評価のベースが「流動比率」等からキャッシュ・フロー計算書に重点移行したことにふれた論考に沿って若干考察する。

経営分析における二本柱は、企業の収益性と安全性の分析であることはよく知られているが、後者の安全性分析の代表として支払能力の評価問題は、企業倒産の増大にともない、ますます重要視されるようになった。短期的な支払能力に関しては,「流動比率」や「当座比率」が用いられことも多かった。しかし、一方でわが国では、この支払能力の評価について、キャッシュ・フロー計算書に基づく考え方に重点を移す議論もあった。

1998年（平成10年）「意見書」が公表されたことをきっかけとして、企業の支払能力の評価はキャッシュ・フローを重視する方向に向かい、キャッシュ・フロー計算書の最大の目的・機能とさえ言われたこともあった。もちろん、これまで再三再四触れてきたように、キャッシュ・フローは、多様な目的・機能を有していることはいうまでもない。

［奥薗2009］[17]は、支払能力評価に関して、キャッシュ・フロー計算書が、従来の流動比率に代表される流動性分析にとって代わるものではないと主張する。というのは、キャッシュ・フロー計算書に支払能力の目的を持たせることについては、一定の価値を認めるものの、流動性分析でいう資金と、キャッシュ・フローで示される資金は意味内容が同一ではないとしているからである。確かに、間接法表示において、［井端2008］[18]が論考するように、営業活動によるキャッシュ・フローの構成を加工することで、支払能力の評価を導きだすことは可能かもしれない。しかしながら、キャッシュ・フロー計算書上に示されるキャッシユ・フローの金額は、直接的に支払能力を示すものではないとする。さらには,［白田2003］[19]の以下のような論述を展開する。以下に引用する。すなわち、

「資金欠如に関わる情報は企業の提供するキャッシュ・フロー計算書には依拠しない。なぜなら、企業を倒産にまで至らしめる資金欠如は、当該企業が現

金を創出する能力の欠如を意味し、実際に分析時点でどの程度の現金を保有しているかではなく、資産の換金能力や信用力なども含む当該企業の現金創出能力の欠如を意味するからである」と。このことは、キャッシュ・フロー計算書が支払能力そのものではなく、支払能力の一端を把握するものであるということを物語っていると考えられる。

要は、債権者にとっての立場としては、短期の支払能力を評価するにあたり、流動比率や当座比率を中心とした安全性分析とキャッシュ・フロー計算書とをうまく併用するものと考えられる。どちらも重要であることには違いない。

3－3　経営者の立場から見たキャッシュ・フロー計算書の必要性

経営者にとって、自ら作成したキャッシュ・フロー計算書に、どのような目的・機能をもたせるのだろうか。企業経営の観点から言えば、キャッシュ・フローの過去の結果についてどのようなイメージをもち、そして具体的な目標値を持ちながら、それを達成するために、どのような経営をするかが重要であろう。いわゆる「PDCA サイクル」にのっとることになると考える。利益計画に比して、キャッシュ・フロー、とくに「フリー・キャッシュ・フロー」を管理することは、さまざまな利点が考えられる。[梅田 1999] [20] は、次の 3 点を指摘する。すなわち、①資金繰りおよび投資家リターンの管理、②競合他社との比較および事業部の業績評価、および③キャッシュの時間的価値および事業リスクを考慮した経営計画の策定である。それぞれ簡潔に内容を見ていく。

①資金繰りおよび投資家リターンの管理

資金繰りについては、すでに考察したように、株主・投資家の立場にとっての目的と共通である。繰り返しとなるが、永続的に企業が継続していくために一番必要なものはキャッシュである。企業活動に必要な運転資金の資金繰りがつかなければ倒産の危機に陥ることになる。企業にとっては、損益計算書上に利益を計上することは当然のねらいであるけれども、売掛金の回収、買掛金の支払、商品の適正な在庫管理や商品回転率、設備投資計画等を念頭に置きながら、短期および長期のキャッシュ・フローを管理していかなければならない。具体的には、キャッシュ・フロー計算書上では、営業活動によるキャッシュ・フローは黒字（プラスの金額）をめざし、投資によるキャッシュ・フロー金額は、その黒字額を睨みながら、また、将来の営業活動によるキャッシュ・フロー予測にどの程度影響があるか勘案しながらの金額にすべきであろう。また、たとえ、営業活動によるキャッシュ・フローの金額が赤字（マイナス額）になったとしても、財務活動によるキャッシュ・フローの金額で調整することにより、投資によるキャッシュ・フローを賄うことも視野に入れておく必要があろう。

このように、キャッシュ・フローを管理することは、とりもなおさず資金繰りに注意が払われると同時に、投資家リターンを明確にすることが可能となる。基本的に、ある程度長期的に見た「フリー・キャッシュ・フロー」の金額がプラスでなければ、投資家へのリターンは無理であろう。別の見方をすれば、「フリー・キャッシュ・フロー」が赤字（マイナスの金額）であれば、追加の銀行借入や増資が必要ということになり、「フリー・キャッシュ・フロー」の赤字が何期も連続するということになれば、自社の株価が低下（普通株式のみであった場合）し、上場基準に抵触する可能性もでてくると考えられる。

②競合他社との比較および事業部の業績評価

現在の企業会計の下では、棚卸資産の評価、減価償却の方法等、ひとつの会計事象に対する処理方法が複数認められている。したがって、損益計算書に計上される利益は、収益・費用の対応による適正な期間損益計算という目的は果たしているものの、企業価値を測る“モノサシ”のために算定されるものではない。また、この会計上の利益は会計処理方法を変更したとすると、利益金額に対して影響を与えることになる。対して、キャッシュ・フロー計算書の場合は、キャッシュのイン・アウトという「事実」に着目しているので、会計処理の変更による影響はうけない。「利益は意見（オピニオン）、キャッシュは事実（ファクト）」[21]と言われる所以である。したがって、会計基準が異なっているとしても、競合他社とのキャッシュ・フロー計算書の比較可能性は高くなる。また、「フリー・キャッシュ・フロー」は、財務活動による影響をうけないため、借入金への依存度の高い企業と低い企業間の比較も可能となる。こうしたことは、自社の事業部ごとの業績評価に応用することも可能である。

③キャッシュの時間的価値および事業リスクを考慮した経営計画の策定

企業価値は、将来獲得されるキャッシュ・フローによって測られるわけだが、具体的には企業価値の計算としては一般的に割引キャッシュ・フロー法（DCF法）が用いられる。この方法は、将来獲得するキャッシュ（「フリー・キャッシュ・フロー」の将来予測）を目標とする収益率（資本コスト）で現在価値に割り引くことによって計算される。ちなみに、キャッシュ・フロー経営では、この現在価値を最大にすることが経営上の目標となる。そのためには、できるだけ多くのキャッシュを獲得するのは当然ではあるが、できるだけはやく獲得することも重要である。このことについて、「キャッシュ・コンバージョン・サイクル」（略称して、「CCC」ともいう）という考え方もある[22]。

「CCC」とは、企業が原材料や商品仕入などへ現金を投入してから最終的に現金化されるまでの日数を示し、資金効率を見るための指標である。その値は小さい方ほど資金効率は良いということができる。DCF法は、さまざまな経営戦略シュミュレーション計算を可能にする。戦略代替案を企業価値という統一尺度で比較検討できる。事例としては、子会社の価値が一番高いのはどの会社かを比較するとき、成長性、利益率、必要投資額等のパラメータを使って検討できる。

一方、事業リスクについてはどうか。例えば二つの投資プロジェクトがあったとする。どちらも平均的に同程度の会計上の利益が見込めるものとした場合、どちらに投資するかといえば、通常はリスクとリターンの関係を分析し同じリターンであれば、リスクの低いプロジェクトに投資することになる。会計上の利益では、リスクを反映させることは困難である。

以上3点について内容を見てきたが、経営者にとって、キャッシュ・フロー計算書の必要性の本質、つまり計算書に求めている目的・機能は以下の2点に集約されると思われる。

すなわち、

(1) 資金効率を高めるのに有効であること：株主から預かった資金を有効活用すること

(2) 将来を見据えるために必要であること：目先の会計上の利益だけを追

求することなく長期のキャッシュ・フロー管理をすること

4．キャッシュ・フロー計算書の表示区分と表示法

4－1　3つの活動別表示区分

次は［図表1－2①］5W1H一覧表のF－①についてである。高等学校商業科「財務会計Ⅱ」教科書はもちろん、参考文献のほとんどは、ほんの一部若干の課題を提言した論文等を別にしても、連結財務諸表における一会計期間のキャッシュ・フロー計算書は、以下の3区分表示について解説している。

Ⅰ　営業活動によるキャッシュ・フロー

Ⅱ　投資活動によるキャッシュ・フロー

Ⅲ　財務活動によるキャッシュ・フロー

もともと、この区分は、企業の活動別区分であり、考案したのは、アメリカのヒースであったとされている。その後この区分は、SFAS95に導入、そしてわが国においても、「意見書」（作成基準第二の二）に取り入れられることとなったのである。導入当時、この区分法について、［佐藤倫1999］[23]は、次のように高く評価していた。「損益計算書は投資活動や財務活動を示さないし、営業活動のキャッシュ・フローの側面も示さない。しかし、キャッシュ・フロー計算書は企業活動を示そうとしている。活動別のキャッシュ・フローの金額およびその相互関係はキャッシュ・フロー情報の第一の意味であろう。これによって、企業のとってきた財務戦略がわかる。これは、株主や投資家へ伝えられるべき情報である。これまでは、このキャッシュ・フロー情報の伝達媒体がなかったのである」と。また、［武田2008］[24]によれば、3区分は企業活動の3つの行動領域に関連づけられているので、キャッシュ・フロー計算書によって、「キャッシュの流れの行動分析」が可能になるという。

では、［桑原知2018］[25]、［武田2008］[26]および［田宮1999］[27]を参照にして、活動区分ごとに記載対象を［図表1－4－1①　活動区分ごとの記載内容］として作成し、まとめてみる。

[図表1－4－1① 活動区分ごとのキャッシュ・フロー計算書への記載内容]

活動領域	概　要	支　出（－）	収　入（＋）
Ⅰ営業活動によるキャッシュ・フロー	本来の事業活動。利益を生み出す直接的活動領域 （直接法表記による）	・商品および役務の購入による支出 ・従業員および役員に対する報酬の支出 ・その他の営業支出＊ ・損害賠償金の支出 ・法人税等の納税支出 （・支払利息）	・商品および役務の販売による収入 ・災害による保険金収入 （・受取利息） （・受取配当金）
Ⅱ投資活動によるキャッシュ・フロー	固定資産（有形･無形）の取得や売却、貸付金・有価証券の取得や売却の投資領域	・固定資産の取得による支出 ・売買目的有価証券、投資有価証券の取得による支出 ・貸付金による支出	・固定資産の売却収入 ・売買目的有価証券、投資有価証券の売却による収入 ・貸付金の回収による収入
Ⅲ財務活動によるキャッシュ・フロー	営業活動や投資活動を維持するために必要な資金の調達や返済等の活動領域	・短期、長期借入金の返済による支出 ・社債償還による支出 ・自己株式取得による支出 ・配当金の支払額 ・その他の支出＊＊	・株式発行による収入 ・社債発行による収入 ・短期、長期の借入金による収入

（注）
1 ＊　支払家賃･支払地代、リース料（オペレーティング･リースの場合）等が該当する。（損益計算書上の販売費および一般管理費のうち人件費を除いた実際支払額）
2 ＊＊　例として、ファイナンス･リース取引のリース料による支出（元本相当額）がある。
3　「利息･配当金」については、区分所属の選択が認められているので、とりあえず、（　）付きで、営業活動よるキャッシュ・フローの区分の欄に記載した。

ここで、上記（注3）に関してふれておく。

利息および配当金にかかるキャッシュ・フローを計算書に記載する場合、その表示区分の所属（記載する区分）は次の二つの方法（考え方）が存在する[28]。すなわち、①財務諸表との関連性を重視する区分方法および②企業活動との関連性を重視する区分方法である。

①の方法は、損益計算書に記載される項目は営業活動によるキャッシュ・フローの区分とするという方法である。したがって、有価証券利息も含む受取利

息、受取配当金および支払利息（社債利息、ファイナンス・リース取引のリース料支払額を含む）は、損益計算書に反映されるため、営業活動によるキャッシュ・フローの区分に記載することになる。

これに対して、②の方法は、受取利息および受取配当金は投資活動による成果と考えられるので、投資活動によるキャッシュ・フローの区分に記載、そして、支払利息および支払配当金は、財務活動上のコストと考えるために、財務活動によるキャッシュ・フローの区分に記載するという方法である。いずれの方法にあっても、支払配当金は、財務活動によるキャッシュ・フローの区分への記載となる。①・②の方法を［図表１－４－１②　利息および配当金の区分方法］に整理する。

［図表１－４－１②　利息および配当金の区分方法］

＜①財務諸表との関連性を重視する区分＞

	営業活動	投資活動	財務活動
受取利息	○		
受取配当金	○		
支払利息	○		
支払配当金			○

＜②企業活動との関連性を重視する区分＞

	営業活動	投資活動	財務活動
受取利息		○	
受取配当金		○	
支払利息			○
支払配当金			○

このように、企業の裁量により、どの区分に記載するかを決定するため、株主・投資家にとって、キャッシュ・フロー情報としての競合他社等との比較可能性が多少損なわれることになる。こうした課題の詳細は、第４章のIFRS公開草案の部分で論議したい。

4－2　2つの表示法～直接法および間接法～

キャッシュ・フロー計算書の営業活動によるキャッシュ・フロー区分の表記には、二つの表示法があることはよく知られたところであるし、キャッシュ・フロー計算書に関する教科書的文献には必ずと言っていいほど解説されている。ひとつは、直接法とよばれる、キャッシュのインフローとアウトフローをそのまま総額表記する方法と、もうひとつは損益計算書の税引前当期純利益をベースにこの税引前当期純利益と営業活動によるキャッシュ・フローとの“ズレ”の原因となる項目を加減調整して営業活動によるキャッシュ・フローを算出していく過程を表記する、間接法がある。わが国においては、意見書三の一に示されているとおり、企業が選択適用することが可能である[29]。以下、それぞれの方法の計算書ひな型、内容や特徴を［桑原知 2018］[30]により簡潔に示す。

[直接法]

ひな型の記載項目は、先に示した［図表1－4－1①　活動区分ごとの記載内容］のとおりであるが、計算書の形式で改めて表示する。なお、①～⑥は説明のために付している。

Ⅰ　営業活動によるキャッシュ・フロー			
営業収入	××	・・・・・・・・・・	①
原材料または商品の仕入支出	△××	・・・・・・・・・・	②
人件費支出	△××	・・・・・・・・・・	③
その他の営業支出	△××	・・・・・・・・・・	④
小　　　計	××		
利息および配当金受取額	××	・・・・・・・・・・	⑤
利息の支払額	△××	・・・・・・・・・・	⑤
損害賠償金の支払額	△××	・・・・・・・・・・	⑥
法人税等の支払額	△××	・・・・・・・・・・	⑥
営業活動によるキャッシュ・フロー	××		

①　営業収入

主として、現金売上額、売上債権（売掛金・受取手形）回収額である。他にも、前受金の受取額、手形割引による収入額、償却債権取立益が含まれる。なお、実際受取額を記載するため、売上割引は示されない。

② **原材料または商品の仕入支出**

主として、現金仕入額、仕入債務（買掛金・支払手形）支払額である。他にも、前払金も含まれる。なお、実際支払額を記載するため、仕入割引は、示されない。

③ **人件費支出**

従業員や役員の給料や報酬、賞与等が該当する。当然ながら、実際支払額を記載するので、期首・期末に前払額や未払額があれば、損益計算書上の金額と異なることになる。

④ **その他の営業支出**

上記の②・③以外の営業にかかる実際支払額の合計額を記載する。具体的には、支払家賃、支払地代、リース料（オペレーティング・リースによる）等が該当する。当然であるが、減価償却費・貸倒引当金繰入は含めないことに注意する。

⑤ **利息・配当金受取額**

受取利息と受取配当金である。ただし、さきに論議したように、記載されるのは「財務諸表との関連性を重視する方法」の場合である。

⑥ **投資活動・財務活動以外にかかるキャッシュ・フロー**

該当するのは、損害賠償金の支払額や法人税等の支払額等である。もちろん、実際支払額で記載する。

［間接法］

ひな型の記載項目は、先に示した［図表１－４－１①　活動区分ごとの記載内容］のとおりであるが、計算書の形式で改めて表示する。なお、①～④は説明のために付している。

間接法表示においては、損益計算書の税引前当期純利益を始点として、①～④の項目を調整（逆算）し、営業活動によるキャッシュ・フローを算出するプロセスを示す。

Ⅰ　営業活動によるキャッシュ・フロー			
税引前当期純利益	××		
減価償却費	××	・・・・・・・・・・・	①
貸倒引当金[31]の増加額	××	・・・・・・・・・・・	①
受取利息および受取配当金	△××	・・・・・・・・・・・	②
支払利息	××	・・・・・・・・・・・	②
為替差益	△××	・・・・・・・・・・・	②
固定資産売却益	△××	・・・・・・・・・・・	②
損害賠償損失	××	・・・・・・・・・・・	②
売上債権の増加額	△××	・・・・・・・・・・・	③
棚卸資産の減少額	××	・・・・・・・・・・・	③
仕入債務の減少額	△××	・・・・・・・・・・・	③
小　　計	××		
利息および配当金の受取額	××	・・・・・・・・・・・	④
利息の支払額	△××	・・・・・・・・・・・	④
損害賠償金の支払額	△××	・・・・・・・・・・・	④
法人税等の支払額	△××	・・・・・・・・・・・	④
営業活動によるキャッシュ・フロー	××		

①　非資金損益項目

減価償却費や貸倒引当金繰入は、損益計算書上では費用項目として計上されているが、実際のキャッシュの支出を伴わないので調整（加算または減算）する。なお、退職給付引当金の増減額等もここに属する。調整は下記のとおりである。

貸倒引当金の減少額　⇒　減算

減価償却費・貸倒引当金の増加　⇒　加算

②　営業外損益・特別損益

税引前当期純利益に含まれている、これらの損益項目を調整する。損益計算書上のプラス・マイナスを逆にして加算減算することで、営業活動に関係のない金額を除外する。

ただし、注意することは、営業活動に関係して発生したものは、ここでは調整しないことである。具体的には、売上債権・仕入債務にかかる為替差損益がある。

というのは、③で考慮されるからである。調整は下記のとおりである。

営業外収益・特別利益　⇒　減算

営業外費用・特別損失　⇒　加算

③　営業資産・負債の増減項目

ここでは下記のように調整する。

営業資産	増加額	⇒	減算
	減少額	⇒	加算
営業負債	増加額	⇒	加算
	減少額	⇒	減算

④　小計以下の項目

直接法表示と同一になる。したがって、プラス・マイナスは逆にはならない。

以上が、間接法表示の解説であるが、この方法の作成の場合、指導上苦慮することが多いことに気づく。間違いやすい箇所や調整にあたっての加算・減算の考え方の指導は難しい。とくに、長年の指導経験上、上記のひな型の③の箇所でつまずく生徒が多い。指導上の工夫が必要な部分である。

5．簿記のメカニズムとキャッシュ・フロー計算書

ここでは、複式簿記の記帳メカニズムとキャッシュ・フロー計算書との関係性について検討する。キャッシュ・フロー計算書に関わる指導においては、図示して説明する場面が多い。この場合、先に論議した、直接法と間接法とでは、キャッシュ・フロー計算書と他の二つの公表財務諸表（貸借対照表と損益計算書）との相互関係や成立過程の図が異なってくると考える。

このことに関して、[石川 1998][32] は次のように述べている。下記に引用する。

すなわち、

「ところで、キャッシュ・フロー計算書が“第3の”基本財務表といわれるとき、それが開示(情報利用)の側面から基本財務諸表のひとつであるとしても、記録・

計算（情報作成）の側面からそうであるかどうかは検討の余地があるように思える。例えば、実務で圧倒的に多く採用されている間接法による作成は、周知のとおり、現行の損益計算の複式簿記から組織的・自動的に誘導される貸借対照表（期首と期末）と損益計算書から作成される。そこに例えば精算表形式によるキャッシュ・フロー計算書への組み替えの記帳手続きは行われても、それは取引記録から組織的・自動的に誘導された財務表であるとはいえない。本稿での考察からすれば、間接法だけでなく直接法が導入されなければ、少なくともキャッシュ・フロー計算の複式簿記は完結しない」と。

キャッシュ・フローに関わる教科書的文献や論文では、このことをあまり意識せずに、直接法の表示のみを前提して、または逆に間接法のみを前提として図示している場合が多い。こうしたことから図示する場合、「直接法では」という脚注（但書）を付す必要があるのではないか、と考える。以下このことを意識した図示を、［武田 2008］[33] を参考に［図表１－５①　公表財務諸表のなかのキャッシュ・フロー計算書の位置づけ］を考えてみる。また、［桜井 2017］[34] を参照に実際、金額を入れた簡素な設例をもとに、［図表１－５②］として、同タイトルで図示を試みる。

なお、間接法表示の場合の図示は、複式簿記との直接的な関係を見いだせないことから、図示するのは工夫が必要であると考える。したがってここでは、視覚的な比較のために参考として計算書ひな型のみを示すこととした。

［図表１－５①　公表財務諸表のなかのキャッシュ・フロー計算書の位置づけ］

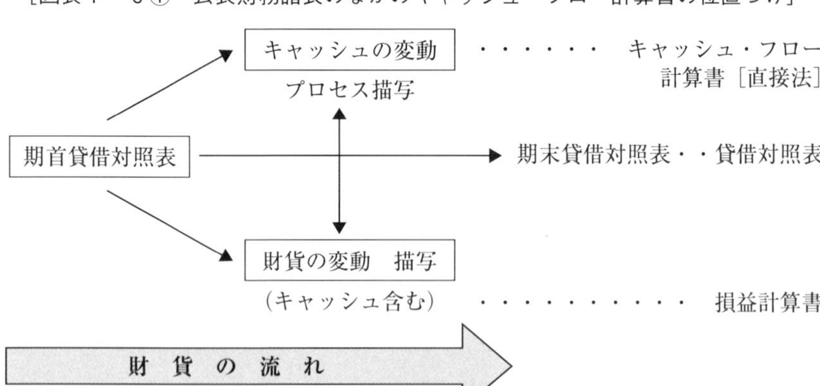

この［図表１－５①］からも明らかなように、キャッシュ・フロー計算書は、直接法表示の場合においては、期中のキャッシュのフロー（動き）をそのまま描写して作成することがわかる。また簿記のメカニズムから自動生成される貸借対照表および損益計算書との関係性、意義づけを見いだすことができる。

次に、具体的な設例から、３つの財務諸表の関連性を確認する。

［図表１－５②　公表財務諸表のなかのキャッシュ・フロー計算書の位置づけ～具体的な金額を入れた設例から～］

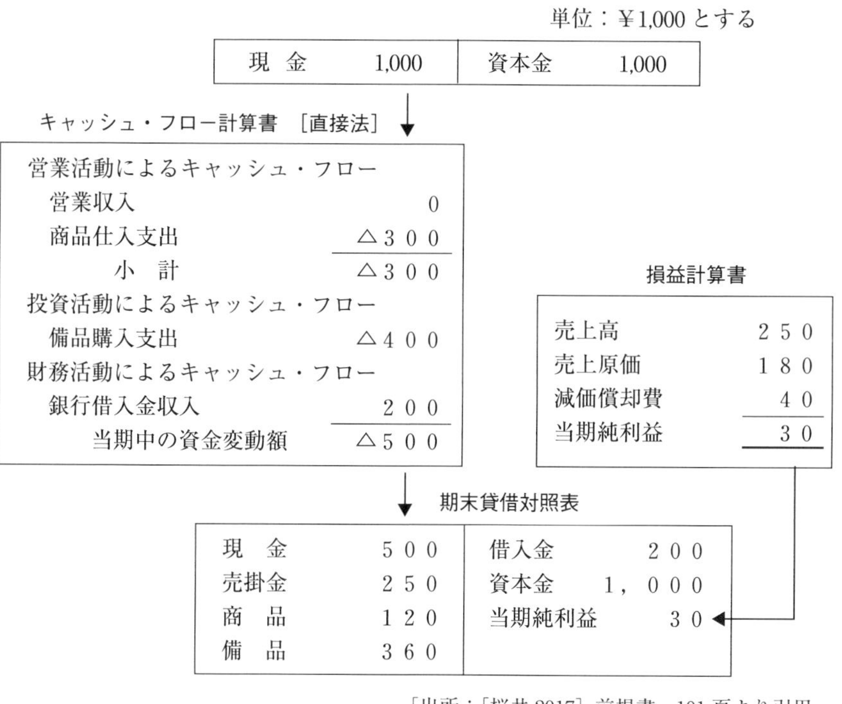

［出所：［桜井 2017］前掲書　101 頁より引用

＜設例＞

事業主は、現金¥10,000,000を出資し、前期末に会社を設立した。

当期中に、下記の取引があった。

①　A銀行から、¥2,000,000を借入れた。

②　商品¥3,000,000を現金で仕入れた。

③　上記商品のうち、¥1,800,000 分を売価¥2,500,000 にて掛けで販売した。

④　備品¥4,000,000 を購入し、現金で支払った。

⑤　当期末の減価償却費は¥400,000 であった。

［図表１－５③　設例による、間接法表示を採用した場合のキャッシュ・フロー計算書］

キャッシュ・フロー計算書　［間接法］

営業活動によるキャッシュ・フロー	
当期純利益	３０
減価償却費	４０
売上債権の増加額	△２５０
棚卸資産の増加額	△１２０
営業活動によるキャッシュ・フロー	△３００
投資活動によるキャッシュ・フロー	
備品購入支出	△４００
財務活動によるキャッシュ・フロー	
銀行借入金収入	２００
当期中の資金変動	△５００
期首資金残高	１，０００
期末資金残高	５００

6．キャッシュ・フロー計算書の活用と財務諸表分析
～キャッシュ・フロー計算書の活用に関する代表的な指標の意義～

高等学校商業科「財務会計Ⅱ」の教科書においては、キャッシュ・フロー計算書の単元の中に、キャッシュ・フロー計算書を活用した財務諸表分析の小単元指導項目は含まれていない。全く別の単元「財務諸表の活用」において、連結財務諸表分析の一部分学習項目として扱われている。このことは、「改訂指導要領」においても同様である。これは、ベースとなる学習対象が異なるから

であると考えられる。つまり、キャッシュ・フロー計算書の単元では、「個別のキャッシュ・フロー計算書」が前提になっているのに対して、財務諸表の活用（財務諸表分析）の学習単元では連結財務諸表（連結キャッシュ・フロー計算書含めて）を前提にしているからに他ならない。しかしながら、一指導者である筆者の立場としては、キャッシュ・フロー計算書の単元の中で、先取りして、キャッシュ・フロー計算書に関わった財務諸表分析をぶら下げて指導したほうが、教育的効果は高いと考える[35]。したがって、ここではこうした考え方から、キャッシュ・フロー計算の活用として代表的な指標の意義と計算法について、ここで論議することとした。

以下では、［桑原知 2018］[36]、［澤田 2009］[37]および［足立 2010］[38]の論考に沿いながら考察していく。高等学校商業科「財務会計Ⅱ」科目の教科書では、以下の3つの指標を学習項目としている。ひとつずつ検討する。

6－1　営業キャッシュ・フロー対売上高比率（営業キャッシュ・フローマージン）

連結キャッシュ・フロー計算書を活用した、代表的な分析指標のひとつ目は、「営業キャッシュ・フロー対売上高比率」である。実務界ではよく別名「営業キャッシュ・フローマージン」と呼ばれているものである。この指標の意義は、本業の活動成果として連結損益計算書上に計上されている売上高に対して、どのぐらいのキャッシュ・フローを営業活動から生み出したかを示す、収益性を判断するひとつの指標である。計算式は、下記のとおりである。

営業キャッシュ・フロー対売上高比率＝営業活動によるキャッシュ・フロー÷売上高× 100

（指標は 100 分率　%で表される）

この数値が高ければ高いほど、営業活動から生み出す力（キャッシュ獲得能力、または創出能力）が高いと評価される。たとえ、売上高が増加したとしても、売上債権の回収が滞ると資金繰りに行き詰り、企業の存続が危ぶまれることになりかねない。競合他社との比較はもちろんのこと、自社のこの指標の時系列な推移を睨んで、経営者は売上債権の回収がスムーズに行われているかという経営管理が必要である。また、この時系列比較分析の場合、大きく変動しているときは、一時的な利益の増減に起因するものなのか、多額の施設設備の取得や売却・除却による減価償却に起因するものなのか、原因分析も忘れてはならない。売上高営業利益率もあわせて考えることも必要になろう。

6－2　営業キャッシュ・フロー対流動負債比率

二つ目は、支払能力をみる「営業キャッシュ・フロー対流動負債比率」である。この指標の意義は、1年以内に返済しなければならない流動負債の金額に対して、その返済財源となるキャッシュを本業である営業活動でどれだけ稼ぎ出しているかをみる指標である。数値は高いほど流動負債の返済能力が高い。計算式は下記のとおりである。

営業キャッシュ・フロー対流動負債比率 ＝営業活動によるキャッシュ・フロー÷流動負債＊×100 （指標は100分率　%で表される）

＊一般的には前期末と当期末の2期間平均としての金額を用いる（指導上は当期末の金額で計算することが多い）。

さきに論議したように、かつての経営分析においては、当座比率の分析が用いられ流動負債に対してその返済財源となる当座資産の在高のみで、支払能力を測定していた。しかしながら、つねに一定の当座資産は確保しておく必要性があることから、現有の当座資産をすべて流動負債の返済に充てることは現実的ではない。そこで、支払能力の測定にあたり、この比率により安全性の分析を行うことで、返済財源を営業キャッシュ・フローの獲得能力を使って、測定することも当座比率分析とともに併用されることになる。

6－3　その他の指標の概要とその活用
～フリー・キャッシュ・フロー分析を中心に～

これまで、筆者が「財務会計Ⅱ」の授業において、かつて用いてきた高等学校商業科教科書[39]には、上記で示した、二つの代表的な指標の解説しか取り扱っていなかった。

しかし、ここで示すフリー・キャッシュ・フローによる分析は、わが国においては、「意見書」が導入された当時から、黒字倒産の回避対策としても、キャッシュ・フロー計算書そのものに注目して財務諸表分析をおこなう視点から、すでに重要視されてきたものである。商業高校生やキャッシュ・フロー計算書を学ぶ初学の大学生にとっても、キャッシュ・フロー計算書の活用に関する知識をより深化させるためにも、学習項目として取り扱うべきであると考える。

さて、フリー･キャッシュ･フローとは本章で先に触れたように、端的に言って、企業が経営において自由に使えるキャッシュのことである。連結キャッシュ･フロー計算書においても、その金額の計算は、営業活動によるキャッシュ･フローと投資活動によるキャッシュ・フローの合計額である。

通常、企業は定期的な設備投資等を行うために、投資活動によるキャッシュ･フローの金額は、マイナスの値になることが多い。このような投資活動のために支出されるキャッシュは、本業である営業活動によって獲得されたキャッシュ･フローで賄われ、それでもなお、企業の手許に残っている金額がフリー･キャッシュ･フローということになる。また、企業は、このフリー･キャッシュ･フローを財源に、短期または長期の借入金を返済したり、株主に配当金を支払ったり、M＆A資金にしたりするため、一般的には、フリー･キャッシュ･フローの金額が多いほうが望ましいとされている。金額が多いと企業戦略の幅も広がり、企業の成長力・競争力向上につながることにもなるからである。

ただし、むやみに大きければ大きいほどよいというものではない。必要以上に投資活動を抑制した結果として、その金額が多くなっている可能性も考えられる。この場合、将来の利益獲得や企業の成長に必要な投資が適切に行われていない状況を示し、今後の企業業績に悪影響を及ぼす可能性も示唆される。逆の見方をすれば、過大なフリー・キャッシュ・フローは、経営者の浪費にもつながる恐れがあることも指摘されている。

［桑原知 2012］[40]が指摘するように、「営業活動ではキャッシュを獲得し、投資活動では、うまく使い、そして財務活動で調整する」という企業経営のキーワードは重要である。まさに、この言葉は、フリー・キャッシュ・フロー分析

の有効性を示すものであると考える。

なお、分析の参考として、次の3つの資料を掲げたい。

① 3区分のキャッシュ・フロー金額のプラス、マイナスの分類パターンを活用することもある。絶対的ではないにしても、ある程度の傾向として資料になる。下に一覧[41]にして掲げておきたい。[図表1－6－3①]

② 上記3つの指標を取り上げたが、これら以外にも、実際、さまざまな指標が活用されている。一覧にして、4つの指標を簡潔に示す。[図表2－6－3②]

③ 3区分のキャッシュ・フローの金額を全体から俯瞰し、それぞれの区分間の金額の関係およびフリー・キャッシユ・フローとの関係を可視化して分析するために、「ウォーター・フォール・チャート」(別名「滝図」とも言う) が活用されることが多い。簡単な事例から金額を入れてこのチャートを示すことにする[42]。[図表1－6－3③]

なお、このチャートは、キャッシュ・フロー計算書の全体像を把握したり、それぞれの区分の金額の関係を可視化したりすることによって、生徒に深い理解を促がすために、授業実践の場面で活用することが有用であると考える。

[図表1－6－3① 各区分のキャッシュ・フローのプラス・マイナスの分類と分析短評]

(なお、8パターンの順番は、"＋－" の出現にしたがっている)

No	営業	投資	財務	短評
1	＋	＋	＋	営業＋はよいが、投資と財務が＋である原因究明すべし。
2	＋	＋	－	営業と資産売却により、借入金返済に充てている状況か。
3	＋	－	＋	設備投資資金が営業で賄いきれず借入金で対応か。
4	＋	－	－	理想的状況。営業で得たキャッシュを設備投資へ。
5	－	＋	＋	営業で失ったキャッシュを資産売却と借入金で補填状況。
6	－	－	＋	営業ではなく、設備投資を借入金で賄っているか。
7	－	＋	－	借入金返済のためやむなく、資産売却か。危険な状態。
8	－	－	－	借入金返済も資産売却も不可能状況。非常に危険。

＋－の基本的考え方　・営業：＋が望ましい。ある程度多いほどよい。
・投資：将来の利益獲得志向の観点から、－が普通。

・財務：財務健全性の観点から、－であるほうがよい。
総合的に見れば、NO.4 の状態がベターである。

［図表1－6－3②　キャッシュ・フロー計算書に関連したさまざまな指標］

	指標の名称	計　算　式	コメント
1①	営業キャッシュ・フロー対総資産比率	営業活動によるキャッシュ・フロー ÷ 総資産 ×100	企業の経営効率をみる指標
1②	営業キャッシュ・フロー対自己資本比率	営業活動によるキャッシュ・フロー ÷ 自己資産 ×100	同上
2	設備投資額対営業活動によるキャシュ・フロー比率	設備投資額 ÷ 営業活動キャッシュ・フロー ×100	投資の中で最も高い比重を占める設備投資額をどの程度、営業活動によるキャッシュ・フローで賄っているかを示す。数値は低いほど、無理のない投資活動を行っているといえる。
3	営業活動によるキャッシュ・フロー対債務返済・償還合計額比率	営業活動キャッシュ・フロー ÷ 債務返済・償還合計額 ×100	債務返済能力を分析する指標で、高いほど安全性が高い。

出所：［澤田 2009］前掲書　144-155 頁より筆者作成

どのような指標でも、ひとつの指標に頼るのは危険である。先にみてきたような代表的な 2 指標および上の図表でみたその他の指標を活用し、眺望的な視野にたって経営分析をすることが望ましいといえよう。

次ページの図表はかなりラフに示してあるが、ウォーター・フォール・チャートを用いることにより、キャッシュ・フロー全体のバランスを可視化できるので、とても有用である。実際の企業の連結キャッシュ・フロー計算書では、細かい項目多く記載されているのだが、分析するときはあまり細かい金額にはこだわらず、全体としてのバランスをみるほうがよいとされる。

大雑把ではあるが、着目するポイントは事例のように、5 項目、すなわちキュッシュの期首残高、営業ＣＦ、投資ＣＦ、財務ＣＦ、およびキャッシュの期末残高である。このチャートは、期首のキャッシュ残高が営業、投資、財務のそれぞれの活動によるキャッシュ・フローが期中にどれだけ増減したかを示すグラフであり、フリー・キャッシュ・フローの金額も含めて、様々な観点から分析が可能となる。

［図表１－６－３③　ウォーター・フォール・チャートの事例］

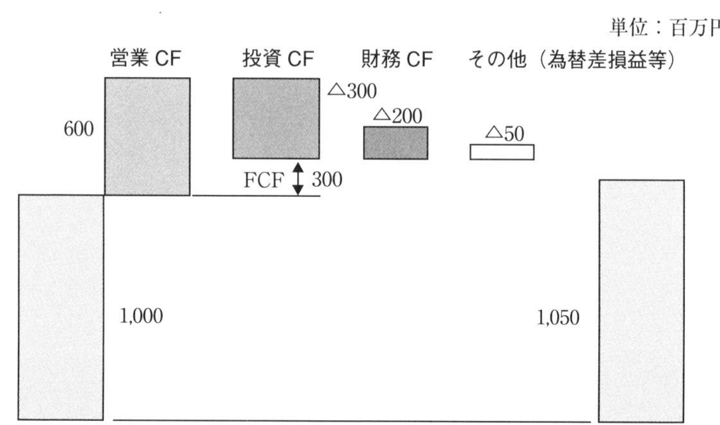

［簡単な仮想事例］

期首現金残高	1,000
営業 CF	＋600
投資 CF	△300
財務 CF	△200
その他項目	
為替差損	△ 50
期末現金残高	1,050

出所：［矢部 2017］前掲書 41-44 頁を参照に、事例の金額を簡略化し引用

7．おわりに　～「財務会計Ⅱ」科目のキャッシュ・フロー計算書の単元の指導手引書の足掛かりとして

以上にわたって、われわれは、キャッシュ・フロー計算書の基礎的概念について論議してきた。

本章のねらいは、キャッシュ・フロー計算書に関する教科書の編修を含めながら、教材研究のための素材として、指導者にとっての「指導手引書」を作成するための理論研究であった。と同時に、高等学校商業科に学ぶ生徒諸君対象として、あるいは、大学の商学部等で、キャッシュ・フロー計算書を初めて学ぶ大学生諸氏等を対象として、教科書的な色彩で、キャッシュ・フロー計算書に関する基礎的知識・技術を解説することにあった。

その内容については、［図表１－２①　５Ｗ１Ｈの一覧表］をキーにして、意味から計算書の表示方法まで網羅した基本的な知識について解説してきたわけだが、あくまでも商業高校生徒諸君向け、あるいは初学の大学生諸氏を想定していることから、ここでは知識・技術の深度を限定している項目もある。習得時数の関係もあり、すべてを網羅することは困難だったにしても、基本的なこと全体にわたって論議を網羅してきたつもりである。商業高校生に限定するならば、改訂指導要領で示されている、キャッシュ・フロー計算書の単元の指導内容は、意義、資金概念（資金の範囲）、資金繰りとキャッシュ・フロー計算書の必要性、キャッシュ・フロー計算書の作成と表示方法に限られることから、限定的にならざるを得ない面もある。

しかしながら、指導に幅を持たせたり、発展学習の領域で取り扱ったりするために、ある項目については、逆に、知識レベルの深度を押し下げて、深入りした部分もある。この部分は、指導手引書としても有用であると考えられる。

なお、筆者は、ここでの論議をもとにして、実際に７～８時間配当の授業実践を行ってきた。逆に言えば、配当時間の制約のもとで、深い学びの実現に向けた授業を展開するために、本章で示したような教材研究を試み、指導項目・内容はフィードバックしたものになっている。詳細は第６章で論述する。

さて、以下、本章の要約を簡潔に９つの箇条書きでまとめておくことにする。

1　キャッシュ・フロー計算書の基礎的概念について、学習対象者がわかりやすく理解するために、あるいは、指導者がプレゼンテーションしやすいように、「５Ｗ１Ｈ思考」を採用した。すなわち、ＷＨＯ、ＷＨＥＲＥ、ＷＨＥＮ、ＷＨＡＴ、ＷＨＹおよびＨＯＷに当てはめて、基本的知識の解説と意義付けを行った。

2　とくに重要な項目は、ＷＨＹとＨＯＷである。具体的には、キャッシュ・フロー計算書がなぜ必要なのか、なぜ作るのかの理由、そして、計算書をどのように作るのか、区分表示はどうなっているのか、直接法で表示するのか、それとも間接法で表示するのか、といったような項目を、ここでは解説した。しかも、この場合、キャッシュ・フロー計算書の利用者（株主・投資家、債権者、経営者）それぞれの立場にたって、キャッシュ・フロー計算書の機能として何を求めるのかという視点で検討した。

3　株主・投資家からみたキャッシュ・フロー計算書の必要性は、多様である。支払能力、利益の質の情報提供、将来のキャッシユの獲得能力の評価等である。

4　一方、債権者の立場からみたキャッシュ・フロー計算書の必要性は、支払能力（債務返済能力）の評価が中心になる。流動比率や当座比率等の財務諸表分析とともに併用して評価する。

5　経営者の立場から見みたキャッシュ・フロー計算書の必要性は多様であり、本章では４点を取り上げた。①資金繰りと投資家リターンの管理、②競合他社との比較・分析、③事業部の業績評価の資料そして④キャッシュの時間的価値やビジネスリスクを考慮した経営計画の策定の資料であった。

6　営業・投資・財務の３区分は、企業活動の領域と合致している。多くの項目がどこに記載されるか解説した。とくに、利息・配当金は、どこに記載するか、選択が認められているので、その考え方を解説した。

7　営業活動によるキャッシュ・フローの区分において、直接法表示と間接法表示の二つの方法がある。それぞれの方法について計算書のひな型を示すとともに、それぞれの意義や特徴等も明らかにした。

8 キャッシュ・フロー計算書と複式簿記との関連性を図表に示すことをとおして、検討した。キャッシュ・フロー計算書は、第三の財務諸表ともいわれているが、財務諸表の位置づけについてもふれた。

9 キャッシュ・フロー計算書を活用した財務諸表分析について論議した。高等学校商業科「財務会計Ⅱ」の教科書では、分析の際の3つの観点が示されていることから、次の3つの事項について検討した。すなわち、収益性分析の代表として「営業キャッシュ・フロー対売上高比率（キャッシュ・フロー・マージン）」の指標、安全性分析の代表として、「営業キャッシュ・フロー対流動負債比率」の意義とその計算式を取り上げた。さらに、3つ目として、フリー・キャッシュ・フローの分析について解説した。

次章では、これまでみてきたキャッシュ・フロー計算書に関する基礎的知識の背景には、どのような歴史的経緯があるのだろうか。キャッシュ・フロー計算書の萌芽と考えられる論理について、5か国（イギリス・ドイツ・フランス・アメリカ・メキシコ）について、詳細に論考していきたい。

1 ［松村 2011］松村勝弘「キャッシュ・フロー・ブームの問題点とキャッシュ・フロー情報利用の一視点」『龍谷大学経営学論集』第50巻第4号　2011年　44-45頁
2 ［桑原知 2018］桑原知之『使える財務会計Ⅱ』ネットスクール出版　2018年　文部科学省検定済（2018）259-282頁「第16章キャッシュ・フロー計算書」の単元
3 「意見書」二　参照
4 ［田宮 1999］田宮治雄『なぜ作る・何に使うキャッシュ・フロー計算書』中央経済社　1999年　37-45頁参照および［平井 2003］平井謙一『資金4表の完全理解と実践応用』生産性出版　2003年　235-237頁参照
5 日本公認会計士協会「連結キャッシュ・フロー計算書等の作成に関する実務指針」1998年　2頁参照
6 開示対象の財務諸表において2011年6月より四半期報告の簡素化が導入され、第1四半期と第3四半期については、作成を省略することができるようになった。つまり第2四半期のみ必須となった。詳細は、下記文献を参照されたい。
蟹澤啓輔「四半期報告制度の簡素化」新日本有限責任監査法人企業会計ナビ解説シリーズ
https://www.shinnihon.or.jp　2011.7（2020年4月27日閲覧）
7 ［梅田 1999］梅田　誠「キャッシュ・フロー計算書の必要性」（櫻井通晴・佐藤倫正編著『キャッシュフロー経営と会計』中央経済社）1999年所収 15-31頁参照
8 このことを実証する、2件のアンケート調査事例がある。
・企業予算制度研究会編『日本企業の予算管理の実態』中央経済社　2018年　30-34頁
・日本証券業協会『証券投資についてのアンケート調査結果報告書』2018年
9 https://www.jsda.or.jp/shiryoshitsu/tokei/data　2020年4月13日閲覧参照

企業倒産を予知するモデル構築に関わる先行研究もある。例えば、次のとおり。
［白田 2003］白田佳子『企業倒産予知モデル』中央経済社　2003 年
10　野村證券「投資用語辞典」https://www.nomura.co.jp/terms/japan/a/A02632.html　2020 年 4 月 13 日閲覧
11　例えば、下記のような先行研究がある。
［スコット 2006］W．R．スコット，大田康広・椎葉淳・西谷順平訳『財務会計の理論と実証』中央経済社　2008 年　178 頁参照
同書では利益の質が高いほど、利益反応係数は高くなると予想されるとしている。
［石川 2005］石川純治『キャッシュ・フロー簿記会計論〜構造と形態〜』森山書店 2006 年 60-73 頁参照
12　同書では損益計算とキャッシュ・フロー計算のギャップ分析を展開表によって分析する。
［田宮 1999］前掲書　39-40 頁参照
13　［田宮 1999］前掲書　41-42 頁参照　ただし、だからといって、将来のキャッシュ・フローを予測するにはキャッシュ・フロー計算書が最も重要と言っているわけではなく、ここで示した［理由 3］は、他の財務諸表すなわち損益計算書や貸借対照表とあわせて予測することを前提にしていることに注意しなければならない。
14　［田宮 1999］前掲書　50-51 頁参照
15　［田宮 1999］前掲書　55 頁 より引用
16　［牧田 1996］牧田正裕「FASB 基準書第 95 号キャッシュ・フロー計算書の形成問題と帰結〜発生基準会計利益の主導性の再認識〜」『立命館経営学』　第 35 巻第 2 号　1996 年　138-139 頁参照
17　［奥薗 2009］奥薗幸彦「企業の支払能力の評価指標についての一考察：流動比率か、営業キャッシュ・フローか」九州国際大学経営経済論集第 15 巻第 2・3 号　2009 年　15 頁参照
18　［井端 2008］井端和男『最近の粉飾－その実態と発見法　第二版』税務経理協会　2008 年　33 頁に詳細が論じられている。
19　［白田 2003］前掲書　21 頁より引用
20　［梅田 1999］前掲稿　26-29 頁
21　［藤井 2019］藤井秀樹『入門財務会計第 3 版』中央経済社　2019 年　187 頁　この言葉は、Wei が『ウォールストリートジャーナル』に記事の本文中に書いたものである。
22　［池田 2013］池田正明『新版企業価値を高めるＦＣＦマネジメント』中央経済社　第 3 章参照 69-120 頁に詳細な解説があるので参照されたい。
23　［佐藤倫 1999］佐藤倫正「キャッシュ・フロー計算書とは何か」櫻井通晴・佐藤倫正編著『キャッシュフロー経営と会計』中央経済社　1999 年　所収　10 頁
24　［武田 2008］武田隆二『最新財務諸表論第 11 版』中央経済社　2008 年　879 頁
25　［桑原知 2018］　前掲書　262-264 頁　参照
26　［武田 2008］　前掲書　880 頁　参照
27　［田宮 1999］　前掲書　12-17 頁　参照
28　［桑原知 2018］前掲書 262-263 頁　参照
29　直接法・間接法の優劣、長所・短所に関してはさまざまな論議があり、一概にどちらがよいと決めつけることはできないと考える。詳細は、第 5 章で取り上げる。
30　［桑原知 2018］前掲書　263-271 頁 参照
31　貸倒引当金は、売上債権にかかるものと、貸付金等にかかる金融債権にかかるものを区別しなければならない。ここは、前者が該当する。
32　［石川 1998］石川純治　学会機関誌『日本簿記学会年報 No.13』所収　日本簿記学会第 13 回全国大会（専修大学）での統一論題報告原稿より引用
33　［武田 2008］前掲書　870-874 頁
34　［桜井 2017］桜井久勝『財務諸表分析第 7 版』中央経済社　2017 年　100-102 頁
35　［我妻 2019］　前掲稿　55 頁　拙稿において、この考え方についてすでに実践している。

36 ［桑原知 2018］ 前掲書　302-304 頁参照
37 ［澤田 2009］ 前掲書　第 4 章 144-155 頁参照
38 ［足立 2010］ 足立武志『知識ゼロからの経営分析入門』幻冬舎　2010 年 130-153 頁参照
39 ［大塚 2015］ 大塚宗春他『財務会計Ⅱ』（文部科学省検定済教科書） 実教出版　2015 年
40 ［桑原知 2012］ 桑原知之『財務会計Ⅱ指導者研修テキスト平成 25 年版』 公益財団法人全国商業高等学校協会　2012 講義録より引用
41 ［足立 2010］ 前掲書 126 頁より、若干修正の上、引用
42 ［矢部 2017］ 矢部謙介『武器としての会計思考力－会社の数字をどのように戦略に活用するか－』日本実業出版社　2017 年　41-42 頁参照

第2章

キャッシュ・フロー計算書に関する各国の歴史的経緯

1．はじめに

1494年、数学者であり、修道僧でもあったルカ・パチョーリ（Luca Pacioli）がヴェネツィアにて、『算術、幾何、比及び比例全書』（通称『スンマ』）を著したことはあまりに有名である。彼はこの数学の百科事典的な本の中に、わずか27ページの論文「計算および記録に関する詳説」という題で簿記論としてまとめたのだ。これは、英語はもちろん、オランダ語、ドイツ語、フランス語、ロシア語等14か国語にも翻訳されている[1]。

パチョーリは、商売を継続していきたいのであれば、次の3つのことが必要だとする。すなわち、

①最も大事なのは、現金あるいはその同等物だ、（中略）お金がなければ商売は続かない。

②帳簿をきちんとつけて、数字に強くなること。

③すべての取引を借方、貸方を使う等、一目でわかるような秩序だった方法で整理すること。

商売を始めようとする人にとって、現金、帳簿、複式簿記はかかせないものであるという[2]。

とくに、①の論述から推測するに、パチョーリはすでに、複式簿記の普及を意識するなかにも、継続企業にとって、現金および現金同等物の残高を把握することが重要であるとすでに認識していたと考えられる。また彼によれば、帳簿をつけることで、商売繁盛につながり税収も増えるともいう。

バチョーリが件の著書を著してから、すでに525年余が経過するが、こうし

た簿記の伝播そして世界的な発展の流れのなかで、キャッシュ・フロー計算書の思考はどのように芽生えたのだろうか。いつごろ、どこで、どのような経緯で生まれたのだろうか。

本章では、以下5か国について、それぞれ先行研究をレビューすることによって歴史的経緯を理論的な側面から考察する。

2．ヨーロッパ圏

2－1　イギリス[3]

2－1－1　キャッシュ・フロー計算書の萌芽（1）～運河会社の会計報告書「資本勘定」～

イギリスの歴史を大きく変えたのは、周知のとおり「産業革命」である。

1666年、「ロンドンの大火」による木材の不足が石炭の発見と工業用への活用につながり蒸気機関の発明・発展を導いたのである。こうした、経済的時代背景、とくに鉄道事業が財務会計および管理会計の歴史を大きく変えることとなった[4]。

ここでは、下記の表に示した4分類の先行研究を取り上げ、それをレビューし、キャッシュ・フロー計算書の萌芽について考えていきたい。考察の視点は、どのような観点（論点）がその芽生えとなったかである。

［図表　2－2－1①　キャッシュ・フロー計算書の萌芽に関するおもな先行研究］

<table>
<tr><th></th><th>年　号</th><th>先行研究（トピックス）</th><th>先行研究文献</th><th>経済的時代背景</th></tr>
<tr><td>1</td><td>1812年
～1817年</td><td>運河会社における決算報告書</td><td>［溝上 2007、2009］[5]
［村田 1994、1995］[6]</td><td rowspan="4">・高度成長期（産業革命）
・蒸気機関と鉄道事業（石炭）
・ビクトリア朝[7]
1837～1901
・1851「万国博覧会」開催
・発生主義会計の台頭[8]</td></tr>
<tr><td>2</td><td>1824年
1839年</td><td>鉄道会社における決算報告書
同</td><td>［中村萬 1991］[9]
［村田 2001］[10]</td></tr>
<tr><td>3</td><td>1838年</td><td>製鉄会社の工場長が本社社長に送った手紙（ダウライス社）</td><td>［渡邉 2005a、2005b、2014、2017］[11]</td></tr>
<tr><td>4</td><td>1845年</td><td>比較貸借対照表
「複会計制度」　水道事業</td><td>倉田（2015）[12]</td></tr>
</table>

では、[溝上 2009] の Kennet and Avon 運河会社における決算報告書から紐解こう。

[黒澤 1957] [13] が指摘しているように、のちに本章で検討する、かつてイギリスにおいて使われていた複会計制度は、キャッシュ・フロー計算書の原型であるといってよい。というのは、キャッシュ・フロー計算書の特徴をいくつか兼ね備えているからである。ここで取り上げる運河会社の決算報告書の一部は、この複会計制度の基本へと繋がっていったとされている。つまり、イギリスの運河会社の会計決算書類を見ていけば、キャッシュ・フロー計算書の萌芽がわかることになる。[溝上 2009] より萌芽とみるべく観点（論点）を挙げる。

・会計報告が整備された理由＝キャッシュ・フロー計算書的な報告書が必要になったおもな理由：当運河は計画されてから開通まで8年余の長期間を要している。実際に建設が進行するにつれ、物価上昇や企画上の不正等で当初の資本調達額では建設費が不足し、追加の出資を募ることとなった。こうしたことから、すでに調達した資金の使途を示す必要性が生じたこと。

・運河開通後の会計報告書の構成＝ふたつの計算書：

①収支にもとづく損益計算書（Account of the Receipts and Expenditure）

②資本勘定（General Account）

・各計算書の概要：

①は、当期の営業活動に関わる収入と支出が示され、差額として利益が計上される。

②は、借方に収入総額、貸方に支出総額が示される。

・資本勘定②の記載項目は以下のとおりである。

[図表　2－2－1②　資本勘定の記載項目一覧]

借　　方	貸　　方
○前年度の資本金・短期借入金の総額 ○（追加）資本金 ○短期借入金 ○営業上の収入（利益） 　<損益計算書からの振替>	○固定資産への投資 ○営業上の支出（費用） ○期末の現金・在庫品等短期的な資産 ○営業活動以外の支出 ○差額：翌年の借方へ

出所：[溝上 2009] 132頁から筆者作成

以上の記載項目が記載されている実際の計算書の事例を①の損益計算書とともに、下に掲げる。この会計報告書は、[溝上 2009] の 133 頁に掲載されている図表 7 「1817 年に公表されたKennet and Avon 運河の計算書」を、費目についてわかりやすくするために引用者が翻訳したものである。

②の「資本勘定」から明らかなように、借方は運河会社の資金の源泉・調達を示すものと考えられ、一方、貸方は資金の使途・運用とみることができる。その差額は、期末時点の運転資本の金額を表している。つまり、この「資本」勘定“General Account”は、運転資本を資金概念とする資金計算書の特徴を有しているということができる[14]。換言すれば、この計算書は、運転資本の期首残高、期中の増減額、運転資本の期末残高を示すことから、資金計算書の特徴をもっているのである。[溝上 2009] ではこうした観点（論点）から、こうした運河会社の報告書のひとつである「資本」勘定をキャッシュ・フロー計算書の萌芽としているのである。

[図表　2－2－1③ Kennet and Avon 運河会社の計算書事例]

Kennet and Avon 運河会社	資本勘定（General Account）			1817 年 5 月
借方			単位：£	貸方
前期繰越（資本金・短期借入金）	21,281	短期貸付金（フレーデリック様へ）		2,500
追加資本金・短期借入金	372	（設備）修繕費［資本的支出］		3,128
当期営業収入（損益計算書から）	14,285	Avon 川船積下し荷役費		222
		次期繰越（手許資本金）		12,212
		運河にかかる利用料（会費）	5,136	
		Kennet 川にかかる利用料（会費）	2,247	7,383
		会計担当者手当	10,599	
		同　補助員手当	105	
			10,704	
		区所得税預り金　△	211	10,493
	35,938			35,938

出所：[溝上 2009] 133 頁の図表 7 を筆者が引用し邦訳したものである
※　ただし、数値はポンド（£）未満切り捨て、端数調整している

Kennet and Avon 運河会社　損益計算書（Account of the Receipts and Expenditure）　1816.6.30 ～ 1817.5.29				
借方			単位：£	貸方
12 か月分の運河使用料収入	22,438		運河側面、水道橋堰き止め、暗渠、	
控除　割戻　△	1,411	21,027	フェンスのための修繕費	4,397
kennet 川ふ頭使用料	6114		事務職員及び堰き止め職員給料	3,084
控除　給料・修繕費・税金	2612	3,622	支払家賃、税金、出張旅費、会議費	1,216
Avon川の2回分の配当金 17区分		952	最高出力状態の動力費（蒸気機関）	1,237
同上　6区分		336	支払地代	399
受取地代		754	フレーデリック様へレンタル料	1,500
Avon 川の荷役の前受利息		330	未払分支払利息	473
罰金		70	運河使用料に対する貸倒損失	500
			残高（当期営業収入）	14,285
		27,091		27,091

出所：［溝上 2009］133 頁の図表 7 を筆者が引用し邦訳したものである
※　ただし、数値はポンド（£）未満切り捨て、端数調整している

2－1－2　キャッシュ・フロー計算書の萌芽（2）～初期の鉄道会社の会計報告書～

前項で取り上げ考察した Kennet & Avon 運河会社の会計報告書「資本勘定」（General Account）が発展して、のちに繁栄する鉄道会社における特徴的な計算書である「貸借対照表」（General Balance Sheet）になったと考えられており、さらには、「複会計制度」の基礎になったということができる[15]。

それでは、運河会社で、キャッシュ・フロー計算書の萌芽の観点は、鉄道会社においてはどのような会計実務に引き継がれ、どのように変化、進展したのだろうか。本項では、［中村萬 1991］の所論を中心にして、このことを検討する。具体的には、1920 年ごろから数多く設立された蒸気機関車による鉄道会社のなかから、リバプール・マンチェスター鉄道[16]（以下、「L－MR」と略称）を取り上げる。

会計報告書、とりわけキャッシュ・フロー計算書の観点（ひいては会計学の観点を含めて）から見たとき、このL－MRの会計報告書を検討する意義は大きい。その理由は以下のとおりである。

①　L－MRは、世界で最初の実用的な、蒸気機関車がけん引する都市間の輸送および旅客鉄道であり、イギリスにおける鉄道全盛時代の礎を築

いた鉄道会社とされているからである。したがって、鉄道会社会計を考察する場合には、重要な鉄道会社であることに鑑み、その創業期の会計報告書の内容、形式等を明らかにすることによって、鉄道会計が会計学の成立、会計理論の形成に果たしてきた歴史的役割の一端を究明できるのである[17]。

② 初期の鉄道会計のミッションは、議会の私法律によって許可されることから、調達した資金（現金）を鉄道建設・営業のために適切な支出をしたことを表示するとともに、配当金として使用できうる利益を明らかにするために会計報告をすることである[18]。L－MRはこの使命を果たすべく会計報告を発表しているからである。

では、具体的に、L－MRの会計報告を見てみる。運河会計と同様に、どのような観点（論点）が、キャッシュ・フロー計算書の特質を有しているのだろうか。Kennet & Avon 運河会社の会計報告書「資本勘定」(General Account) がどのように発展し、どのように異なっているのかも含めて、検討したい。

L－MRは、1831年度に［図表2－2－1④］に示す「二区分貸借対照表」[19]を初めて発表した。第6次株主総会（リバプール、1832年3月28日）の席上であった。従前の初期におけるイギリスの初期の鉄道会計は、名称もさまざまではあったが、輸送部門別の損益計算書を基準として展開されており、その実態は、現金収支に基づいて配当可能残高を計算表示することが主なねらいであった[20]。この意味では大きな改革といえるのではなかろうか。

以下、この二区分貸借対照表の特徴を検討してみる。

まず、勘定形式ではなく報告形式になっている。次に、資本勘定（Capital Account）と流動勘定（Annual or Working Account）との二区分に分割されている。したがって、資本勘定の残留資金（Amount of Fund remaining on Capital Account)、すなわち運転資本をもって、両区分の連結環としている。冒頭でも述べたように、これはまさに、運転資本を資金概念とする計算書の原型であり、のちの複会計組織の先駆形態であるといえよう[21]。

次ページに、L－MRの1831年度の区分貸借対照表［図表2－2－1④］を掲げる。この表は、［中村萬 1991］65ページの表11を引用し、引用者が見やすくするために翻訳したものである。なお、金額については、£（ポンド）

未満を切捨て、貸借が一致するように金額を調整している。

[図表　2－2－1④　Ｌ－ＭＲの 1831 年度の区分貸借対照表]

貸借対照表

リバプール・マンチェスター鉄道株式会社　　第 6 期　株主総会

（リバプール　1832 年 3 月 28 日）

「貸借対照表」についての説明資料

資　本　勘　定

[借　方]			
短期借入金（コールローン）			£1,024,375
減算：ローン業者への支払利息			5,800
			1,018,575
加算：大蔵省証券等		1,668	
日曜旅行中止料		60	
ローン利息過払金		283	2,011
			1,020,586
[貸　方]			
年度末までの諸支出			992,054
資本勘定残高資金			28,532
内訳　短期借入金の更新（延滞）		22,454	
銀行預金		6,078	28,532

流　動　勘　定

[借　方]			
1831 年 12 月 31 日現在の 6 か月間の利益			40,783
第 2 回配当金			441
第 2 回未払配当金			1,665
			42,889
			6,078
加算：資本勘定残高手許有高			48,967
よって			
銀行への預金		51,131	
手許現金		85	
		51,216	
減算：元帳勘定残高			
借方	16,278		
貸方	14,029		
		2,249	
			48,967

2－1－3　キャッシュ・フロー計算書の萌芽（3）～製鉄会社の工場長が社長にあてた手紙～

前々項では、イギリスにおける運河会社の決算報告に、そして前項では、同国の鉄道会社の決算報告書に、キャッシュ・フロー計算書の萌芽を垣間見たのであった。本項においては、次の4文献を概観し、キャッシュ・フロー計算書の萌芽について先行研究を見ていきたい。それは、［渡邉 2005 a］、［渡邉 2005 b］、［渡邊 2014］、［渡邉 2017］の研究文献である。なかでも、［渡邉 2014］の論考を中心に取り上げる。

さて、同じイギリスをその萌芽としながらも、前2項とは、趣を異にしていると考えられる。すなわち、

①前2項では、「現金主義」を前提にした決算報告書についてレビューしたのに対して、ここでは、「発生主義」を前提に考察していること。具体的には、発生主義会計にもとづいた損益計算書上の利益と手許資金（現金）との間隙の原因は何か、を解明するためにキャッシュ・フロー計算書思考が必要になったこと。このことが比較貸借対照表の作成に結び付いたこと。

②誰がキャッシュ・フロー計算書を利用するか（情報の利用者志向）、何のための計算書か（目的・機能）の観点で鑑みたとき、キャッシュ・フロー計算書思考の萌芽の経緯が異なっていること。

以下、具体的に、「ダウラィス製鉄会社」（Dawlais Iron Co.）[22]の事例をみていく。

［渡邉 2014］によれば、キャッシュ・フロー計算書の萌芽的形態の原点は、この会社の1863年に作成された比較貸借対照表であるという。1852年11月と1863年3月の資産と負債の比較一覧表である。

一体何のために、この比較貸借対照表を作成したのだろうか。その作成根拠はどこにあるのか。その理由を［渡邉 2014］の論述を一部、下記に引用[23]する。

> 発生主義の矛盾ー利益はどこに消えたのか
>
> （中略）工場責任者は、経営者あて1863年7月18日付の手紙を書き送っている。

その中で「私はこの7年間で獲得された①「利益」と呼ばれているものが、原材料や製品の在庫の巨大な蓄積であることに気がつきました。昔からの言葉の意味での「利益」とは、企業が健全で順調にいっている状態のもとで、設立の時からいつでも引き出すことができ、多くの他の資産、土地、鉄道あるいは同等のものに投資することのできる収入として自由に使える剰余金のことであると理解していました」、と書かれている。②発生主義会計にもとづいて作成した損益計算書や貸借対照表ではかなりの利益がでているにもかかわらず、現実に設備投資を行おうとしたとき、手持ち資金が不足していることに気づいたわけである。(下線2か所①②は引用者による)

利益はどこに消えてしまったのか。利益とは一体何であるのか。利益とは自由に使えるお金ではなかったのか。この疑問に応えるために作成されたのが比較貸借対照表であった。

下線部②に関して具体的に検討してみる。

このダウライス製鉄会社の比較貸借対照表は、1852年と1863年の2時点の資産・負債の増減の比較一覧であったが、ストライキ等の影響で1852年の業績が£19,720の損失を計上したことと、その11年後の1863年の業績安定時期(当年の利益額は£36,572)との比較であった[24]。業績が改善してきた1863年に新たな設備投資をしようとしたとき、損益計算書では利益が計上されているのに、設備投資に際して現金がないと気づいたのであった[25]。こうしたことから比較貸借対照表を作成し分析したところ、下線部①の事実がわかったということである。引用の冒頭にある「利益はどこに消えたのか」の疑問はこうして解決されたのではないか。

敷衍するが、発生主義会計のもとでは、たとえ損益計算書や貸借対照表上に利益が計上されていても、新たな設備投資や配当金の支払いに際して、これらに応えるだけの現金があるとは限らない。いざ設備投資の代金支払いの段階になって、キャッシュが十分なければ銀行から借り入れるしかない状況が生じてくる。事実、比較貸借対照表に記載された1852年はダウライス製鉄会社もこういう事態に追いこまれたのだった[26]。

［渡邉 2014］は、キャッシュ・フロー計算書の原点（萌芽）を件のダウライス製鉄会社が 1863 年に作成し、工場長が本社の経営者に送付した比較貸借対照表としているのである。そして、このことは、すでに１９世紀半ばにおいてイギリスで、損益計算のみならず、企業の資金計算も極めて重要視されていたことを窺わせるとしている[27]。

本項の冒頭で述べたように、①発生主義会計における利益計算の観点から、そして②経営者の立場からの資金繰りの観点から、キャッシュ・フロー計算書の萌芽をダウライス製鉄会社の比較貸借対照表に、求めたのである。

なお、偶然かもしれないし、このダウライス製鉄会社の事例に影響されたかもしれないことは別にして、次に論議するドイツにおけるキャッシュ・フロー計算書の歴史的経緯においても、そのスタートは、シェアーが 1903 年に作成した消費生活協同組合の比較貸借対照表とされている[28]。

２－１－４　キャッシュ・フロー計算書の萌芽（４）
～イギリス「複会計制度」の生成～

先に２－１－１の冒頭で触れたように、ここで取り上げる「複会計制度」が、キャッシュ・フロー計算書の原型であるとする[29]先行研究もある。以下、［倉田 1978］の所論に沿って、複会計制度の概要と特徴を考察する。そして複会計制度とキャッシュ・フロー計算書の萌芽との関連性の観点はどこにあるかを検討する。

最初に複会計制度とは何か[30]、概要を示してみる。

［Vatter1947］は、自著の第５章「資金計算書と貸借対照表」において、イギリスの複会計制度について、詳細に吟味している。イギリスの複会計制度は、ある種の特徴を持っており、複会計形式による貸借対照表では営業活動の流動資金および固定資金に対する影響を別々に報告するかぎり、流動貸借対照表と固定貸借対照表を“資金的に考える”ことに等しい、としている[31]。もちろん複会計制度は現代の企業会計においては全くと言っていいほど採用されておらず、既に過去のものになっている。しかしながら、キャッシュ・フロー思考の観点からキャッシュ・フロー計算書の原型と考える場合、その特徴をみることは意義がある。

［倉田 1978］によれば、（1）特徴的な会計思考、（2）複会計制度の形式的、（3）複会計制度の実質的特徴があるという[32]。

（1）特徴的な会計思考

複会計制度は、イギリスにおける公益事業会計（ガス、電気、水道の各会社）の分野で生成し、使用され、消滅したイギリス独自の会計制度である。会計思考の最大の特徴は、資本的収支と収益的収支とを分別経理する点に見られる。具体的には、以下のような二つの報告書が準備（設定）される。一つ目は「資本勘定」、二つ目は「一般貸借対照表」である。複会計制度という名称の由来は、この二つの報告をするところからきている。

わかりやすくするため、それらの内容一覧表にまとめ、それぞれのひな型をボックス型T勘定フォームで示す[33]。

［図表２－２－１⑤ 複会計制度における二つの報告書の名称および記載（表示）内容］

資本勘定	一般貸借対照表
Receipts and Expenditure on Capital Account	The General Balance Sheet
資本的支出から固定資産の調達［貸方］とその運用としての資本的財産［借方］に関する会計処理と表示	資本勘定残高[34]および収益的収支を記録・計算する収益勘定から算定する純利益［貸方］と収益的収支から生じる、その決算期末時点で残存する諸項目、例えば現金とか貯蔵品等の有高［借方］とを対照表示

［図表２－２－１⑥ 資本勘定と一般貸借対照表の表示ひな型の例示］

（金額の単位は省略）

資本勘定

固定資産	41,000	普通株式（資本金）	46,000
残　　高	9,000	社債（公債）	4,000

一般貸借対照表

貯蔵品	8,500	資本勘定残高	9,000
現金預金	5,500	収益勘定（純利益）	3,000
		取替費準備金	2,000

資本勘定　［貸方］資本的収入…株式、社債等
　　　　　［借方］資本的支出…土地、建物、車両、機械設備等
　　　　　　　　　残高…「運転資本」⇒　一般貸借対照表の貸方へ振替
一般貸借対照表
　　　　　［貸方］資本勘定残高…資本勘定の貸方から振替
　　　　　　　　　収益勘定の残高…純利益
　　　　　　　　　取替費準備金等（複会計制度では減価償却はない）
　　　　　［借方］貯蔵品
　　　　　　　　　決算期末に残存する現金預金

さらに、複会計制度では、当期の損益計算をおこなう「収益勘定」(revenue account) および配当可能利益を計算する「純収益勘定」(net revenue account) が作成される。

ひな型を示すと［図２－２－１⑦］[35]のようである。

［図表２－２－１⑦　収益勘定および純収益勘定の例示］

収益勘定

営業費用		営業収入	20,000
石炭費	11,000		
人件費	3,000		
営業費	3,000		
残高（純利益）	3,000*		

* 3,000 は、下記の「純収益勘定」に振り替えられる。

純収益勘定

借入金利息	0	前期繰越	0
社債利息	0	収益勘定残高	3,000
残高	3,000**		

** 3,000 は、「一般貸借対照表」に配当可能利益として、振り替えられる。

（２）複会計制度の形式的特徴

以上みてきたように、特徴的な会計思考とりわけ報告書のひな型からわかることは以下の２点に要約できる。

①複会計制度においては、貸借対照表を「資本勘定」と「一般貸借対照表」とに分割されること。前者の「資本勘定」には資本的支出と資本的収入の差額（複会計制度では運転資本と呼ぶ）を示す。一方後者の「一般貸借対照表」では、資本勘定残高にプラスして、「収益勘定」上の純利益が表示される。

②上記の他に、「収益勘定」と「純収益勘定」が設定される。前者には、営業収入や営業費用を計上、その差額を、後者の「純収益勘定」に振り替えられる。一方後者には、前者の差額に、営業外収益および営業外収益を加算減算して、配当可能な残高を算定する。この配当可能残高は、①の一般貸借対照表に振り替えられる。

要するに、複会計制度は、「資本勘定」、「一般貸借対照表」および「収益勘定・純収益勘定」の三本柱によって構成されるユニークな会計システムを持っている。キャッシュ・フロー計算書思考の見方をするならば、資本勘定と一般貸借対照表とによって資金変動を二区分表示するという、複会計制度の形式的特徴は、実は、こうした複会計制度と資金会計論との間に存在する表示形式上の密接な関係を見ることができる[36]。

換言すれば、複会計制度のこの形式的特徴は、「運転資金を資金概念とする資金計算書」において察知される。具体的には、この計算書は、本表の運転資本資金計算書と副表の運転資本変動明細書の二つの表から構成されているからである。本表では運転資本構成項目以外の変動額が明示され、副表には運転資本構成項目自体の変動額が明示されるからである[37]。

（３）複会計制度の実質的特徴

複会計制度の実質的特徴を一言で表すならば、収入および支出を基礎にして、資本的資産の維持と配当利用可能な残高を算定するという点、に集約される。換言すれば、複会計制度は、今日の発生主義会計とは異なる会計思考に基づくものであり、通常、現金主義または半発生主義[38]と呼ばれる会計システムをベースにしているという点が実質的特徴とみることができる。すなわち、すべての収入を資本的収入と収益的収入との二種類に区分し、一方ですべての支出を資本的支出と収益的支出との二種類に区分する点を実質的特徴とすることにより、資本勘定、一般貸借対照表および収益勘定・純収益勘定が設定される点が実質的特徴と考えられるのである[39]。

これらの勘定の記載内容や関係性は前述のひな型のとおりであるが、決算期末において収益的支出によって取得した財貨で、その期間に費用として費消されなかった在庫品および営業上の未収金や短期の債権債務等がある場合には、それらは期末の現金預金有高とともに、一般貸借対照表において資本的収支の残高（運転資本）と配当可能残高の使途形態として示される。ここで注目したいのは、一般貸借対照表上の資本的収支の残高と収益的収支の残高が、ともに経常の経営活動の出発点と終点とを表示することである。複会計制度における一般貸借対照表の機能を考えてみたとき、残高（運転資本）の短期循環過程を表示する目的を持っているといえる。こうした目的は、運転資本を資金概念とする資金会計の大きな目的なのである[40]。この両者の目的の同質性は、複会計制度と資金会計論とが密接な関係であることを物語る。もちろん相違点もある。両者の違いを整理してみる。

複会計制度：収益勘定に記入される収益的収支取引のそれぞれが資金の源泉と使途として表示される。収支の流れは、資本勘定と収益勘定の二つの勘定で把握され、一般貸借対照表に集の結果を集約するシステム。

資金計算書：資金収支の流れは、財務・投資活動であれ、収益的収支活動であれ、一つの本表において表示する。資金計算書は、収益と費用のフローを測定する発生主義会計を補完するために、収益と費用のフローの実質的内容をなす資金フローに関する情報を与えることに意義がある。いわば、発生主義会計を現金主義的会計に組みかえてみようとする考え方と言えよう[41]。

以上のような違いがあるものの、いずれも会計システムを資金収支計算によって構成しており収支計算に焦点を合わせている点においては極めて類似性が高いといえよう。また、別の見方をすれば、複会計制度にみられる資本勘定は、投資と財務の変動を表示する資金計算書そのものではないかとも思われる。

また、資本的収支と収益的収支を意識的に分離経理しようとする構想が企業の流動性管理の考え方に立脚するならば、複会計制度は資金計算書と軌を一にしていると考えられる[42]。

いずれにしても、ここで考察してきた複会計制度は、近代会計学の歴史的発展に大きな影響を与えたことはもとより、[倉田 1978] の論考によれば、キャッシュ・フロー計算書の萌芽と位置付けているのである。しかしながら、歴史的考察の上では、イギリスの複会計制度が減価償却の生成および発生主義会計思考の進展につれて消滅していったのであった。その一方で、同じイギリスにおいて、成熟した発生主義会計のもとで、貸借対照表および損益計算書とともに、キャッシュ・フロー計算書の重要性が認識され、制度化が進展した経緯がある。まさに歴史は皮肉なものである。

2－2　ドイツ

2－2－1　キャッシュ・フロー計算書論の歴史的経緯概観

２－１においては、多様な観点から、その萌芽について、先行研究をレビューしてきた。ここで論じるドイツにおいても、ほぼ時を同じくして、キャッシュ・フロー計算書に関して理論的側面からの独自の研究が行われてきている。1900年頃から1980年頃にかけて、さまざまな研究者が多くの研究成果を残している。

[伊藤清 1985][43]および[伊藤清 1993][44]においては、彼らのキャッシュ・フロー計算書に関する理論研究を歴史的経緯に沿って体系的に吟味されている。そこでの考察は、３つの観点から構成されている。すなわち①本来キャッシュ・フロー計算書はいかなる役割を果たすべきものなのか、②いかなる情報を収容すべきものなのか、③とのような表示形式をとったときに、その情報が最も効果的に利用者に提供されるのか、である。

以下、[伊藤清 1985] の論考に沿いながら、おもな研究者の理論の特徴を時系列に取り上げ、ドイツにおけるキャッシュ・フロー計算書に関する歴史的経緯をレビューしたい。[伊藤清 1985] によれば、その歴史的系譜の時系列分類として、横軸を「萌芽期」、「成立期」、「発展期」の３期間と、縦軸に、理論の特徴として資金概念を持つ理論、資金概念を持たない理論、そして両方を持つ理論に分類している。そして、15名余の研究者について、詳細に理論内容を吟味している。

筆者は、先に著した修士論文[45]において、［伊藤清 1985］とほぼ同じ時期に、同じ研究室でドイツにおけるキャッシュ・フロー計算書の研究の一端に触れてきたが、そこでの拙稿で取り上げた研究者の論考に焦点を織り交ぜながら、11名の研究者について概観していきたい。

2－2－2　キャッシュ・フロー計算書論の研究者たち

（1）ドイツ資金会計論の歴史的系譜類型

［伊藤清 1985］は、その著書において、「資金計算書論の系譜」と題して、次のような観点で整理し分類・類型化して、著名な研究者の系譜図[46]を作成している。すなわち、

横系列： 理論の発展段階を「萌芽期」、「成立期」および「発展期」の3区分に分け、1902年から1977年までの研究スパンを取り上げている。さらに、発展段階の別区分の観点として、「時点計算書」と「期間計算書」の二つを示す。

縦系列： 資金計算書の核となる「資金概念」のとらえ方により、3つの系列に整理している。

① 期間差額を無差別に計算書に収容する（資金を分離しない計算書[47]）

② 期間差額を収容する事象の選別をおこなう

a　資金を分離した計算書

b　資金を分離した計算書と資金を分離しない計算書の両方を検討

以上の縦横の観点にそって、時系列のライン上に、研究者の氏名と資金計算書に関わる著書や論文の出版ないし発表された西暦年を、その系譜にちりばめている。

［伊藤清 1985］が提唱する歴史的経緯の系統図は、一瞥して資金計算書論の理論の時系列的な流れとそれぞれの研究者の関連性も概観できるという意味で、大変意義深いものと考える。また、ドイツにおいて、企業会計実務での資金計算書の公表に影響を与え、第3章でふれる後のドイツ商法典における制度化に与えた大きな影響を考えていくうえで、非常に有用であると考える。

以下、11名の研究者の業績の、際立った特徴的な理論を簡潔にレビューしていくが、その前段階として、ここで取り上げる研究者の系譜の一覧表を作成する。これは、［伊藤清1985］の系譜図をベースにして、［Lachnit1972］の提唱する「期間貸借対照表の歴史的系統図」を織り交ぜたものである[48]。

［図表　2－2－2①　資金計算書理論の発展の歴史的経緯一覧表］

期	①資金を分離しない	②資金を分離する	両方検討（①②）
Ⅰ 萌芽期	a）シェアー（1909） ☆時点貸借対照表加工 （流動性分析・資金の源泉と使途対照表示） b）ライトナー（1922） ☆在高差額貸借対照表		
Ⅱ 成立期	c）バウアー（1926） ☆運動貸借対照表 d）ワルプ（1942） ☆個別在高変動計算書 （経営財務貸借対照表） e）レーマン（1955） ☆商人的収入支出計算書 f）フロール（1960） ☆期間貸借対照表	g）トムス（1956-1960） ☆機能的（関数的）勘定計算	
Ⅲ 発展期		h）コルベ（1966） ☆資金運動計算書	i）ケーファー（1967） ☆資金計算書 j）ラハニット（1972） ☆期間貸借対照表 （資金処理一覧表） k）コジオール（1976） ☆資金明細計算書

出所：［伊藤清1985］の「資金計算書論の系譜」図をもとにして、筆者作成

（注）研究者名は、カタカナ表記、氏名の右横は、おもな著書・論文の発表年を示した。下段の☆は、特徴的な理論、計算書名も付した。

（2）資金計算書論に関する研究者の理論展開の概観

ドイツにおいて、資金計算書に関わる研究が、一体どのような考え方に基づいて発展してきたのだろうか。約70年間で、多くの研究者により、多様な理論研究の展開を経てきたにちがいない。全体的に最も特徴的なのは、その理論が貸借対照表と密接に結びついている点である。よって、貸借対照表や損益計算書とは切り離して論じることはできない。長年にわたる理論研究を歴史的に概観すれば、資金計算書が本来持つべき、あるいは果たさなければならない役割が見えてくることになる。以下、各研究者の理論展開の特徴等を箇条書きにて概観したい。

[図表　2－2－2② 資金計算書理論に関する研究者と理論の特徴[49]]

コード	名・発表年等	計算書等名称	おもな特徴等
Ⅰ-a	シェアー J.Fr.Schar (1909) ※大学教授・消費生活協同組合理事長	①貸借対照表の流動性分析 ②自己資本および他人資本の使途表示	○企業の流動性状態・支払能力について最初に独自展開 ○決算日の時点貸借対照表を基礎・加工 ①⇒貸借対照表の積極項目と消費項目をそれぞれ6グループにわけ、対照表示し差額を算出し流動性（支払能力）を把握する。 ②⇒決算日時点の資金の調達源泉(消極項目)が、実際に資金をどのように提供（積極項目）されたのか示す。 機能：経営者の管理手段志向
Ⅰ-b	ライトナー F.Leitner (1922) ※醸造所の決算資料	在高差額貸借対照表	○シェアー理論の欠陥指摘、経営管理手段志向とすれば、時点ではなく期中に積極・消極項目がどのように変化したかが重要。 ○期間計算書作成のパイオニア。 ○連続する3期の貸借対照表の期首・期末の在高差額を示すことで、項目の変化を見る。 ○特徴的な期間差額の配列法。 計算構造：積極項目増加マイナス積極項目減少＝消極項目の増加マイナス消極項目の減少

コード	名・発表年等	計算書等名称	おもな特徴等
Ⅱ－c	バウアー W.Bauer (1926) ※鉱業会社の資料	運動貸借対照表	○ライトナーの計算書では、資金の使途と使途をくみ取ることはできない。 ○期間差額を資金の使途と資金の源泉として統一的に解釈のパイオニア。 ○計算構造：積極項目増加＋消極項目減少＝消極項目増加＋積極項目減少 ○上記計算式は重要、なぜなら、借方と貸方は資金の使途と資金の源泉という因果関係をもつからである。 ○資金変動の原因計算書としての機能をもつ。(資金運動の原因表示機能)
Ⅱ－d	ワルプ E.Walb (1942)	財務経済的貸借対照表	○バウアーの基礎的構造を踏襲しながら、計算書の表明力を高める試み。 ○貸借対照表項目の期間差額を流動資産・流動負債の部と固定資産・固定負債の部に分け、それぞれ資金の由来と資金の所在を分類表示する。流動性の変動（いわゆる運転資本）を計算。
Ⅱ－e	レーマン M.R.Lehmann (1955)	商人的収入支出計算による貸借対照表[50]	○企業（製造業）の生産活動のサイクル、①生産活動に必要な原材料等の調達、②製造加工活動、③販売活動の循環活動をもとにして、貸借対照表シェーマを作成する。 ○貸借対照表の借方側に、プラスの財産項目、貸方側にマイナスの財産項目を、上記の活動ごとに8段階にわけて列挙し、各項目の運動量（フロー）の差額を計上する。
Ⅱ－f	フロール G.Flohr (1960) ※ルーベルクと論争 (1960)	期間貸借対照表	○貸借対照表のあらゆる期間差額を無差別に収容し、表示の段階で、資金の使途と源泉の観点から、理路整然と分類することをとおして、財務経済的言明能力を与えている。 ○期間貸借対照表の構造⇒借方：資金の使途、貸方：資金の由来（源泉）の対照表示。

コード	名・発表年等	計算書等名称	おもな特徴等
Ⅱ - g	トムス W.Thoms (1956-1960)	機能的（関数的）勘定計算 51 Funktionale Kontorechnung	○具体的な資金概念の導入。「貨幣」を資金概念とする資金を分離した計算書とした。 ○機能的（関数的）勘定理論の体系 ①垂直的精密貨幣取引対照表＝資金計算書 借方に貨幣入の原因項目を示し、貸方には貨幣出の原因項目を示す。 ②水平的精密貨幣取引対照表＝貨幣の明細表 借方に貨幣の構成要素としての現金・銀行預金の増加、貸方にはそれらの減少を項目別に表示する。
Ⅱ - h	コルベ W.Busse von Colbe (1966)	資金計算書 Kapitalfluss -rechnungen	○資金を分離した資金計算書の理論展開。 ○計算書の必要性：企業を取り巻く様々な利害関係者へ客観的に検証可能な情報の発信。 ○資金概念は「正味短期貨幣資産」。 短期貨幣資産（現金・受取手形・売掛金）マイナス短期債務（短期借入金・買掛金・支払手形引当金） ○以下の３つの領域に区画表示し、それぞれの流入・流出を比較計算。 Ⅰ　営業領域 Ⅱ　固定資産領域 Ⅲ　長期資本領域 企業活動の関連性を明瞭に読み取れるように表示形態を工夫（資金の変動を直接読み取;れる）
Ⅲ - i	ケーファー K.Käfer (1967) (1974)	資金計算書 Kapitalfluss -rechnungen 52 53	○ケーファーは、アメリカやヨーロッパの資金計算書の形式・内容を検討し、アメリカで見られる資金概念を持つ計算書と資金概念を持たない計算書（運動貸借対照表）とを二つのタイプに分類した。そして両者に共通するものを探るため、計算書を定式化し、資金計算書の本質を見極めた。 ○資金計算書が第三の財務諸表である論拠をド

コード	名・発表年等	計算書等名称	おもな特徴等
			イツでは初めて明らかにした。 ○資金の調達使用貸借対照表を提唱した。この計算書は、複式簿記の計算構造原理から導き出したものであった。Kapitalfluss-rechnung という名称はキャッシュ・フロー計算書の代名詞として今なお使用されている
Ⅲ - j	ラハニット L.Lachnit (1972)	総称としての「期間貸借対照表」 (資金処理一覧表)	○アメリカの計算書研究と関連性を持たせながら、ライトナーからコルベにいたるまで、各所論を吟味して体系化する。 ○コルベのように資金を分離した計算書だけでは役に立たないとする。 ○ひとつの計算書に下記の二つの情報を表示することの提案。 ①一期間に生じた貸借対照表項目のすべての期間差額 ②「貨幣」を資金概念とする資金計算書 資金を分離した計算書と資金を分離しない計算書を結合するという独自の理論展開[54]
Ⅲ - k	コジオール E.Kosiol (1976)	収支的貸借対照論の計算構造[55]	○独自の計算書構造により、多様な計算書に応用される。例:①「資金明細計算書」②「財務運動計算書」③「資金を分離しない計算書」④バッターの資金理論等。つまり、利益算定を目的とする収支的貸借対照表理論の資金計算書への応用を基盤とする。 ○しかし理論の中核はあくまで利益算定とし、財務経済的表明を目的とする資金計算書は、貸借対照表・損益計算書の補足計算書としてとらえている。 ○現金あるいは正味流動資産といったような資金を構成する貸借対照表項目をひとつの計算書に収納する。資金明細計算書の意味合いをもつ。

2－3　フランス

2－3－1　フランスにおけるキャッシュ・フロー計算書論の歴史的経緯の概観

［小津 1992］[56]の研究によれば、フランスでは、キャッシュ・フロー計算書は当初から銀行の融資先の財務安全性の評価として、大きな意味をもつようになったという。理論研究は、歴史の時間的経過からみると前出のイギリスやドイツの歴史的経緯に比べると、1952年ころからスタートしたこともあり、一見するとはるかに遅いように感じられる。1952年といえば、後述するわが国の理論研究のスタートとほぼ同じ時期にあたる。

しかしながら、だからといって、［斎藤昭 1976］[57]は、このことをもって直ちにフランスの会計学思考をベースにする資金会計理論が遅れていたと一概に決めつけるのは早計のそしりであると言う。その理由は、つぎのようである[58]。すなわち、「フランスの会計システムは、一貫して具体的な財貨の流れに即した処理を行うことをたてまえとしてきており、その意味では、キャッシュ・フローやファンズ・フローについて、あえてその把握ということを考えるほどの必要性が感じられなかった、とも言えるからである」。そして、フランスにおいて、この領域の研究に関わる著書や論文がことのほか少ないのも必然であったのではないかとする。

ここに興味深い論述がある。それは、先にふれたケーファーの著作の翻訳書［安平他 1974］の中の「日本語版への原著者の序文」の一節である。原文のまま引用する。

「ヨーロッパでは、最近、財務分析協会ヨーロッパ連合が発行した書物のなかで、財務分析的吟味の不可欠な基礎として、財務表（Financing Table）または運動貸借対照表とよばれる第3の年次計算書を作成することが要請されている。フランスでは、財務問題研究委員会が、一方では、企業資金の源泉と使途を示し、他方では、正味運転資本構成部分の変動を示すところの、ひとつの計算書を作成することを提案している。」[59]

本文においては、その著書のなかでは、フランスのことはふれていないけれども、ひじょうに示唆にとんだ記述であるように思われる。

以下では、[斎藤昭 1976] の所論に範を取りながら、フランスにおけるキャッシュ・フロー計算書に関わる理論研究の経緯をレビューしたい。

2－3－2　第一段階：「資金表」ないし「源泉・使途表」の概要

[斎藤昭 1976] は、フランスにおけるキャッシュ・フロー計算書の系譜として、次の3つがあるとする。すなわち、

① 「資金表」ないし「源泉・使途表」とよばれる計算書

② 付加価値計算を主としつつ、資金的には自己金融を重視しようとする会計システムの新構想を貸借対照表に連係させようとする資金表である「ブータン＝デルソル流資金表」

③ OCAM プラン[60]のように、財務諸表のひとつとして作成する「財産勘定残高推移表」

ここでは、フランスのキャッシュ・フロー計算書の生成基盤になったと考えられる①「資金表」に焦点をあててその内容を簡潔にレビューする。

フランスにおいても、他国と同様に、計算対象となる資金概念の多様性を反映して、さまざまな計算書の可能性が検討され、前述の3つの系統のようにいくつかのバリエーションがみられる。しかし、①「資金表」（Tableau de financement 以下「タブロー」と略称）が当時、一般に採用されつつあった。

このタブローの基本構造は、貸借対照表に関する基本的な等式をもとにしている。

すなわち、等式は下記のようになる[61]。

1 [固定資産] ＋ [流動資産] ＝ [永久資本][62] ＋ [短期負債]

↓

2 [永久資本] － [固定資産] ＝ [流動資産] ＋ [短期負債]

＝ [運転資金]

↓

3 [永久的源泉の変化] － [固定資産の変化] ＝ [運転資本の変化]

これらの等式を図式化[63]すると下記のようになる。

次に、タブローを構成する三表をみてみる。タブローは、貸借対照表項目の変化にそってすべての動きを包括する。そして、この動きは合計試算表のなかに網羅されているので、タブロー作成の基礎は合計試算表に置かれている。そこで、三表の構成図およびその内容を主要項目によって示すひな型を各図表で示す。

[図表　2－2－3① タブロー等式を構成する項目の関係図]

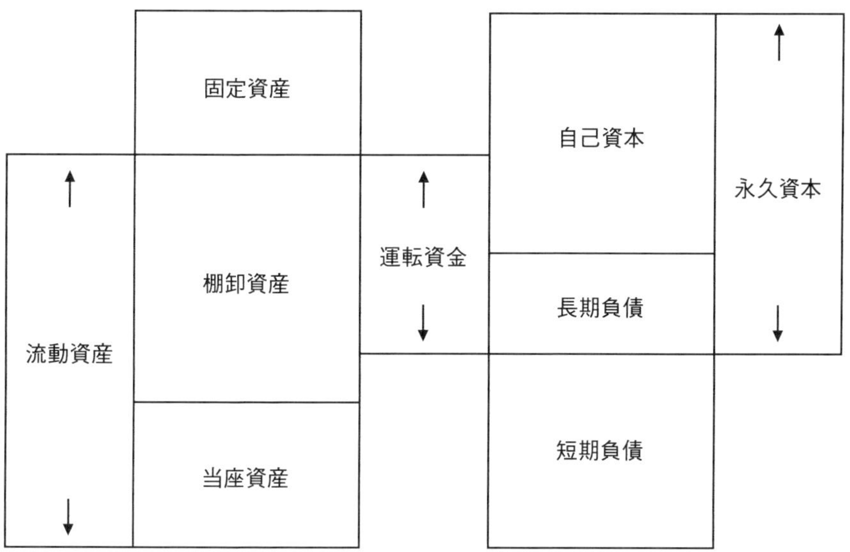

[図表　2－2－3② タブローを構成する三表の関係図]

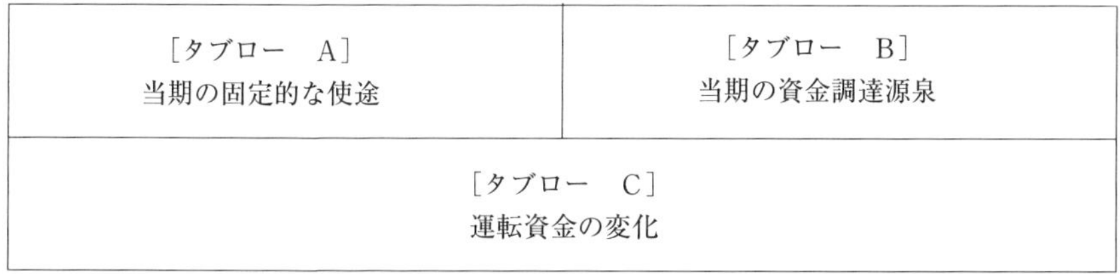

[タブロー　A] 当期の固定的な使途	[タブロー　B] 当期の資金調達源泉
[タブロー　C] 運転資金の変化	

［図表２－２－３③ タブローのひな型：三表の具体的内容］

A	B
Ⅰ　組織費 Ⅱ　固定資産への使途 Ⅲ　その他の固定資産への使途 （長期債権） Ⅳ　中・長期債務の返済	Ⅰ　自己金融＊1 Ⅱ　例外的源泉＊2 Ⅲ　自己資本の増加 Ⅳ　中・長期借入金の増加 Ⅴ　長期貸付金・預金に関する収入
固定的使途合計　（A）	資金調達源泉合計　（B）
C	
Ⅰ　棚卸資産 Ⅱ　当座資産 （運転資金減少額）	Ⅲ　流動負債 Ⅳ　流動資産の減価引当金 運転資本増加額　（C） （Ⅰ＋Ⅱ＋Ⅲ－Ⅳ）
計	計

上図から窺えるように、フランスの会計実務を反映してやや特異な用語を使っているものの、構造的にみると、正味運転資本の資金概念に基づく計算書であると言える[64]。

２－３－３　第二段階：フランス銀行の試み

フランス銀行財務諸表集計センター（Centrale de Bilans）は、上述の現状を踏まえて、新しい展開の試みを行っている[65]。

提言された、その計算書は、歴史的に経過した、一ないし数期間の、あるいはまた予測的に、将来の一または数期間の企業資金源泉と資本要求を確定し、それらを比較対照することが目的であった。その際に、企業活動を以下の４つの活動に区分して源泉と要求とを把握している。

すなわち　　区分　1　営業取引
　　　　　　区分　2　分配取引
　　　　　　区分　3　資本取引ないし投資・負の投資取引
　　　　　　区分　4　財務取引

次に、使用される用語の規定について説明する。（フローおよびストックの規定）

企業取引は、財貨、債権ないし債務の移動と解釈されるが、同じ方向の、同じ性格の移動のまとまりをフローと呼ぶことにする。通常、各取引は二つのタイプのフローを生む。

例えば、売上は、企業から顧客への財・用役のフローと顧客から企業への貨幣のフローを生じる。しかし一方では、企業利潤税（≒法人税）のように、企業から国家への一方的なフローしか見られない場合等、フローを伴わない場合も存在する。ストックとの関係でいえば、フローは、あるストックから別のストックへの流通を表し、二時点において観察されたストック水準間の差は変化を構成する。

企業を取り巻く者とのすべての取引は、最終的には支払資金の変化によって解釈されるという観点に立つならば、資金計算書の機能は企業の支払資金に関わるフローを描写し測定することになる。しかしながら支払資金へのフローの影響は、常に即時的ではない。よって、資金計算書は、①フロー、②ストックの変化、③支払資金の変化という3つの連続する局面に細分化されることになる。先に述べた四つの取引範疇とこの3つの局面との関係で考えてみる。図に示すと［図2－2－3④］[66]のようになる。

以下四つの取引範疇ごとに概観する。

A 「営業」区分

生産、売上と、これらに結び付いた税金の支払いと還付に関するフローを取り上げる。その際に、源泉として記載されるのは、減価償却費控除前の営業利益のみである（損失の場合は使途）。しかし、売上も営業諸費用も、当期中に現金決済されるとは限らないので、当然、営業取引に関わる債権・債務が発生する。また、棚卸資産の変化が支払資金の増減をもたらすと考えられる。よって、第二欄の「運転資金要求の変化」の差額分の算定は次のようになる。

棚卸資産の変化　＋　営業債権の変化　－　営業債務の変化

図中の差額Aと差額Bの差は、当期に生じた支払資金を表している。営業活動に伴うフローは、棚卸資産や債権債務の変化に大きく依存していることを物語る。

B 「分配」の区分

ここの区分に関するフローは、下記の二つからなっている。

a）営業損益の分配に属する諸費用

財務諸費用、法人税の支払い、配当金の支払い、従業員への利益分配

b）財務収益およびそれに類似する収益

賃貸不動産収入、特許権使用料の収入

この区分のフローが支払資金と直接結びつかない分だけ、運転資金要求の変化として、第二欄で把握される。なお、特別損益もここで取り扱う。

C 「資本取引」の区分

記載項目は下記のとおり。すなわち、

固定資産の取得と建設、投資有価証券の取得と譲渡、固定資産の譲渡に関わるもの。

(直接・間接の投資と負の投資)

D 「財務取引」の区分

支払資金に直結する、企業の財務的な取引を扱う。具体的には下記のとおり。

a）貸付金の返済、預り金・保証金の回収、借入金（社債含む）増加、増資

b）貸付金・預り金の増加、借入金の返済

［図表２－２－３④　フランス銀行が提唱する資金計算書の四つの範疇でのフロー基礎理念］

取引範疇	当期のフロー		運転資金要求の変化		支払資金の変化	
	使途	源泉	債権	債務	＋	－
営　業	**差額　A**	営業利益	棚卸資産の変化 営業債権の変化 その他の営業債権の変化	営業債務の変化 前受金・借受金の変化 政府等に対する債務の変化 その他の営業債務の変化 **差額　B**	A	B
分　配	財務費用 法人税 利益分配 従業員への利益配分 特別損失	財務収益 特許権使用料収入 不動産収入 特別利益 **差額　C**	分配に関する債権の変化 **差額　D**	分配に関する債務の変化		C－D
資　本 （投資）	組織費 固定資産の取得または建設 投資有価証券取得	固定資産譲渡収入 投資有価証券譲渡収入 設備助成金収入 **差額　E**	固定資産に関する債権の変化 **差額　F**	固定資産に関する債務の変化		E－F
財　務	借入金の返済 貸付金・預け金の増加 **差額　G**	増資 借入金の増加 貸付金・預け金の回収			G	
（計算式）	運転資金の変化⇒M=A＋G－C－E			運転資金要求の変化⇒N=B－D－F		T=M－N

出所：［斎藤昭 1976］前掲稿　271頁より引用

3．アメリカ

3－1　はじめに　～キャッシュ・フロー計算書の二つの源流～

アメリカにおけるキャッシュ・フロー計算書論の歴史的経緯の先行研究を考察するとき、二つのアプローチが考えられる。ひとつは、1897年のT．L．グリーンの「財政状態変動表」に端を発し、1978年のL．C．ヒースの「現金収支計算書」に至るまで、企業実務界での普及に絡めながら、時系列に考察するアプローチである。もうひとつは、W．J．バッターとA．B．カーソンに代表される「資金理論学説」の先行研究を考察するアプローチである。

ここでは、この二つのアプローチを概観したい。前者に関しては、［渡邉2005a］[67]の所論を中心にレビューする。そこでは、各研究者の提唱する計算書の理論・ひな型・資金概念等の特徴や要点をみていくことにしたい。一方、後者に関しては、［佐藤倫1993］[68]の所論を中核に据えて、［山﨑泉2006］[69]の所論をも触れながら、資金理論の源流とされるバッターとカーソンの理論体系を対比しながら、彼らの考え方とその現代的意義等をレビューしていく。

3－2　アメリカにおけるキャッシュ・フロー計算書の源流（1）～［渡邉2005a］の所論のレビューをとおして～

［渡邉2005a］によれば、アメリカにおける歴史的展開を考えるとき、キャッシュ・フロー計算書の端緒は、T．L．グリーンの比較貸借対照表の考え方に求めることができるとする。そして、その後の展開は、資金運用表ないしは運転資本計算書、次いで財政状態変動表へ、さらには現金収支計算書へと進展していった、と考察している。

具体的には、こうした進展を［渡邉2005a］においては、次頁に示すような、二つの図表により整理している。すなわち、①「資金概念の変遷による歴史的経緯一覧表[70]、②資金計算書の発展過程の類型一覧表[71]である。

アメリカにおける資金計算書の出現は、T．L．グリーンによる「財政状態変動表」が最初であるという考えが一般的な通説である。この計算書は、1897年に彼の著書のなかで提示されたグレートイースタン鉄道の2年間の比較貸借対照表増減を比較し、その変動状態を要約した一覧表であった。

ここで、イギリスとの比較の意味で再掲するが、［渡邉2005a］の所論では、すでに1863年のダウライス製鉄会社の比較貸借対照表が萌芽であるとしている[73]。その内容については、すでに述べたところであるが、比較貸借対照表の分析が資金計算書の嚆矢であると考えられる。19世紀前半以降、とりわけ鉄道会社では、株主から資本を調達するためには、何よりもまず、弊社への投資

[図表2－3① 資金概念の変遷]

年	提唱者	資金概念	計算書の名称
1897	T.L. グリーン	資源：総資産	「財政状態変動表」 (The Summary of changes in The position of the company)
1915	W. コール	資源：総資産	「どこから得てどこにつかわれたかを示す計算書」 (Where got Where gone Statement)
1923	H.A. フィニー	運転資本 ＝流動資産－流動負債	「資金運用表」 (Statement of Application of Funds)
1952 1957	E.L. コーラー (辞典初版・2版)	運転資本 ＝流動資産－流動負債	「資金計算書」 (Funds Statement)
1961	P. メイソン	営業活動によってもたらされたすべての財務資源	「資金計算書」 (Funds Statement)
1962	H.R. アントン	当座資産 ＝流動資産－棚卸資産	「資金計算書」 (Funds Statement)
1978	L.C. ヒース	現金フロー	「現金収支計算書」 「財務活動計算書」 「投資活動計算書」

<参考>[72]

1963	企業会計審議会 意見書第 3号	すべての財務資源	「資金源泉運用表」 (The Statement of Source and Application of Funds)
1971	同 19号	明確な規定はないが、運転資本に近い	「財政状態変動表」 (Changes in Financial Position)
1987	財務会計基準審議会 ステートメント第95号	現金 ＝現金＋現金同等物	「キャッシュ・フロー計算書」 (Cash Flow Statement)

出所：[渡邉 2005] 前掲書 207頁の表を一部改変の上引用

[図表2－3② 資金計算書の発展段階の類型]

発展段階・年代	計算書の名称・原理	提唱者	資金概念
第1段階 (1897-1915)	比較貸借対照表 運転資本計算書	グリーン、コール	資産（持分の変動原因となる）

発展段階・年代	計算書の名称・原理	提唱者	資金概念
第2段階 (1923-1963)	資金運用表 財政状態変動表	フィニー、コーラー辞典	運転資本
第3段階 (1961-1971)	現金収支計算書	メイソン	すべての財務的資源
第4段階 (1978-1987)	キャッシュ・フロー計算書	ヒース	現金フロー 現金および現金同等物

出所：［渡邉 2005a］前掲書　167-219 頁参照の上筆者作成

がいかに有利であるかを示す必要性があった。こうした背景から損益計算のみならず、その裏付けとなっている実際の配当資金、すなわち現金および現金同等物が保証されているかが極めて重要になってきた。イギリスでは、「南海泡沫事件」以降、株主の最大の関心事は、紙の上での配当可能利益がいくらかではなく、実際に現金による配当金をいくら受け取れるかであった。いわば自己資金をいかに有利に運用できるかが重要であった。「勘定合って銭足らず」では困るのである。ここに資金計算書の思考が必要になった所以である。こうしたことは、逆の立場に立つと、経営者にとっても大きな関心事であった。件のダウライス製鉄会社が比較貸借対照表を作るに至った経緯の一因であったと考えられる。

さて、［佐藤倫 1993］によれば、アメリカにおいて、資金計算書が文献に登場するのは 1900 年前後あったとし、当時の会計人の間には、貸借対照表と損益計算書以外に第三の計算書に対する期待があったという。そして、実務界にも少なくても以下の 2 種類の計算書が存在していたという。

ひとつは、比較貸借対照表ないしは財政状態変動表としての資金計算書であり、もうひとつは、運転資本計算書としての計算書である。前者の事例としては、コールの財政状態変動表であり、後者の事例としては、U.S. スチール社の 1903 年の年次報告書が挙げられる[74]。

［図表 2 － 3③ 提唱者によるキャッシュ・フロー計算書の特徴等一覧表］にしたがって、おもな提唱者の所論と計算書の特徴を時系列に順に概観する。具体的には計算書の機能、目的はどこにあったかを明らかにしてみたい。下記のような一覧表を作成し[75]、6 名の提唱者をピックアップし、このことを整理して

みる。

［図表2－3③　提唱者による計算書の特徴等一覧表］

	提唱者	特徴（計算書の基本的な理念、機能・目的等）	備　　考
1	①グリーン ②コール	○計算書理念：2期間の比較貸借対照表の要約 資産・負債の2期間の比較により、資金ないし資源の動きを掴むことができる。 ○計算書の表示形式 ①グリーン：報告式（支出と資源） ②コール：対照式（where got と where gone） ○計算書の機能・目的：利益の内訳を知る （1）株主、投資家の投資意思決定のための情報提供（現金配当額、利益の裏付け） （2）新たな設備投資の意思決定のための資料	第1段階 1897–1915年
2	フィニー	○計算書の理念：「資金運用表」 運転資本の調達とその運用について明らかにすることが主たる目的である。 ○フィニーによれば、比較貸借対照表の要約では、情報は十分ではないとする。比較貸借対照表は資産・負債の各項目の変動を示しているにすぎない。資金運用表は、この比較貸借対照表で示されている情報を分類・整理して、資産・負債の様々な変動の原因に関して詳細な情報を与えるとする。 ○換言すれば、資金運用表は、運転資本の調達とその運用について明らかにするということが主たる目的の計算書である。ここにフィニーの言う運転資本とは企業を運営していくために必要な資金であり、基本的には流動資産総額から流動負債総額を控除して算出される。 ○ここで計算された運転資本の増加額は、資金の運用欄に表示する。したがって、比較貸借対照表によって表示される総資産としての資金とはまったく異なっている。	第2段階 1923–1963年

	提唱者	特徴（計算書の基本的な理念、機能・目的等）	備　　考
		○資金運用表としての初期の事例として挙げられるフィニーの資金運用表は単に運転資本の期首と期末の比較分析ではなく、期中の増減を総括的に示す一覧表である。つまり、当該事業のために調達された資金源泉とその資金の運用を示す方法により、比較貸借対照表とともに、資金運用表による他の情報を分類表示しようとする試みであった。 ○計算書は、この二つに加え、「運転資本明細表」および資金運用表　精算表も示している。	
3	メイソン	○「キャッシュ・フロー」という用語の定義を初めて示した。 ○キャッシュ・フローとは通常、大雑把に言えば、「発生主義で算出した純利益＋減価償却費」として定義。資金運用表における営業活動によってもたらされる資金と同意語であるとした。	第 3 段階 1961–1971 年
4	ヒース	○計算書名称：　①現金収支計算書 ②財務活動計算書 ③投資活動計算書 ○ＦＡＳＢ「財務会計諸概念に関するステートメント第 5 号」(1984) でいうキャッシュ・フロー計算書の前身形態とも考えることができる。資金概念は、現金および現金同等物である。 ○ヒースは、「利益は貨幣単位で測定された財産の変動であってお金ではない」という。その上に立ち、従前の資金計算書の不備な点を指摘している。 ○ヒースの 3 つの計算書の機能・目的は、主として現金の獲得能力の測定を提示する計算書であった。従前のねらいとは根本的に異なっていることになる。 ○ヒースの主張は次のようである。すなわち、1920 年頃当時、運転資本は債務返済能力の指標と考えられていたが、財務諸表利用者の情報要求は過去 50 年間で著	第 4 段階 1978–1987 年

	提唱者	特徴（計算書の基本的な理念、機能・目的等）	備　　考
		しく変化し、もはや運転資本を支払能力分析の関心とはみなされなくなった。代わって、支払いをまかなうためにはそれにみあう適切な現金を獲得する能力に向けられた[76]。 ○企業の経営分析には、貸借対照表や損益計算書が有用であるのはもちろんであるが、それだけでは不十分とした。企業の活動は「営業活動」、「財務活動」および「投資活動」に分類できるとし、今日のキャッシュ・フロー計算書と同一の考え方を提唱した。 ○資金という言葉は紛らわしいので、誰でも理解できる現金の収入と支出をもって現金収支計算書を提案した。表示法についても、簿記会計に疎い財務諸表利用者にとって、間接法は理解しづらい。したがって直接法を推奨する。	

3－3　アメリカにおけるキャッシュ・フロー計算書の源流（2）～バッターの資金理論とカーソンの資金理論の対比をとおして～

ここでは、アメリカにおいて、キャッシュ・フロー計算書の源流とされている、バッターの資金理論とカーソンの資金理論について、対比しながらその意義とそれぞれのキャッシュ・フロー計算書の考え方について、［佐藤倫 1993］[77]および［山﨑泉 2016］[78]の論考に範をとりながら概観する。二人の学説のアプローチはまったく異なるけれども、それぞれの理論内容を探るならば、両者の資金理論は、現代のキャッシュ・フロー計算書の目的や形式等と合致する点も見いだすことができ、注目に値する学説である。以下、二つの論点から、両者の資金理論がアメリカにおけるキャッシュ・フロー計算書の源流となりうるかの根拠を見ていくことにする。

一つ目の論点は、アメリカ会計学会との関係からみるバッターおよびカーソンの理論内容である。1940年、ペイトン・リトルトンは、『会社会計基準序説』(中島省吾訳、同文舘）を著し、取引において認識された取得原価について実現された期間収益との対応関係によって期間費用と資産に配分する「費用収益対応の原則」を展開した。この著書は、アメリカおける会計思考の基礎として会計原則の設定に大きく寄与することとなった。そして、財務報告の目的は、投資家および債権者による企業の継続を前提とした収益性評価のための情報提供を中心とするものに変化したのであった。

こうした会計原則形成の動きの時代の中で、バッターは、1947年に、『バッター資金会計論』（飯岡透・仲原章吉共訳、同文舘）を著したのだった。その論旨のひとつは、資本主理論や企業実体理論につきまとう人格主義を排除しようとした独自の会計主体論であった。またもう一つはひとつの論旨は、「オペレーショナリズム（操作主義）」という伝統的な会計理論とは異なる資金会計論の展開であった。当時、会計主体論としても、その主張がクローズアップされ、一躍脚光を浴びることとなった。

一方、1949年、カーソンは『財務会計における資金の源泉と運用』を刊行し、キャッシュ・フロー計算書が財務会計領域において大いなる意義を持つとし、貸借対照表や損益計算書とともに財務諸表の一つに加えるという論旨を展開した。また、1954年には、『インフレーションによる習慣的利益測定の歪曲計算に対する資金計算書アプローチ』を著している。それは、インフレーション会計の中でキャッシュ・フロー計算書を利用してはどうか、という主張であり、考案した人物として高く評価された。

しかしながら、両人の主張は、従来の会計学の考え方とは大きく乖離していたために、当時の実務界からの要請に適合するものではなかった。こうした理由から、アメリカ会計学会の主流を形成できなかったのであった。現在では、バッターの資金理論は、未だその理論に対する現代的意義は色あせてはいないと考えられるけれども、かつて評価された学説史上の古典扱いされることとなった。また、カーソンの資金理論は、FASB概念フレームワークを決定することになる1976年の討議資料において、その理論に言及されなかったことが、当時注目されなかった理由の一つと考えられる。

二つ目の観点は、バッターとカーソンのキャッシュ・フロー計算書の意義である。ふたりの理論アプローチはまったく違うものであることがわかる。バッターの資金理論は、利害関係者が要求する情報はそれぞれの立場で異なることから、損益計算書を敢えて示さず、キャッシュ・フローのみを表示する独自の計算書を提案した。財務諸表体系は、「営業報告書（独自のキャッシュ・フロー計算書)」と棚卸表としての貸借対照表とした。カーソンの資金理論によれば、キャッシュ・フロー計算書の機能は「資金の源泉と運用」を明らかにすることであるという。そして、企業活動における運転資本の円滑な流れの重要性を指摘し、運転資本の源泉と運用を記録し報告することが財務会計の目的であると主張した。

バッターの資金理論は、資金を具体的な価値観・価値判断を根底に据えて展開する数少ない理論のひとつであると考えられる。従来の損益理論にとらわれることなく、資金を中心概念に据え新たな会計理論の構築を試みたものであった。今日の資金概念とはまったく異なるけれども、アメリカのキャッシュ・フロー計算書論の源流であるといっても過言ではないだろう。

カーソンは、資金の源泉と運用の観点から財務会計を見直し、資金フローを重視する理論を展開し、企業活動を資金費用と非資金費用を区別する考え方を示した。この考え方は、現在のキャッシュ・フロー計算書の表示方法のひとつである「間接法」の論拠にもつながると考えられる。カーソンもまた、アメリカのキャッシュ・フロー計算書の源流といっても差し支えないだろう。

3－4　おわりに

ここでは、アメリカにおけるキャッシュ・フロー計算書思考の歴史的経緯を二つの視点から概観した。一つ目のアプローチは、時系列的に理論、それにともなう計算書や資金概念等を示すものであり、二つ目のアプローチは、アメリカおける資金理論の源流と考えられている、バッターとカーソンの資金理論について、対比して考察することである。

前者については、1897年のグリーンの財政状態変動表の提言から1978年のヒースの現金収支計算書の提言まで、80年にわたる歴史的変遷を垣間見てきた。とりわけ、1915年のコールの”Where got Where gone 表”は資金の源泉と使途（運用）を明らかにする計算書として、その以降のアメリカにおける理論展開はもちろんのこと、わが国の「資金運用表」の理論や実務にも大きな影響を与えたものと考えられる。また、ヒースの理論は、営業活動別3区分の表示や資金概念の面で、SFAS95に大きな影響を与えたと言われている。

後者のアプローチについては、バッターが1947年、カーソンが1949年に著した、それぞれ独自の資金理論を取り上げた。両人の理論は、当時としてはあまりにも斬新的な理論であり、時代の要請に合わず、アメリカ会計学会や実務界から積極的に受け入れられなかったわけだが、アメリカの資金会計論の基礎として、いまなお高く評価されるものと考えられる。

4．メキシコ（イベロアメリカ圏）

4－1　はじめに　～キャッシュ・フロー計算書の歴史的経緯概観～

いわゆるイベロアメリカ圏における会計学の理論研究の先行研究は、極めて少ない現状にある。ましてや本書のテーマであるキャッシュ・フロー計算書に特化した研究はほぼ皆無に等しいといってもよい。

とりわけ、スペイン語圏を代表するメキシコにあっては、NAFTA[79]に象徴される、現代のグローバル経済へと変遷したこと、そしてアメリカに隣接しアメリカ経済と切っても切れない関係にあることを考えたときに、本章のテーマである諸国の歴史的経緯をレビューすることはとても重要であると考える。また、前出のイギリス、ドイツ、フランス、そしてわが国の会計理論、キャッシュ・フロー会計論の比較研究においても、メキシコを取り上げることは必要不可欠であると考える。

後述するように、メキシコの経済の歴史、会計発達史を辿ると、独自の発達を見ることができる。それはまた、ある意味で、わが国の会計学の発展の経緯に類似しているとも言えるのである。こうした会計発達史のなかで、キャッシュ・フロー計算書が、メキシコでどのように生まれたのだろうか。ここでは、［中川 1981］[80]、［中川 1994］[81]、［中川 1995］[82]、［中川 1996］[83]などの論考に沿って、メキシコのキャッシュ・フロー計算書の萌芽およびその後の経緯を辿ってみたい。

なお、メキシコにおいては、キャッシュ・フロー計算書の萌芽は、理論研究や実務には確認されていない。商法典の会計規定の改正において、その萌芽がみられるのである。本来であれば第3章の制度化の論理で取り上げるところであるが、他の諸国との比較研究の観点から、本章で取り上げることとした。したがって、内容が重複するため、第3章の制度化の論理では論議を割愛することにした。

4－2　メキシコにおける会計発達の背景とキャッシュ・フロー計算書の萌芽 ～改正商法および会社法の財務諸表規定～

（1）メキシコにおける商法典の変遷

メキシコは、1994年のNAFTA発効以降、自動車産業を中心に経済的にめざましい発展を遂げてきているけれども、企業会計に関してどのような歴史的経緯を辿ってきたのだろうか。メキシコは元来、紀元前から高度な古代文明をもつ先住民族で栄えていたが、スペインの植民地となり1821年に独立している歴史的経過がある。最初の商法典は1854年に制定されている。これは、スペイン商法典を継承したものであると同時に、フランスやイタリアの商法典から影響を受けている。このことから、メキシコの法制度はヨーロッパ圏の大陸法系であることがわかる。1981年の大改正おいて、商法典とともに、特別法の商事会社一般法の計算規定も大幅に変わり、財務諸表にキャッシュ・フロー計算書（財政状態変動表）が導入されたのであった。これは多分にアメリカの影響が顕著に出ていると考えられる[84]。

（2）1981年改正商法典、商事会社一般法の規定

商法第172条の規定を見てみる。株式会社は株主総会に提供しなければならない情報の規定であり、7項目を列記している。その中に、貸借対照表と損益計算書とともに、「期中の、財政状態の変動を示した一覧表」と明記している（もちろん監査の対象とされた）。あわせて、商事会社一般法第5条の見出しも「貸借対照表」から「財務情報」に変更された。「他のイベロアメリカ圏の諸国が相次いで商事法を改正する中、メキシコだけ取り残されていた感があり、こうした財務情報をはじめとする会計規定の変更が望まれていた」[85]のであった。

4－3　メキシコにおけるキャッシュ・フロー計算書の急速な発展 ～NAFTAおよびマキラドーラ政令～

1992年、アメリカ・カナダ・メキシコの3か国は、NAFTA（北米自由貿易協定）を調印、1994年に発効した。この協定は、先進国であるアメリカ・カナダ両国と、当時途上国であったメキシコをひとつの自由貿易圏に組み込む世界で最初の試みと言われており、3か国はいずれもこの協定により大きな経済的利益を享受することとなった。とくに、メキシコはイベロアメリカ圏の一員でありながら、フランス等のヨーロッパの制度を数多く受け継いでいる一方で、地理的にアメリカに隣接していることもあり、NAFTA発効の以前からアメリカの影響を強く受けていたわけであったが、NAFTAによりこの傾向にますます拍車がかかることとなった。

メキシコを経済大国に押し上げ、会計制度も急速に発展した背景は、このNAFTAの他にもうひとつの政策がある。1983年、アメリカ間の貿易政策「マキラドーラ」[86]（政令）である。NAFTAとの相乗効果により、メキシコの製造業は一躍発展することとなった。そして、連動して企業の数も増え、財務諸表の監査業務も増大し、公認会計士の活躍の場も広まった[87]。時は、商法典の大改正と重複しており、株式等の他の会計規定とともに「財政状態変動表」の重要性はますます必要となっていった。

4－4　おわりに

メキシコは、1976年に「変動相場制」になり、経済の安定は損なわれた。海外の経済上のあおりを受け、1973年以降インフレーションが激化した経緯がある。このためメキシコ公認会計士協会は1975年に「一般物価水準の変動に基づく財務諸表の修正のための提案」を出したほどだった[88]。この提案は実現しなかったけれども、キャッシュ・フロー計算書がメキシコにおいて台頭するひとつの背景になっていたかもしれないと、[中川 1978] は指摘する。

NAFTAは、2020年に失効し、新たな「新NAFTA」が同年7月に発効した。自動車産業に関わる部分も多く、わが国の経済に与える影響も多いと言われている。今後のメキシコの経済状況と、日本企業の現地法人が多く、今後とも増え続ける傾向だけに、企業会計の進展、とくにキャッシュ・フロー計算書の動向に注視していかなければならない。

5．日　本　～理論研究の原点としての「資金運用表」の研究～

わが国において、キャッシュ・フロー計算書の理論研究の歴史的経緯を紐解くとき、おそらく、最初にその意義と重要性を説いたのは、［太田 1952］[89] および［染谷 1950、1952 a］[90] ではないかと思われる。［太田 1952］については、当時戦後のインフレーション経済の中、キャッシュ・フローの重要性を指摘したのであった。まして、わが国の会計学は、損益計算志向一辺倒の時代、「太田・山下論争」[91] にまで発展した経緯もある。一方、［染谷 1952］については、資金運用表を財務諸表のひとつに加えてはどうか、という論議は、日本会計研究学会の研究報告で大きなインパクトを与えた。

わが国では、「資金運用表」→「財政状態変動表」→「資金収支表」という流れで、名称が変更、その後、1998 年の「意見書」の公表まで、名称も変遷とともに、その計算書の意義・目的・内容・計算書の様式も大きく様変わりした。ここでは、［染谷 1952 a］の論考を中心に、資金運用表とは何か、その内容はいかなるものか、およびその必要性についてレビューしたいと思う。

（1）資金運用表の意義と作成方法

資金運用表は、企業の財政状態の変動を総合的に表すもので、その変動についていかに表示するかが重要である。別名、「財政状態変化の要約表」とも言われているように、一会計期間の資産・負債・資本の変動、すなわち企業の財政状態の変動を資金の源泉と使途に分類して、展開する表である [92]。作成方法は、二時点の貸借対照表の比較から作成される。通常は、一会計期間の期首と期末の貸借対照表から、その年度の財政状態を表示するが、その期間は必ずしも一会計期間に限ったものではない。月ごとに変動を明らかにすることも可能である。また、表示形式もさまざまなものがある。運転資本明細表を別に設け、資金運用表上の運転資本では純増減のみを表示する形式もあれば、運転資本の増減明細を別表に区分しないで、流動資産の増減および流動負債の増減を資金運用表に示す形式もある。

いずれにしても、資産の減少と負債・資本の増加を資金の源泉側に、資産の増加と負債・資本の減少を資金の使途側に表示して作成される。これによって、資金がいかなる源泉からえられたか、そしてその資金はいかなる使途に向けられたかが明らかになるのである。

（2）資金運用表の二つの必要性

A　損益計算書上の利益と現金収支残高は同じではないため

損益計算書に現れる損益額と収支計算上生ずる剰余現金とは異なった概念がある。こうした概念は株主のみならず、経営者ですら認識していないことがある。ここに、資金運用表を財務諸表のひとつに加える理由がある。

B　株主・債権者、経営者にとって、資金情報が必要であるため

損益計算書および貸借対照表は、資金関係を明らかにしてはいない。収益は必ずしも資金の流入をともなわないし、費用も資金の流出をともなうものではない。損益計算書は資金の動きを示すものではないので、資金関係を理解するには、他に計算書に求めなければならない。

企業経営者は言うまでもなく、債権者にとっても重要である。経営者は、配当金など、将来の適切な資金計画に有用であるし、債権者は債権の回収可能性を把握するのに有用である。

（3）資金運用表の表示形式（形態）

資金運用表が財務諸表に加えられることを前提にすると、資金を運転資本もしくは支払資金にした方がよいと考えられる。こうしたことから、右記のような形態の資金運用表を推奨している[93]。

資金運用表

資金の源泉		
当期売上高	×××	
有価証券の減少	×××	
短期借入金の増加	×××	
固定負債の減少	×××	
資本の増加	×××	×××
資金の使途		
当期仕入高	×××	
その他諸費用	×××	
有価証券の増加	×××	
短期借入金の減少	×××	
固定資産の増加	×××	
固定負債の減少	×××	
資本の減少	×××	×××
資金の増減		×××

支払資金明細表

	期首	期末	増減
現金預金	××	××	××
受取手形・受取勘定	××	××	××
	××	××	××
支払手形・支払勘定	××	××	××
支払資金	××	××	××

出所：［染谷 1952a］前掲稿　69頁のひな型より引用

6．おわりに　～各国の歴史的経緯からの知見～

第2章では、キャッシュ・フロー計算書の思考が歴史的に見て、いつ、どのように生まれたかに関して、イギリス、ドイツ、フランス、アメリカ、およびメキシコの5つの諸国、そしてわが国の、それぞれの先行研究をレビューしてきた。ここで、要約するとともに、5つの諸国の理論研究の進展や実務界の歴史的経緯がわが国に与えた影響、または関係について若干ではあるか考察してみたい。

1．イギリス

1800年代初頭、産業革命を背景に、石炭を運ぶための運河が誕生した。多額の資金が必要になり、高額の配当を投資家は期待した。こうした中で、運河会社の決算書にキャッシュ・フロー計算書の思考の萌芽をみたのであった。その後、鉄道会社全盛時代を迎えた。鉄道会社の決算書の使命は、現金収支にもとづいた配当可能残高を計算表示することだった。こうした流れで、1800年代半ばに入ると、鉄道会社を中心に、「複会計制度」が誕生した。この制度がキャッシュ・フロー計算書の源流であるとする先行研究もある。その一方で、[渡邉2005a]は、キャッシュ・フロー計算書の萌芽は、1838年にダウライス製鉄会社の工場で作成された比較貸借対照表であるとした。

2．ドイツ

ドイツにおけるキャッシュ・フロー計算書に関する理論研究は、1900年初頭より貸借対照表論として展開されてきた。大学教授であり、消費生活協同組合理事長であったシェアーが比較貸借対照表を作成し、キャッシュ・フローを分析したのが最初と言われている。それ以降、バウアーの「運動貸借対照表」理論を中心に、多くの研究者が多様な形で、1980年頃まで研究成果を公表した。[伊藤清1985]によれば、その研究は、資金概念によって大別できるとした。なかでも、ケーファーの理論はドイツのキャッシュ・フロー計算書論の礎となっており、計算書の名称“Kapitalflussrechnung”は今もなお多くのドイツ企業の決算書に使用している。

3．フランス

[小津1992]によれば、フランスではキャッシュ・フロー計算書は1950年ごろの当初から、銀行の融資先の財務安全性の評価としての機能をもつようになったという。計算書の歴史的系譜としては、①資金表または（資金の）源泉・使途表、②貸借対照表に連携する「ブータン＝デルソル流資金表」、および③ＯＣＡＭプランのような「財産勘定残高推移表」の3つが存在するが、本章では①のみを取り上げた。資金表（タブロー）の計算構造は三表から構成されている。すなわち、Ａ表「当期の固定的な使途」、Ｂ表「当期の資金調達源泉」、

そしてC表「運転資本の変化」である。この構造は、第3章で論議する「プラン・コンタブル・ジェネラル」の基礎になるわけだが、フランス銀行は、この3表を踏まえて、新しい試みを展開した。

4．アメリカ

アメリカにおけるキャッシュ・フロー計算書の歴史的経緯、二つの視点からレビューした。最初の視点は、時系列的な理論の発展段階を示した。アメリカのキャッシュ・フロー計算書の萌芽は1897年のグリーンの「財政状態変動表」にあるというのが通説である。この計算書は鉄道会社の決算書であり、比較貸借対照表から作成されている。その後、Where got Where gone 表がコールにより提唱され、資金の源泉と運用を示す表に発展した。フィニー、コーラー、メイソンらにより、1970年代初頭までキャッシュ・フロー計算書の名称や内容は変遷した。1980年代に入ると、ヒースによって、資金概念を現金とする現金収支表が提唱され、その基本的な理論が、SFAS95に影響を与えることになった。

もう一方の視点は、アメリカのキャッシュ・フロー計算書理論の基礎と評される、バッターの資金理論とカーソンの資金理論に触れた。いずれの理論も1947～1949年に説かれたものであるが、当時としては斬新的な理論であったと考えられる。

5．メキシコ

いわゆるイベロアメリカ圏における会計学研究の先行研究は極めて少ない。まして、キャッシュ・フロー計算書論となると皆無に等しいといってよい。しかしながら、とりわけメキシコを考えた場合、多くの理由から、取り上げる価値は大きいと考えられる。というのは、アメリカと隣接すること、「NAFTA」政策により経済大国に仲間入りしていること、まして昨今、多くの日本企業がメキシコに現地法人を設立している状況にあるからである。

キャッシュ・フロー計算書の萌芽は、1950年以降であった。理論研究から生まれたものではなく、商法典により、「財政状態変動表」として規定された。当時メキシコでは、深刻な金融恐慌とともに、インフレーション経済の中、必要性に迫られての規定であった。その後、対アメリカ間の「マキラドーラ」政令によりメキシコの産業が盛んになり、アメリカの会計学の強い影響を受け、それにあいまって急速にキャッシュ・フロー計算書の必要性が高まった。

メキシコの歴史的経緯を辿ると、ある意味ではわが国の会計学の発展、キャッシュ・フロー計算書研究の進展に類似している環境であったことが窺える。

6．日 本

わが国において、キャッシュ・フロー計算書の理論研究の歴史的経緯を紐解くとき、おそらく、最初にその意義と重要性を説いたのは、[太田 1952] および [染谷 1952] ではないかと思われる。[太田 1952] については、当時戦後のインフレーション経済の中、キャッシュ・フローの重要性を指摘したのであった。一方、[染谷 1952] については、「資金運用表を財務諸表のひとつに加えてはどうか」、という論議は、わが国の会計学研究に大きな衝撃を与えた。わが国では、「資金運用表」→「財政状態変動表」→「資金収支表」という流れで、名称が変更されてきた経過がある。またこの間、キャッシュ・フロー計算書に関する膨大な先行研究が行われてきた。

その後、1998 年の「意見書」の公表まで、名称も変遷とともに、その計算書の意義・目的・内容・計算書の様式も、アメリカの理論研究から影響を受けながら、大きく様変わりした。

以上の要約を全体的に俯瞰して、キャッシュ・フロー計算書の萌芽の年表を右のように作成してみる。

右記の図表からの知見は、下記のとおりと考える。

その萌芽の年代は各国まちまちではなく、ある年号に集中していることがわかる。すなわち、イギリスは、他国に先駆け、すでに 1800 年代初頭より、運河会社、鉄道会社等の会計決算書に源流があった。1900 年に入る間際、ドイツにおいてはシェアーの比較貸借対照表の理論と実務に、そしてアメリカでも、グリーンの作成した鉄道会社の財政状態変動表にその原点をみたのであった。蒸気機関や鉄道事業の技術の進展について考えるならば、イギリスとアメリカは密接な関係があったと考えられる。さらに、次の年代のポイントは 1952 年前後である。フランスのタブロー、財政状態変動表の開示を要求したメキシコの商法典の改正、そして、わが国での、[染谷 1950、1952a] および [太田 1952] の論文公表、これらは同じ年号である。けっして偶然ではないと考えられる。キャッシュ・フロー計算書に関する理論や実務はそれぞれの国が、他国

[図表2－6① 各国のキャッシュ・フロー計算書に関する萌芽比較年表]

年	イギリス	ドイツ	フランス	アメリカ	メキシコ	日　本
1800	☆1812-17 ケネット・エイボン運河会社決算書 ☆1824-39 鉄道会社の決算書 ☆1836 製鉄会社ダウライス社の手紙 ☆1845					
1850	複会計制度			☆1897 グリーン財政状態変動表		
1900		☆1909 シェアー2時点間比較貸借対照表 ☆1926 バウアー		☆1915 コール Where got		
1950		運動貸借対照表	☆1952 資金表(タブロー)ABC	Where gone 表 ☆**1947**	(☆1981	☆1952 染谷 資金運用表
1980			三表	**バッター資金理論 1949 カーソン資金理論**	商法典改正財政状態変動表開示)	太田 資金理論

出所：筆者作成

(注) メキシコにおいての萌芽は、商法典の改正であるが、本章で取り上げることとした。したがって、図表中には（　）付けで表示している。

から影響を受けていることは否めない事実であろう。記述のとおり、メキシコは、かつてスペインの植民地であったことから、スペインやフランスの影響を受けた上に、さらにアメリカとの隣国関係、NAFTAの関係が加わっている。また、わが国の資金運用表は、多分にアメリカのコールのWhere got Where gone表の影響を受けている[94]。当時の世界経済の背景もあり、複雑に絡み合っていることもあり、この点についての詳細は、今後の研究課題としたい。

1 ［ホワイト 2014］ジェーン・グリーソン・ホワイト（川添節子訳）『バランスシートで読みとく世界経済史』日経ＰＢ社（2014 年）p95 参照
2 ［ホワイト 2014］前掲書　p95 参照
3 国名表記については、先行研究等により様々に表記されるが、すべてカタカナ表記として取り扱う。ただし、イギリスは、ＵＫ（United Kingdom）と言われるように、イングランドだけでなくスコットランド、ウェールズ、北アイルランドも含むものとする。
4 ［田中 2018］田中靖浩『会計の世界史』（日本経済新聞出版社）2018 年 135-153 頁参照
5 ［溝上 2007］溝上達也「英国運河会社における資本勘定－ Kennet&Avon 運河による 1794 年から 1810 年までの会計報告」『松山大学論集』第 19 巻第 6 号 2007 年 参照
［溝上 2009］溝上達也「資金計算書の淵源－ Kennet&Avon 運河による 1812 年から 1817 年までの会計報告」『松山大学論集』第 21 巻第 2 号 2009 117 － 136 頁
6 ［村田 1994］村田直樹「Kennet and Avon 運河の会計報告 1794-1833」『長崎県立大学論集』第 27 巻第 2・3 号を参照
［村田 1995］村田直樹『近代イギリス会計史研究－運河・鉄道会計史－』（晃洋書房）1995 年 第 4 章を参照
7 イギリスの歴史・経済・文化等は［コリン 2011］コリン・ジョイス、森田浩之訳『「イギリス社会」入門』（ＮＨＫ出版）2011 年 を参照
8 ［村田 2016］村田直樹「現金主義と発生主義の会計史」『経済集志（日本大学経済学部）』第 86 巻第 2・3 号 2016 年 参照。発生主義会計の意義・歴史の詳細は、［久保田 1996］久保田秀樹『市場経済の発展と発生主義会計の変容』（滋賀大学経済学部研究叢書第 26 号）1996 年　第 2 章および［友岡 2016］友岡賛『会計の歴史』（税務経理協会）2016 年第 4 章を参照されたい。
9 ［中村萬 1991］中村萬次『英米鉄道会計史研究』（同文舘出版）1991 年第 1 ～ 3 章参照
10 ［村田 2001］村田直樹『鉄道会計発達史論』（日本経済評論社）2001 年第 6 ～ 8 章参照
11 ［渡邉 2005a］渡邉泉『損益計算の進化』（森山書店）2005 年 第 9 ～ 12 章参照
［渡邉 2005b］渡邉泉「産業革命時における損益計算の展開－イギリスの簿記史－」（平林喜博編著『近代会計成立史』同文舘出版 2005 年 所収）］第 5 章参照
［渡邉 2014］渡邉泉『会計の歴史探訪』（同文舘出版）2014 年 第 10 章参照
［渡邉 2017］渡邉泉『会計学の誕生－複式簿記が変えた世界』（岩波新書）2017 年 第 5 章参照　※本文参照については上記の 4 文献を適宜参照した。
12 ［倉田 2015］倉田三郎監修著・須藤芳正、谷光透編著『資金会計論の系譜と展開』ふくろう出版　2015 年 第 6 章参照
13 ［黒澤 1957］黒澤清「近代会計学と複会計制」『税経通信』第 12 巻第 10 号 1957 年参照
14 ［溝上 2009］前掲稿　134 頁
15 ［溝上 2009］前掲稿　135 頁
運河会計から鉄道会計への詳細な経過は、［村田 2001］111 ～ 142 頁を参照されたい。

16 1824年創設、1830年開通している。リバプールの港とマンチェスター近郊の工場を結んで、原料・製品輸送および旅客のために建設された。
17 ［中村萬1991］前掲書　43頁
18 ［中村萬1991］前掲書　85頁
19 ［中村萬1991］前掲書65頁の英文表記の表11を著者が邦訳して掲載した。なお金額は、£（ポンド）未満切捨てとし、端数調整を行っている。
20 ［中村萬1991］前掲書　63頁
21 ［中村萬1991］前掲書　64頁 この観点は先に述べた運河会計と同質性をもつと考えられる。
22 ［渡邊2014］前掲書　230-231頁参照　当該会社の沿革を簡潔に示すと以下のとおり。南ウェールズのダウライス（Dawlais）に、1759年9月に、総額£4,000の出資額で組合として設立された。1782年には出資額を£20,000に増額、1787年には資本金£38,000をもって株式会社に法人成している。さらに、1899年、「ダウライス・製鉄・石炭株式会社に社名変更、資本金は£1,100,000で再編した。19世紀にはいると、飛躍的な発展を遂げ、銑鉄生産高の市場占有率は最大40%にまで達した。鉄道レール等産業界からの需要とともに、フランス革命、ナポレオン戦争等の特需が大きく影響し増益を繰り返した。
23 ［渡邊2014］前掲書　229-230頁
24 ［渡邊2014］前掲書　232頁記載の「1840-1865年のダウライス製鉄会社の利益の推移」の一覧表から組閣貸借対照表の該当年の利益（または損失）金額を抜粋した。
25 ［渡邊2014］前掲書　232頁
26 ［渡邊2014］前掲書　233頁
27 ［渡邊2014］前掲書　233頁
28 ［伊藤清1985］伊藤清己『ドイツ資金計算書論』（同文舘出版）1985年　参照
［伊藤清1993］伊藤清己『ドイツ資金計算書論の展開』（愛知大学経営総合科学研究所）1993年　参照
29 ［倉田1978］倉田三郎「イギリスの複会計制度と資金計算書」『松山商大論集』第29巻第5号　1978年　19-33頁
［倉田2015］前掲書　第6章参照
30 複会計制度そのものに関わる先行研究は、種々多様である。例えば、
［澤登2009］澤登千恵「19世紀中葉イギリス鉄道会社の複会計システム」（『會計』第175巻第4号　森山書店）等がある。ここでは、適宜参照する。
31 ［V atter1947］W.J. V atter,The Fund Theory of Accounting and It' s Implications For Financial Reports,1947,pp57-67　参照
同書翻訳:［飯岡・中原1971］飯岡透・中原章吉『バッター資金会計論』同文舘出版 1971　94～110頁　参照
32 ［倉田1978］前掲稿　20～29頁参照
33 ［倉田1978］前掲稿　20頁の論述をもとに、著者が一覧表を作成した。また、決算報告書のひな型については、［倉田1978］前掲稿の他、下記論文を参照した。
［澤登2001］澤登千恵「19世紀英国鉄道会社の外部報告書～なぜ英国鉄道会社は複会計システムを採用したのか～」『神戸大学六甲台論集経営学編』第48巻第1号　117頁　なお、ひな型で表示した金額の一部は［倉田1978］前掲稿によった。
34 複会計制度においては、この資本勘定残高のことを「運転資本」と呼んでいる。
［倉田1978］前掲稿　20頁
35 ［澤登2001］前掲稿　116-118頁。金額は、引用者が金額を適宜、書き加えた。
36 ［倉田1978］前掲稿　23頁
37 ［倉田1978］前掲稿　25-26頁 参照
38 イギリスにおける半発生主義の詳細は下記の文献が詳しい。［久保田1996］前掲書の

第 2 章を見よ。
39 ［倉田 1978］前掲稿　27 頁 参照
40 ［倉田 1978］前掲稿　29 頁 参照
41 ［倉田 1978］前掲稿　31 頁 参照
42 ［倉田 1978］前掲稿　31 頁 参照
43 ［伊藤清 1985］前掲書
44 ［伊藤清 1993］伊藤清己『ドイツ資金計算書論の展開～ 1980 年代の動向を中心として～』 愛知大学経営総合科学研究所叢書 8 1993 年
45 ［我妻 1985］我妻芳徳「資金会計理論に関する一考察～L．ラハニットの『期間貸借対照表』について～」 兵庫県立神戸商科大学大学院経営学研究科博士課程前期　修士論文　1985 年
本稿では、［Lachnit1972］ L．Lachnit「期間貸借対照表論～会計報告、企業分析、および企業管理の手段」（Zeitraumbilanz, Ein Instrument der Rechnungslegung, Unternehmensanalyse unt Unternehmenssteuerung, 1972, Berlin）の所論により、キャッシュ・フロー計算書の歴史的経緯を、アメリカにおける理論との関連性から整理した。395 ～ 462 頁
46 ［伊藤清 1985］前掲書　21 頁
47 ［L achnit1972］は、「資金を分離しない計算書」という表現をしている。同意義と考えられる。
48 ［我妻 1985］　前掲の修士論文参照。なお、［伊藤清 1985］では取り上げていないが、核となる研究者のバウアーとの関連性が強いことから、M．R．レーマンも研究者の範疇に入れてレビューすることとした。
49 本表は、［伊藤清 1985］前掲書　筆者が 3 ～ 19 頁の内容を一覧表形式にが要約したものである。
50 レーマンの所論の要約については、下記の文献も参照した。
［相良 1983］相良勝利「商人的収支計算と流動性分析～ M.R. レーマンの所論を中心にして～」『商学論集（福島大学）』第 51 巻第 3 号　1983 年
［新田 1975］新田忠誓「動的貸借対照表シェーマの難点～ M.R. レーマン理論と E. コジオール理論の吟味～」『商経論叢（神奈川大学）』第 11 巻第 1 号　1975 年
51 トムス理論の鍵となる Funktionale　Kontorechnung の邦訳について、［伊藤清 1985］は「関数的勘定計算」としている。一般的には「機能的勘定計算」と訳されている。
52 ケーファーは、自著において、計算書の名称を”Kapitalflussrechnung”と名付けた。彼が初めて用いた用語であり、以降のほとんどの研究者はもちろん、実務界においても、多くの企業が、この名称を付して、財務諸表として公表することとなった。
なお、この名称の邦訳は論者によってまちまちであるが、ここでは、翻訳書［安平他 1973］が、「資金計算書」と訳していることから、この呼称を使うこととした。
安平昭二・戸田博之・徐龍達・倉田三郎共訳『ケーファー　資金計算論の理論（上巻』千倉書房　1973 年
53 ”Kapitalflussrechnung”の意味・内容や実務界での使用等については、下記文献が詳しい。［奥山 2015］奥山茂「年次決算にみる資金概念～ドイツ企業の Kapitalflussrechnung の意味」『商経論叢（神奈川大学）』第 50 巻第 2 号　2015 年 281-307 頁
54 ［Lachnit1972］　前掲稿による理論の歴史的経緯の論考では、こうした思考の背後には、前出のトムスやコルベの所論からの影響を多大受けているものと考えられる。またアメリカのバッターの「営業活動報告書」の理論（［Vatter1947］前掲稿）の影響もあったのではないかと考える。次項で再度触れたい。
55 コジオールの収支的会計理論については、［伊藤清 1985］前掲書の他に、多くの文献でも詳細に考察・吟味されている。例えば下記の論考がある。

［上野 2016］上野清貴「コジオール収支的会計理論と収入収支観」『財務会計研究』第 10 号（財務会計研究会） 白桃書房 2016 年
［上野 2018］上野清貴『収入支出観の会計思考と論理』同文舘出版 2018 年
［興津 2005］興津裕康「コジオールの収支的貸借対照論」 戸田博之・興津裕康・中野常男編著『20 世紀におけるわが国会計学研究の軌跡』白桃書房 2005 年 所収
56 ［小津 1992］小津稚加子「フランス企業会計と資金会計」 安平昭二編著『簿記・会計の理論・歴史・教育』東京経済情報出版 1992 年 所収 110 ～ 123 参照
57 ［斎藤昭 1976］斎藤昭雄「フランスにおける資金計算書の展開」『経済研究（成城大学）第 55-56 合併号』1976 年
58 ［斎藤昭 1976］ 前掲稿 261 ～ 262 頁
59 ［安平他 1974］ 前掲訳書 日本語版への原著者の序文 1 頁より引用
60 これについては、本稿の第 5 章「制度化の論理」において、別途検討する。
61 ［斎藤昭 1976］前掲稿 264 ～ 265 頁
62 この用語はフランスでの特異な表現であり、内容的には、「自己資本＋長期負債」と解することができる。［斎藤昭 1976］前掲稿 266 ～ 267 頁
63 ［斎藤昭 1976］前掲稿 267 頁より一部変更の上、引用・転載した。
64 ［斎藤昭 1976］前掲稿 265 頁
65 ［斎藤昭 1976］ 前掲稿 268 ～ 273 頁にそって、この試みの趣旨をレビューした。
66 ［斎藤昭 1976］前掲稿 271 頁の図表を一部改変して引用したものである。
67 ［渡邉 2005］前掲書 189 ～ 219 頁 第 11 ～ 12 章
68 ［佐藤倫 1993］佐藤倫正『資金会計論』白桃書房 1993 年初版 145 ～ 199 頁 第 7 章
69 ［山﨑泉 2006］山﨑 泉「W． J． V atter およびA． B． C arson の資金理論」『京都産業大学論集』社会科学系 第 23 号 2006 年 127 ～ 145 頁
70 ［渡邉 2005a］前掲書 207 頁より、一部改変して引用。イギリスの部分とアメリカの制度化の部分を外し、別記した。
71 ［渡邉 2005a］前掲書 207 頁より引用
72 ［渡邉 2005a］前掲書 207 頁の図表においては、［図表 2 － 3 ①］資金概念の変遷一覧に、といっしょに組み込まれているが、参考として別記することとした。というのは、理論または実務界での提唱と、制度化を区別して取り扱い、理論と制度化への相互関連性について後述のための備忘として記載したからである。
73 この点について、［石川 2007］では、その業績を高く評価したうえで、歴史的展開の視点から、［渡邉 2005］前掲書の所論を引用しながら、検討を加えている。
［石川 2007］石川純治「資金計算書の歴史的展開と数学的展開～その照応関係の一視点～」駒澤大学『経済学経済学論集』第 38 巻第 4 号 2007 年
74 ［佐藤倫 1993］前掲書 38 頁
75 ［渡邉 2005］前掲書 167-219 頁の所論から、それぞれの提唱者の内容を抽出し、計算書の利用者ごとに整理した。
76 支払能力評価については、下記の参考文献を参照した。
［鎌田・藤田共訳 1982］鎌田信夫、藤田幸男『財務報告と支払能力の評価』国元書房 1983 年
［奥薗 2009］奥薗幸彦「企業の支払能力の評価指標についての一考察：流動比率か、営業キャッシュ・フローか」九州国際大学経営経済論集 第 15 巻第 2、3 合併号 2009 年
77 ［佐藤倫 1993］佐藤倫正『資金会計論』白桃書房 1993 年 146-154 頁
78 ［山﨑泉 2006］前掲稿 137-141 頁
79 North American Free Trade Agreement の略称。わが国では「北米自由貿易協定」と一般に呼ばれている。アメリカ、カナダおよびメキシコの 3 か国締結された経済協定。1994 年 1 月 1 日に発効したが 2020 年 6 月 30 に失効した。メキシコ経済に多大

な影響を与えた。なお、2020年7月1日からは、新ＮＡＦＴＡ（ＵＳＭＣＡ）が新たに発効している。これは、自動車産業を中心に、日本経済にも大きな影響を与えることになる。（日本経済新聞　2019.12.12付け）

80 ［中川1981］中川美佐子「メキシコにおける商法・会社法の改正－会計規定を中心として－」『国際商事法務』第9巻第5号　1981年

81 ［中川1994］中川美佐子「メキシコにおける会計･監査制度」『関東学院大学研究論集』経済系　第178集　1994年

82 ［中川1995］中川美佐子「メキシコにおける会計発達小史」『會計』第148巻第1号　1995年

83 ［中川1996］中川美佐子『イベロアメリカの会計制度』千倉書房　1996年

84 ［中川1995］前掲稿　67頁参照

85 ［中川1981］前掲稿　216頁

86 スペイン語で“Maquiladora”と書き、言葉の意味は「代価を受け取って加工・組立・仕上げを行う請負」のことである。この政策は､最終的に再輸出することを目的として､メキシコに一時的に輸入される生産財の製造業者に対して保護するものである。自動車､縫製等の事例がある。詳細は次の文献を参照されたい。［田島2006］田島陽一『グローバリズムとリージョナリズムの相克』晃洋書房　2006年 第2章

87 ［中川1994］前掲稿　80頁　参照

88 ［中川1978］中川美佐子「ラ米紀行その１」『會計』第113巻第3号　158頁

89 ［太田1952］太田　哲三「資金と損益」『産業経理』第12巻第1号 1952年

90 ［染谷1950］染谷恭次郎「資金運用表について」『会社経営』第2号　1950年
［染谷1952a］染谷恭次郎「資金運用表について－資金運用表を財務諸表の一つに加えんとする提案－」『會計』第62巻第6号　1952年

91 詳細は、［茂木1978］茂木虎雄「資産会計論の新展開」『立教経済学研究』第31巻第3号1978年を参照されたい。

92 ［染谷1950］前掲稿　4頁参照、および［染谷1952b］染谷恭次郎「資金運用表の生成過程をたずねる」『早稲田商学』第100号　1952年参照

93 ［染谷1952a］前掲稿　69頁のひな型より引用

94 ［染谷1951］染谷恭次郎「ケスターの資金運用表とコールのWhere got Where gone表」『會計』第59巻第3号 1951年　参照

第3章

キャッシュ・フロー計算書に関する諸国の制度化の論理

1. はじめに

本章では、キャッシュ・フロー計算書の制度化の歴史的経緯を、第2章において取り上げた諸国について、わが国も含めながらレビューする。制度化の歴史的経緯は、理論や実務の進展と、過去においても、現在においても、密接な相互関係があると考えられる。この関係性は、その国によってまちまちであり、独自性をもっている。事実、第1章および第2章において、度々、関連の場面において、制度化の内容について参照してきたところである。

本来であれば、第2章の理論的側面と一緒に論議する方法も考えられるが、あえて分離し別章を設けることとした。というのは、高等学校商業科の教科書でもそうであるように、学習者に対して分けて教材化し、指導した方がよいと考えられるからである。ここでは、下記に示す制度について、とりわけキャッシュ・フロー計算書を最初に取り上げたと思われる制度、あるいは、その大きなきっかけとなった制度について、国ごとに概観する。

2. ヨーロッパ諸国の制度化の論理

2－1 イギリス SSAP10号およびFRS 1号・改訂FRS 1号

ここでは、[溝上 2016] [1] に沿って、概要をレビューする。

イギリスにおいて初めて「資金計算書」として制度化されたのは、1975年に公表された標準会計実務書（Statement of Standard Accounting Practice 以下、SSAPと略称）第10号であった。これは、会計基準運営委員会によるものであり、「資金の源泉と使途に関する計算書」というタイトルであった。そして、その後、世界的なキャッシュ・フロー計算書に関する論議の流れを受ける形で、1991年には、財務報告基準（Financial Reporting Standard 以下、FRSと略称）第1号が会計基準審議会より公表され、SSAP10号は、これにとって代わることとなった。さらには、同審議会がFRS 1号に対して、広く実務界に意見を求め、寄せられた意見を参考にして、1996年にFRS 1号は改訂された経緯がある。

以上が、イギリスにおける初期段階の制度化の大まかな流れである。おりしも、この時代、アメリカでは、すでに、1987年に公表のSFAS95によるキャッシュ・フロー計算書がプロトタイプとされ、各国において制度化する動きが進展していた時期である。しかしながら、イギリスにおける制度化は、SFAS95とは幾分か内容的に異なり独自性が出ていると言われている。ここではSSAP10号から改訂FRS 1号までの歴史的経過を見ることにより、イギリスにおける制度化の論理を検討したい。

概要を掴むために、3つの制度の内容について、大まかな一覧表［図表3－2－1①］を作成する。この表では、比較分析項目（論点）を①公表年、②計算書の名称、③目的・機能、④資金概念、⑤計算書の表示方法、⑥計算書の位置づけ、および⑦その他の特徴、トピックス等を設定し、内容を作表し整理することとしたい。

［図表3－2－1①　イギリスにおけるキャッシュ・フロー計算書の制度化比較］

	比較分析項目	SSAP10号	FRS 1号	改訂FRS 1号
①	公表年	1975年	1991年	1996年
②	名称	資金の源泉と使途に関する計算書	キャッシュ・フロー計算書	キャッシュ・フロー計算書
③	目的・機能	・監査対象となる財務諸表の一部として公表する実務の確立 ・2つの情報開示要求 a．資金の源泉と使途	・一定期間における現金の発生と費消を標準様式により報告 ・5区分のキャッシュ・フローに関する計算書の作成（財務	同左

	比較分析項目	SSAP10号	FRS 1号	改訂 FRS 1号
		b．当座資産の増減	諸表の利用者が企業の流動性、存続能力、財務適応能力を評価するのに役立つように）し提供すること ・企業間の業績比較を可能にする情報を提供すること	
④	資金概念	・正味当座資金 ・総財務資源資金 明確な記述なし	・現金および現金同等物 理由 a：運転資本変動の収支は企業の流動性を曖昧にする、理由 b：キャッシュのほうが広く一般に理解されやすい、理由 c：キャッシュのほうが企業価値に役立つ、理由 d：多くの情報を提供できる ・企業の流動性評価の観点から採用	・「現金のみ」に変更
⑤	表示法	・資金の源泉と使途をそれぞれ示す様式を想定 ・営業活動からの資金を間接法で表示	・5区分表示* 1営業活動 2投資・財務活動損益 3税金 4投資活動 5財務活動 各区分を明確に定義 ・表示法 直接法表示は任意適用とし、間接法表示は強制適用 （直接法の利点の明示） ・間接法の場合の始点は「営業利益」 ・区分見出しをつける理由は重要項目を強	・8区分表示へ変更* 1営業活動 2投資・財務活動損益 3税金 4資本的支出および財務的投資 5取得及び処分 6株式配当金支出 7流動資源の管理 8財務活動 ・表示法の適用は変更なしだが、直接法の場合、調整表は先頭に表示

	比較分析項目	SSAP10 号	FRS 1 号	改訂 FRS 1 号
			調することと業績の他社比較可能性のため	
⑥	位置づけ	・期首貸借対照表、当期損益計算書、および期末貸借対照表を結ぶ連結環の機能 ・損益計算書と貸借対照表から得られない情報を提供するのではなく、そこに含まれるデータを並び替えることによって資金の源泉と使途を示す意義づけ	・基本財務表の一つとする	同左
⑦	特徴等	・キャッシュ・フロー計算書の必要性が叫ばれた時代背景 ・計算書の詳細は示されていない	・キャッシュ・フロー計算書の制度化機運の高まり ・SSAP10 号に対する批判	・FRS 1 号公表から2年後に意見収集 ・改訂の趣旨：計算書の成果が十分ではない

＊　詳細は［図表3－2－1②］および［図表3－2－1③］に示す

出所：［溝上 2016］　前掲稿　59-77 頁参照の上、筆者作成

［図表3－2－1②　FRS 1号における各活動区分に含まれるキャッシュ・フロー］

営業活動	営業や販売活動に関連する取引および事象が及ぼすキャッシュ・フロー
投資・財務活動の損益	投資を所有することから生じるキャッシュ・インフローおよび資金提供者に対するキャッシュ・アウトフロー
税　金	税金の支払いおよび税金の還付によるキャッシュ・フロー
投資活動＊	長期または短期の投資として、資産を取得または処分することにともなうキャッシュ・フロー
財務活動	外部資金提供者との元本の受取と返済によるキャッシュ・フロー

出所：［溝上 2016］　前掲稿　68 頁の図表2より引用

[図表3－2－1③
改訂 FRS 1号における各活動区分に含まれるキャッシュ・フロー]

営業活動	損益計算書上営業利益を計算する際に示される営業、販売活動に関係する取引及び取引以外の事象によるキャッシュ・フロー
投資・財務活動の損益	投資の保有による報酬の受取と資金の提供者に対する支払いによるキャッシュ・フロー
税　　金	税金の支払い及び税金の還付によるキャッシュ・フロー
資本的支出及び財務的投資＊	固定資産の取得と処分、及び現金同等物に含まれない流動資産投資の取得と処分によるキャッシュ・フロー
取得及び処分＊	関連会社、ジョイントベンチャー、子会社に関する取引あるいは投資の取得及び処分に関するキャッシュ・フロー
株式配当金支出＊	配当金の支払いによるキャッシュ・フロー
流動資源の管理＊	容易に換金可能な短期投資に関するキャッシュ・フロー
財務活動	外部の資金提供者からの受取あるいは外部の資金提供者に対する支払いによるキャッシュ・フロー

出所：［溝上 2016］　前掲稿　74頁の図表4より引用

＊印を付した投資活動の区分について、FRS 1号では、「投資」の区分表示は1本化しているが、改訂 FRS 1号では、「投資」の区分が、4区分にさらに細分化されている。

以上、概観したことを、箇条書きで要約する。

1．SSAP10号は、基準の目的として、資金の源泉と使途に関する計算書を監査対象にするとともに開示基準を規定したのであったが、詳細な内容について細かい記述がなかった。とりわけ、肝心な論点の資金概念の明示がなかった点は問題点ではあるものの、イギリスにおいて、最初のキャッシュ・フロー計算書に関しての規定として高く評価できるとともに、 間接法による情報開示の重要性を示唆したものとして革新的であったと考えられる。

2．FRS 1号および改訂 FRS 1号は、イギリスにおいて、キャッシュ・フロー計算書が主要財務諸表の一つとして位置付けられたが、その内容は、SFAS95と大きく異なるものであった。

3．FRS 1号の特徴は、5区分による表示区分とその定義を挙げることができる。SFAS95の3区分に比して、営業活動の概念（定義）の純化が図られている。また間接法による計算書の場合、その始点は「営業利益」とし、営業活動によるキャッシュ・フローを計算していることも特徴して挙げることができる。

4．改訂 FRS 1 号も、こうした考え方を踏襲したが、投資区分をさらに 4 つの区分に細分化し、表示区分を全部で 8 区分とし、各活動の内容の純化が図られた。また、資金概念も、現金のみに変更された[2]。さらには、直接法表示の場合、調整表を冒頭に示すことを提唱した。

2－2　ドイツ
企業領域における統制および透明化に関する法律（コントラック法）

2－2－1　はじめに

ドイツにおいて、キャッシュ・フロー計算書の制度化を考えるとき、ドイツ商法典およびそれに関連する法律の制定と大きく結びつく。キャッシュ・フロー計算書の作成および公表の義務を最初に規定した法律は 1998 年 5 月施行の「企業領域における統制および透明化に関する法律」（Gesetz zur Kontrolle und Transparenz im Unternehmensbereich　KonTraG　以下　「コントラック法」と略称）であった。商法典第 297 条第 1 項において、「コンツェルン企業においては、キャッシュ・フロー計算書を作成して、年次報告書の付属明細書の中で、開示しなければならない」という旨の条文を示したのであった。他の諸国と同様に、企業会計の世界的統合化の流れのひとつとして、改正されたのであった。

ここでは、[鈴木義 2000][3]、[東良 2011][4]、[井戸 2005][5]、[久保田 2014][6] および [加藤恭・遠藤久 1999][7] の先行研究を中心にして、（1）改正に至った背景、（2）この法律全体の内容の概観、および（3）キャッシュ・フロー計算書の開示義務化についてみていきたい。

2－2－2 「コントラック法」成立の背景

[鈴木義 2000][8] によれば、成立の背景は次のようである。

資本市場のグローバル化の進展は、企業に対して、これまで以上に投資家の利益を考慮するようになった。全地球規模で統合化された資本市場にあっては、投資家は国籍等に関係なく、資金をもっとも高い収益率が期待できる企業に出資することになる。したがって、高い収益率、換言すれば、「株主にとっての価値」を高めることは、すなわちその企業の資本市場における長期的な競争力を高めることになる。「株主価値の最大化」を企業はめざすこととなる。

こうした株主の利益を考慮する考え方は、企業統治（コーポレートガバナンス）と密接に結びついている。ドイツにおいては、伝統的に、会計制度が債権者保護という目的観をもって構築されてきたわけだが、これを投資家の情報要求に応えることができるような形に改革することが、監査制度の見直しとあいまって、叫ばれるようになった。それ故に、ドイツでは、二つの法律[9]を1998年に成立させることで対応したのであった。

ひとつは「資本調達容易化法」（Kapitalaufnahmeerleichterungsgesetz KapAEG）であり、もうひとつは前出のコントラック法であった。前者は、上場企業について、将来的には一定の条件の下で、国際会計基準（IAS）、またはアメリカの会計基準（US － GAAP）にしたがって作成されたコンツェルン決算書を正規の決算書として承認することによって、ドイツ企業をドイツ固有の会計規範である商法典にもとづく連結コンツェルン決算書を作成する義務付けから解放（免除）しようとした法律である。後者のコントラック法の内容は後述するが、この二つの法律は、ともにドイツの連結コンツェルン会計を、投資家に強く指向したものに大きく改変したのであった。また、アングロ・アメリカの会計原則の適用も容認することによって、ドイツの企業の国際的市場への参入を容易にすることとなった。と同時に、外国企業のドイツ国内への投資を促進させるというねらいも持っていた。このKapAEGの法改正により、商法第292 a条が新設（2004年には失効するという、期限付きの条文）されたのだった。この時限立法の措置はドイツ政府が決してIASやUS － GAAP基準に屈したものではなく、あくまでもアメリカで資本調達をするドイツ企業の増加とそれを保護し促進するための一時的な回避措置の位置づけがあるとされている[10]。

なお、KapAEGの成立の大きな契機となったのは、いわゆる「ダイムラー・ベンツ社（Daimler-Benz AG）のアメリカでの上場事件」である。

この事件も論点は、二つあった。ひとつは、ドイツ商法の基準とUS － GAAPとでは利益に大幅な差が出たこと、もうひとつは、調整計算が必要になり、ふたつの基準に基づく決算書の作成に多くの手間と費用がかかる点だった[11]。

2－2－3 「コントラック法」の内容の要約

7項目の要点を一覧にすると、下の図表のようになる。

［図表3－2－2① コントラック法の要点一覧］

	項　目	内　容
1	取締役会の職務強化	リスクマネジメントと内部監査の義務付け
2	監査役会の役割	監査役会の役割の向上とその制限事項
3	株主総会と株式	信用機関の代理議決権行使の制限
4	信用機関の議決権	５％を超える資本参加の場合、代理議決権行使不可
5	決算監査	①決算監査人の独立性の保持 ②「キャッシュ・フロー計算書」および「セグメント報告書」の作成の義務付け、および監査対象＊
6	会計原則の設定	私的団体による会計原則の設定の承認
7	有限会社の再建	有限会社法の改正

出所：［鈴木義 2000］前掲書　56-63頁を参照の上、筆者作成

＊下線は引用者。この部分の内容は後述する。

2－2－4 キャッシュ・フロー計算書の開示義務化
～商法第287条第1項の改正に関して～

ドイツにおいて、キャッシュ・フロー計算書の作成の義務化を初めて規定したのは、コントラック法改正とのかかわりで、ドイツ商法典第２９７条第１項に示されたのが最初である。その条文の趣旨は、上場会社の連結コンツェルン決算書において、キャッシュ・フロー計算書とセグメント計算書を作成し、同決算書の付属明細書の中で示さなければならないというものであった。また、これらの計算書は、上記図表に示すとおり、監査の対象となったのであった。この規定は、コントラック法の一つ目の大きな“目玉”であった。それまでドイツの伝統的な決算書にはなかったキャッシュ・フロー計算書とセグメント報告書を上場会社の連結決算書だけとはいえ、ドイツ商法典に規定したことは、

ドイツ会計において、情報提供機能を重視する方向へシフトしはじめたといっても過言ではないだろう。

しかしながら、キャッシュ・フロー計算書もセグメント報告書も、この条文では、作成するための個別の規定や会計原則は何ら用意されていない。これらの規定や会計原則は、前頁図表の6に示したように、商法典第342条により「私的な原則設定機関」（ドイツ会計基準委員会）に委ねられることとなった。これがコントラック法の第二の“目玉”であった[12]。

2－3　フランス「プラン・コンタブル・ジェネラル」

2－3－1　はじめに

［藤井 2004］[13] によれば、フランスの会計制度は、1942年以降、フランス国家会計審議会が公表する「プラン・コンタブル・ジェネラル」(Plan Comptable General　以下プランと略称）とともに生成・発展してきたという。わが国においては、このプランは、「フランス会計原則」というタイトルで翻訳[14] され、広く紹介されているところである。

プランは、1942年に第1版が公表されて以来、数次にわたる改訂を行っている。そのなかで、フランス会計制度の最も大きな転機を画するものとなったのは、1982年の改訂であった。フランスでは、キャッシュ・フロー計算書（この当時は資金計算書）の作成が公式に文書化されたのは、この1982年の改訂からであった。もっとも、プラン自体は会計機能が正確に遂行されるように規則と方式を体系化したものであり、その適用が推奨されるが、法律ではないため、強制力はもたない。したがって、キャッシュ・フロー計算書は特に大企業では注記や付属明細書で取り扱われることから、あくまで作成は任意である。しかしながら、この時代ごろからフランスでもキャッシュ・フロー計算書の重要性が認識されるようになり、実務界でも関心が高くなりつつあった。

次に、［小津 1993］[15] の先行研究に範をとりながら、1982年改訂のプランにおけるキャッシュ・フロー計算書の計算書の様式や資金概念等を概観したい。

2－3－2　1982年改訂プランにおけるキャッシュ・フロー計算書

そこでは、「自己金融力表」と「キャッシュ・フロー計算書Ⅰ・Ⅱ」の作成を要請している。そして、キャッシュ・フロー計算書については、その作成が企業の自由意思に任されることとなった。1982年プランは、次のように説明している[16]。箇条書きする。

①キャッシュ・フロー計算書は、企業の財産の増減に関して分析できるように作成すること。具体的には、会計期間に、諸勘定に影響を及ぼした貸借の金額変動を基礎とする。

②キャッシュ・フロー計算書は、投資の資金源泉および運転資本の変動と現金資金およびその使途を示す。

③キャッシュ・フロー計算書Ⅰでは、当期の資金の源泉と使途を分析する。Ⅱでは、運転資本の変動と現金資金の変動を分析する。

2－3－3　キャッシュ・フロー計算書の様式

1982年プランでは、Ⅰ・Ⅱとも、それぞれ勘定式と報告式のひな型が示されている。記載内容は、次のようになる[17]。

[キャッシュ・フロー計算書Ⅰ]

源泉側に、自己金融力、固定資産売却関連源泉、自己資本源泉を表示する。

使途側に、無形固定資産、有形固定資産、財務固定資産（短期有価証券は除く）および長・中期の債務返済額を表示する。

財務・投資活動を中心とした長期の取引内容を収容して、期中の変動額である「運転資本」を表示する。

[キャッシュ・フロー計算書Ⅱ]

（Ⅰ）で計算した運転資本を短期の取引から分析する。すなわち、運転資本が、単に棚卸資産や債権の期中の増減といった外部資金調達に依存しているのか、また現金・預金等の現金資金に裏付けられているかを、運転資本を外部資金調達と現金預金とにわけて再表示する。

2－3－4　資金概念

1982年プランのキャッシュ・フロー計算書の構成は、運転資本、外部資金調達、現金預金の関係で示されるが、資金概念としては、運転資本や現金預金が強調された。しかしながら、どれが資金概念なのか、規定に明文化されておらず、明らかではない。ただし、フランス銀行の研究によると、資金循環を重視する傾向が強く、いずれの資金概念も強調されなかった[18]。

3．アメリカの制度化の論理

3－1　APBO19「財政状態変動表」

ここでは、［豊岡 2005］[19]の論考に沿って、簡潔にまとめることにする。

アメリカ公認会計士協会（AICPA）は、1971年、「財政状態変動の報告」を公表している。そして、財政状態変動表が基本財務諸表のひとつを構成することになり、この表を制度的に位置付ける提案を行った。APBO19において、公表までの経過は次のように記している。

すなわち、「企業資金の運用および使途に関する情報の有用性をひろく認識する現状に鑑み、かかる資金計算書を作成し開示することが損益計算書および貸借対照表を補完するのに必要であるか否かを勘案してきた（par.2）」という。すでに、APB意見書第3号「資金の源泉および運用表」を提案していたのだが、APBO19の公表により廃止されることになった。

まず、目的について、次の二つを定義している。［par.4］

①企業が当期期間の営業活動から獲得したキャッシュを含めて、資金の調達および資金の投下活動を要約すること

②当期期間における財政状態の変動を完全に開示すること

次に、担うべき役割として、上記の目的のための情報は、とりわけ株主、事業主および債権者が経済的意思決定を行うために不可欠な要素としている。［par.7］財政状態変動表には、企業の財務活動および投資活動等、運転資本またはキャッシュに影響を及ぼさない取引についても、すべてキャッシュ資源として情報開示しなければならない。［par.8］

以上要するに、APBO19が提案した財政状態変動表の報告は、損益計算書、貸借対照表にとって代わるものではなく、当該期間における資金の流れと財政状態の変動について、他の財務諸表が提供しない、または間接的にのみ提供する情報を提供することが提示されたのであった。［par.5］

3－2　SFAS95「キャッシュ・フロー計算書」

1987年、FASBは、SFAS95を公表した。これにより、上で示したAPBO19は失効し、すべての企業に対して完全な一組の財務諸表の一部としてキャッシュ・フロー計算書を要求したのであった。[par.1]　以下、特質と要点を列挙する。

[特質（要点）]

キャッシュ・フロー計算書の特質（要点）は、下記のとおりであった。

①キャッシュ・フロー計算書が運転資本に代わる現金および現金同等物の期中の変動を説明すること

②投資家、債権者およびその他の情報利用者が、将来の資金収支を評価できるように、企業成長のための資金調達能力を評価できるように、そして、税引前当期純利益と正味現金収支との差異の理由を明らかにしなければならないこと[par.49]

[目的]

次に、再三再四触れているわけだが、キャッシュ・フロー計算書の目的を再掲する。

SFAS95は、キャッシュ・フロー計算書の主要目的を当該期間における企業のキャッシュ受取額とキャッシュ支払額に関連する情報を提供することとした。[par.4]そして、具体的に4項目示している。

①将来に期待される正味現金収支を創出する企業の能力を評価すること

②債務を支払、配当金を支払う企業の能力および外部からの資金調達の必要性を評価すること

③当期純利益とそれに関連する現金受取額および支払額との差異の理由を評価すること

④当期期間において、現金を伴う投資および財務取引と現金を伴わない投資および財務活動とが企業の財政状態に及ぼす影響を評価するのに有用であること

[役割]

資金概念は、現金および現金同等物とする。投資家、債権者その他の情報

利用者は、意思決定を将来の資金収支の評価に焦点をあてているからである。現金および現金同等物はこのための最も有用な資金概念だからであるとした。［par.51］

［計算書の構成と内容］

営業活動、投資活動および財務活動に区分して表示することとした。キャッシュ・フロー計算書の必要性を強調するために、営業、投資、財務という３つの活動領域に分類し、それぞれの区分内において、収支を示すこととした。［par.14-24］

［計算書の表示様式］

キャッシュ・フロー計算書の様式を、直接法と間接法の双方が潜在的に重要な情報を提供するものであり、それによって、営業活動による正味現金収支を報告するために、二つの主要な代替案を示している。

直接法では、得意先からの現金受取額、仕入れ先への現金支払額等が営業活動による正味キャッシュ・フローとなる。一方、間接法の下では、当期純利益を営業活動によるキャッシュ・フローに調整するため、当期純利益から開始し、当該期間に営業活動による現金取引の結果にならなかった収益・費用を調整することになる。［par.106］

［直接法と間接法のそれぞれの利点］

直接法の利点は、現金収支を総額で表示すること、および営業活動にともなう現金受取額の特定財源、および過年度における現金支払額の状況を示すことができる点である。将来の資金収支を見積もる際に有用である。一方、間接法の利点は、当期純利益と営業活動による正味キャッシュ・フローとの差異に焦点を当てていることである。なお、こうした利点の詳細は、第２章～第３章で論議済みなので割愛するが、SFAS95の立場とすれば、直接法を使用し、別個の明細表において当期純利益から営業活動よるキャッシュ・フローへの調整表を提供することを規定したのであった。［par.119］

4．わが国における戦後のキャッシュ・フロー情報開示に関する制度化の論理

4－1　大蔵省令　第74号　～資金繰表と資金計画から資金収支表へ～

ここでは、［中村宏 1993］[20]の論考に範をとりながら、わが国における資金情報開示制度について概観する。

4－1－1　概要

わが国の証券取引法におけるディスクロージャー制度は、戦後占領下の1948年4月、株式所有の大衆化に対応して、株主を投資家ととらえ、その保護をはかるため、いわばアメリカによる押しつけによる制定であった。アメリカの証券取引法をモデルにしたのが制定のはじまりだった。しかしながら、この1948年の同法はあまりにも詳細で、さらに強制しすぎたため、その反動から、わずか4カ月後に改正され規定は緩和されるに至った。

4－1－2　大蔵省令第74号の制定とその後の変遷

こうした背景の中、1948年8月、大蔵省令第74号「有価証券の募集又は売出の届出等に関する省令」が公表されたのだった。

この省令は、「有価証券届出書」および「有価証券報告書」に、経理状況の一項目として、財務諸表以外の財務情報の位置づけで「金繰状況」（「金繰実績」または「金繰表」）と今後の「資金計画」を記載することを要求した。この省令が、資金情報開示の始まりとなったわけである。その後、下記のように名称が2回変更になった。

根本的な見直しは、1987年の省令第2号であった。実に省令74号から34年後

［図表3－4－1①　資金情報に関する財務情報の名称変更の変遷］

省令74号（1953）	省令32号（1971）	省令第2号（1987）
「金繰状況」	「資金繰状況」	「資金収支の状況」
「金繰実績」または「金繰表」	「資金繰実績」または「資金繰表」	「資金収支の実績」または「資金収支表」
「資金計画」	変更なし	変更なし

出所：［中村宏 1993］　前掲稿を参照して筆者作成

であった。その大きなきっかけになったのは、前年の企業会計審議会による「証券取引法に基づくディスクロージャー制度における財務報告の充実（中間報告）」であった。そこでは資金繰り情報の改善も取り上げられていたからである。しかしながら、[武田安 1987] [21] によれば、この「資金収支表」は、名称は変わったけれども、内容は本質的には省令32号の「資金繰表」と変わっていないという。しかも問題山積で、今後改善の余地があることを指摘している。監査の対象になっていないこと、営業活動による資金が区分表示されていないこと等の課題点を挙げている。おりしも、この年は、先に概観したSFAS95が公表されたばかりの時期であった。

話は遡るが、もうひとつの大蔵省令第74号（1953）制定のきっかけになったのは、わが国の戦後の猛烈なインフレーションが関係していると考えられる。いわゆる「傾斜生産方式」により金融の側面から見れば、企業の金詰まり状況は深刻化していたからである。

[太田 1949] は、このことについて次のように説いている [22]。

「インフレーションの時代は、平常時以上に現金収支の計算は重要である。経営者は、月別の資金収支予想表を作成し、資金の収支見込みを正確に行うとともに、その需要の面に注意して、経営維持をはかることは重要である。」と。

4－1－3　それぞれの資金情報の意味

大蔵省令74号（1953）における「金繰表」の内容を観点別に見てみる [23]。

①資金概念：現金および預金である。省令の中には明記していないが、金繰表における期首および期末資金残高と貸借対照表の現金預金と一致していることからあきらかである。

②収支科目の分類：きわめて限定的である。省令が例示しているのは、収入科目が5科目、支出科目が6科目であった。収入科目の例は、営業収入、営業外収入、借入金、増資または、社債発行による収入、その他の収入である。一方、支出項目は、原材料費、人件費、経費、設備費、借入金返済、その他の支出である。その後の省令改正で、支出科目に、支払利息、配当金、税金が追加になっている。これらの科目は営業活動と財務活動に関するものが多く、投資活動は、設備費だけである。

③表示区分：省令74号では、金繰表の表示区分をとくに定めていない。多くの企業は、収入と支出だけ分けて、あとは科目を羅列して表示したのであった。

④表示形式：期首資金残高に、当期の収入額を加算し、小計を計算して、そこから当期の支出額を減算して、期末資金残高を計算して表記する形式であった。

次に、省令第2号（1987）は、有価証券報告書等を提出する企業に対して、「資金収支表」を開示することを要求した。その内容を概観する。

①資金概念：現金・預金、現金同等物および市場性のある一時所有の有価証券としている。大省令第74号での資金概念に、随時現金化できるという理由で、一時所有の有価証券も加えられている。

②収支科目の分類：事業活動にともなう収入は7科目、事業活動にともなう支出は9科目、資金調達活動にともなう収入は6科目、資金調達活動の支出は4科目であり、収入は計13科目、支出も13科目、合計26科目に分類され、資金情報の内容は大いに改善された。なお、事業活動にともなう支出には、決算支出等の区分として、配当金や法人税等が記載される。

③表示区分：資金収支表では2区分で表示される。事業活動にともなう収支と資金調達にともなう活動に分類されている。

④表示形式：最初に、期中の資金収支の正味増減額、すなわち「当期総合資金収支尻」を求め、次に、それに期首資金残高を加算して、期末資金残高を求める形式をとっている。この形式によれば、期中の資金収支が強調されていることがうかがわれる。また、資金収支表は、収支の総額を表示していることから、直接法による表示と考えることができる。

4－2　企業会計審議会「意見書」

上で論議した、資金収支表の改善をはかるために、わが国の連結財務諸表制度の見直しとともに、企業会計審議会は、1998年3月に「意見書」を公表したことはすでに述べたところである。第1章から随所において、部分的に「意見書」の文言や内容を引用してきたのだけれども、ここでは、全体像を再考[24]したい。

［意見書の構成と内容］

以下のような構成になっている。

連結キャッシュ・フロー計算書等の作成基準の設定について
一　経　緯
二　キャッシュ・フロー計算書の位置づけ
三　連結キャッシュ・フロー計算書の作成基準の概要
　1　作成基準の構成
　2　資金の範囲
　3　表示区分
　4　表示方法
四　実施時期等
連結キャッシュ・フロー計算書等の作成基準
　第一　作成目的
　第二　作成基準
　第三　表示方法
　第四　注記事項
連結キャッシュ・フロー計算書等の作成基準注解

［意見書の主要項目の概要］

全体構成は以上のようであるが、要点の一覧を［図表3－4－2①］として示す。

一覧にして主要項目を見るならば、アメリカのSFAS95の影響を多大に受けていることは明らかであろう。もちろんSFAS95との相違点もうかがい知ることができる。例を挙げるならば、まず、意見書には利用目的の明記がない。また、営業活動によるキャッシュ・フローにおける表示について、直接法を採用した場合、調整表も記載する旨の規定が意見書にはその規定がない。

いずれにしても、キャッシュ・フロー計算書を主要財務諸表のひとつとして、財務報告に導入するという提言は、わが国の財務報告制度の改革のために、大きな役割を果たしてきたことは紛れもない事実である。

[図表3－4－2① 意見書の主要項目ごとの概要]

項 目		内 容 等
基準名等	計算書の名称 関連法規 施行日	「キャッシュ・フロー計算書」 金融商品取引法・同施行規則（旧：証券取引法） 大蔵省令21・22号（財務諸表の用語・様式・作成方法の改正） 1999年
財務諸表における位置づけ		主要財務諸表のひとつ（第三の財務諸表）
目 的	①利用目的 ②作成目的	規定なし 一会計期間におけるキャッシュ・フローの状況を活動区分別に報告
適用範囲	報告単位 適用企業	個別または連結 有価証券報告書提出の会社
資金概念	定 義	現金および現金同等物 (現金同等物の定義)
表示機能	表示区分	3区分 営業活動・投資活動・財務活動
	特定項目分類 営業活動によるキャッシュ・フローの表示法	法人税等支払 ⇒営業活動区分 利息収入 ⇒営業活動または投資活動 利息支出 ⇒同上 配当金収入 ⇒同上 配当金支出 ⇒財務活動 直接法または間接法の選択適用

出所：[鎌田2006] 前掲書 30頁表2－3を参照に著者作成

5. おわりに ～各国の制度化の論理の要約と各国の制度比較の検討～

5－1 本章の要約

本章では、指導手引書作成のための教材研究として、第2章で取り上げた諸国（メキシコを除く）におけるキャッシュ・フロー計算書の起点になった制度について、先行研究をレビューすることによって明らかにし、その特徴や独自性を検討してきた。以下、簡潔に要約する。

1．イギリス 「SSAP10号およびFRS 1号・改訂FRS 1号」

アメリカのSFAS95に準拠することなく、制度化に関して独自の論理を打ち出した。FRS 1号から改訂FRS 1号への変遷の中で、資金概念、表示区分、表示法等の変更の中で、独自性を見いだした。とりわけ、表示区分について5区分から8区分への変更は、注目に値するものであった。

2．ドイツ 「コントラック法（企業領域における統制および透明化に関する法律）」

ドイツ商法典において、付属明細書への記載ではあったけれども、コンツェルン企業において、キャッシュ・フロー計算書の作成を義務付けたことは、おりしも、わが国の「意見書」の公表と同じ1998年だった。同年に制定された、「資本調達容易化法」とともに、ドイツの企業が、アメリカに進出する大きな足掛かりとなった。

3．フランス 「プラン・コンタブル・ジェネラル」

フランスの会計制度は、プラン・コンタブル・ジェネラルの改正とともにあったと言ってよい。キャッシュ・フロー計算書が、これに導入されたのは、1982年であった。そこでは、キャッシュ・フロー計算書は、（Ⅰ）と（Ⅱ）の二つが制定された。（1）は資金の源泉と使途を示す表であり、財務・投資活動を中心とした長期の取引内容を収容して、期中の変動額である「運転資本」を表示するものであった。一方、（Ⅱ）は、（Ⅰ）で計算した運転資本を短期の取引から分析し、運転資本を外部資金調達と現金預金とにわけて再表示する。

4．アメリカ 「APBO19およびSFAS95」

1987年、FASBは、SFAS95を公表した。これにより、APBO19は失効し、すべての企業に対して完全な一組の財務諸表の一部としてキャッシュ・フロー計算書を要求したのであった。

その特質は次の2点であった。

①キャッシュ・フロー計算書が運転資本に代わる現金および現金同等物の期中の変動を説明すること

②投資家、債権者およびその他の情報利用者が、将来の資金収支を評価できるように、企業成長のための資金調達能力を評価できるように、そして、税引前当期純利益と正味現金収支との差異の理由を明らかにしなければならないこと。

次に、目的も4点設定された。計算書の構成と内容に関しては、営業活動、投資活動および財務活動に区分して表示することとした。キャッシュ・フロー計算書の必要性を強調するために、営業、投資、財務という3つの活動領域に分類し、それぞれの区分内において、収支を示すこととした。また、キャッシュ・フロー計算書の表示様式は直接法と間接法の両方を示し選択制とした。SFAS95の立場とすれば、直接法を使用し、別個の明細表において当期純利益から営業活動よるキャッシュ・フローへの調整表を提供することを規定したのであった。

5．日　本　「大蔵省令第74号」および「意見書」

わが国において、キャッシュ・フロー計算書に関する制度化を辿ると、その経緯は意外と古い。戦後占領下の「証券取引法」の制定に呼応し、1953年大蔵省令第74号「有価証券の募集又は売出の届出等に関する省令」が制定された。それが資金情報開示の起点であった。

財務諸表以外の財務情報として、「金繰状況」・「金繰表」・「資金計画」の記載を要求したのだった。その後、省令第2号(1987)に、書類の名称が変更になった経緯がある。「金繰表」は、「資金収支表」と名称を変え、資金情報の開示制度も充実したものになった。そして、それは、1998年公表の「意見書」に引き継がれることとなった。

「意見書」は、SFAS95の内容をプロトタイプとしながら、計算書の名称をキャッシュ・フロー計算書とし、主要財務諸表のひとつとして位置付けることを提言した。資金概念を現金および現金同等物とし、一会計期間のキャッシュ・フローの状況を3区分に分けて報告することをそのねらいとしたのであった。また、営業活動によるキャッシュ・フローの表示法に関して、直接法と間接法の選択適用を認めた。

5－2　各国の制度化の比較年表と他国からの影響の関係

本書では、わが国を含め、6か国を考察対象として取り上げ、第2章では理論の歴史的経緯、そして本章では、各国ともキャッシュ・フロー計算書の萌芽となったと考えられる、あるいは初めて導入された制度についてみてきた。それでは横のつながり、つまり他国からの影響やその他の影響を受けたのだろうか、あるいは影響を与えたのだろうか。各国の制度化の歴史年表［図表3－5－2①］を作成し、このことを先行研究から若干考察する。なお、メキシコについては、すでに第2章で論議したので、項目のみ再掲することとしたい。

［図表3－5－2①　各国のキャッシュ・フロー計算書に関する萌芽比較年表］
～各国の制度化の比較と他国との影響関係図～

年	イギリス	ドイツ	フランス	アメリカ	メキシコ	日　本
1950						（☆1948 大蔵省令 74）
				☆1971 APBO 19		
	☆1975 SSAP 10号					
					☆1981 改正商法	
			☆1982 改正プラン			
				☆1987 SFAS 95		☆1987 改正大蔵省令2
	☆1991 FRS 1号					
	☆1996 改訂 FRS 1号	☆1998 商法改正 コントラック法				☆1998 「意見書」
2000						

出所：筆者作成

※矢印は影響を表す

他国等からの影響、他国への影響について端的に考察してみる。

［イギリス］

［溝上2016］[25]によれば、イギリスの制度化は、あえて、アメリカからの影響を受けずに、独自の路線を打ち出した。それは、表示区分に如実に表れていると思われる。FRS 1号における5区分表示、改訂FRS 1号の8区分表示は、他国に例を見ない斬新的なものである。

［ドイツ］

ドイツの制度化、わが国の「意見書」の公表と同じ 1998 年である。ドイツの企業の海外、とくに、アメリカに進出するために、KapAEG とともにコントラック法が制定された。アメリカの SFAS95 の影響を事実上受けていることは明白であろう。

［フランス］

フランスのキャッシュ・フロー計算書の制度化は、プランであることはすでに述べたところである。ここでの計算書は、フランス銀行が開発したタブローが引き継がれており、（Ⅰ）と（Ⅱ）の一組となっている。前者については資金概念が運転資本とされ、後者は現金および現金同等物とされた。一部分について、具体的には、3 区分（営業・投資・財務）の思考を採り入れる等、アメリカの影響も受けている[26]。また、プランの 1982 年の大改定において、キャッシュ・フロー計算書が導入されたのは、EC 4 号指令からの影響も大きいと考えられる[27]。

なお、プラン自体は、ドイツの「コンテンラーメン理論」から大きな影響を受けて当初省令として作成されたのだった[28]。

［アメリカ］

APBO19 および SFAS95 は、先にみたように、世界各国の制度化の、いわば“ベンチマーク“であり、多くの国に影響を与えた。第 2 章でも概観したとおり、1900 年初頭の鉄道事業の普及と蒸気機関の伝播、それに付随した決算書が、アメリカのキャッシュ・フロー計算書の源流になったことも無視できない。事実、グリーンは鉄軌道会社の比較貸借対照表を作成し公表している。この意味では、イギリスの鉄道会社の会計システムからの影響は多分にあったと考えられる。

［メキシコ］

1982 年の改正商法は、もともと、フランスやイタリアの商法典を踏襲しているのに加えて、アメリカと隣国であることから経済上の結びつきも深く、NAFTA の発効とともに、アメリカからの影響はますます強くなったのだった。わが国の企業の多くが、自動車産業を中心にメキシコに進出していることもあり、企業会計は連結キャッシュ・フロー計算書も含めて、ますます重要性が増大している[29]。

［日　本］

大蔵省令74号は、戦後の支配下の旧証券取引法に連動して資金繰表について制定されたのであった。この意味では、アメリカの制度の受け売りだった[30]。

1998年、改定の省令によって制定されていた資金収支表の代わり、に規定したキャッシュ・フロー計算書もアメリカのSFAS95の影響を多分受けていることは疑う余地ないだろう。

1 ［溝上2016］溝上達也「英国におけるキャッシュ・フロー計算書制度化の論理」『松山大学論集』第28巻第1号　2016年　58-81頁参照
2 ［溝上2003］溝上達也「資金計算書における資金概念と表示区分との関連性について」『松山大学論集』第15巻第2号　2003年　参照
上記の論考によれば、表示区分と資金概念とは密接な関係があるという。
3 ［鈴木義2000］鈴木義夫『ドイツ会計制度改革論』森山書店　2000年
4 ［東良2011］東良徳一「ドイツ会計基準の国際化の動き」『大阪産業大学経営学論集』第12巻第2号　2011年　175-176頁
5 ［井戸2005］井戸一元「ドイツにおける財務報告～国際的調和化に向けた対応～」『名古屋外国語大学現代国際学部紀要』創刊号　2005年　78頁
6 ［久保田2014］久保田秀樹『ドイツ商法現代化と税務会計』森山書店　2014年
7 ［加藤恭・遠藤久1999］加藤恭彦・遠藤久史「ドイツ　企業領域におけるコントロールと透明性に関する法律の解説（2）」『甲南経営研究』（甲南大学）第39巻第3・4号　1999年　93頁
8 ［鈴木義2000］前掲書　51-54頁参照
9 これらの法律は関連する商法典の特定条文を改正・新設するための「条項法」と言われている。［久保田2014］前掲書　29頁
10 ［東良2017］前掲稿　174頁
11 この点の詳細は、［鈴木義2000］前掲書36-37頁を参考されたい。
12 ［久保田2014］前掲書　30頁
13 ［藤井2004］藤井秀樹「基準調和化時代のフランス会計制度：プラン・コンタブル・ジェネラルの20年を振り返って」『京都大学大学院経済学研究科　Working Paper J-37』2004年　1-2頁
14 ［中村宣他訳1984］中村宣一朗、森川八洲男、野村健太郎、高尾雄二、大下勇二訳『フランス会計原則』同文舘出版　1984年
15 ［小津1993］小津稚加子「フランスにおける資金情報開示制度の動向」『広島経済大学経済研究論集』第15巻第4号　1993 65-85頁
16 ［中村他訳1984］　前掲訳書　156頁参照
17 ［中村他訳1984］　前掲訳書　164-168頁参照
18 ［小津1992］によれば、「1982年プランのタブローは、フランス銀行の財務フロー表とほぼ同じで共通する部分も多いが、資金概念を現金・現金同等物に求めたが、だからといって運転資本の資金概念が却下されたわけではない」ので、どちらか一方の資金概念がより重要であるというわけではないという。［小津1992］小津稚加子「フランス企業会計と資金会計」安平昭二編著『簿記会計の理論・歴史・教育』東京経済情報出版　1992年所収

19 ［豊岡 2005］豊岡　隆『キャッシュ・フロー計算書の再構築－国際会計基準の対応－』同文舘出版　2005 年　77-83 頁

20 ［中村宏 1993］中村　宏「わが国の証券取引法における資金情報開示の序説」『阪南論集』社会科学編　第 29 巻第 1 号　1993 年参照

21 ［武田安 1987］武田安弘「資金繰表開示の実態と問題点」『地域分析』（愛知学院大学経営研究所）1987 年 13 頁参照

22 ［太田 1949］太田哲三「金詰まりと金繰り会計」『産業経理』第 9 巻第 1 号　1949 年 2 月

23 ［鎌田 2006］鎌田信夫『キャッシュ・フロー会計の原理』 税務経理協会　2006 年　17-27 頁参照

24 ［鎌田 2006］前掲書　27-30 頁参照

25 ［溝上 2016］前掲稿参照

26 ［小津 1992］前掲稿参照

27 ［中川 1988］中川美佐子『会社会計制度の比較研究－ 12 か国を対象として－』 千倉書房　1988 年　参照

28 ［中川 1988］前掲書参照

29 ［久野 2015］久野康成『メキシコの投資、M＆A、会社法、会計税務』ＴＣＧ出版　2015 年参照

30 ただし資金繰表は、キャッシュ・フロー計算書の範疇には入らないことを考えると資金収支表に変更された時点が制度の始点とも考えることも可能である。

第4章

将来志向的キャッシュ・フロー計算書の論理

1．はじめに　～“未来”の計算書の論理をどう考えるか～

将来志向的キャッシュ・フロー計算書に関する研究書や論文および会計実務書は、わが国では、「意見書」の公表以来、いくつか見られるようになってきた。その内容のほとんどは、キャッシュ・フローの予算制度の構築であったり、キャッシュ・フロー計算書を損益計算書・貸借対照表も含めて、財務諸表全体を「未来デザイン思考」のもとで作成したり、はたまた計画（見積）キャッシュ・フロー計算書を作成したりする試み等である。こうした試みは、キャッシュ・フロー計算書の外部利用者にとって、資金繰りを含め支払能力の評価および将来のキャッシュ創出能力を評価するという目的達成のために、有用であると考えられる。経営者にとっても、将来の企業経営を見据えるために、キャッシュ・フローの予算化は必要不可欠であろう。もし、仮に株主・投資家が、公表されている、過去の会計データを用いて作成されたキャッシュ・フロー計算書を未来デザインの計算書につくりかえることができたならば、投資意思決定が容易になるのではあるまいか。債権者の立場からも同様に考えることができるであろう。

ところで、経営者の立場にとっての将来志向的キャッシュ・フローに関する研究領域の歴史は結構古い。諸国の歴史を見るならば、以下のようである。

（1）アメリカに目を向けると、すでに半世紀も前に遡る。1969年に、バッター（W.J.Vatter）が『営業予算』（Operating Budgets）という著書[1]を著している。この著作は管理会計の入門書として、営業予算の編成と運用について論じたものであったが、そのなかに、「ファンド・フロー計画表」[2]の編成について論じていたし、この計算書の意義、作成法そしてひな型を示していたのである。

(2)ドイツにおいても、1960年代半ば、「資金計画論」(Finanzplanung)がリュッケ(Lucke. W)らによって提唱され、企業の支払能力の維持のためキャッシュの収支見積について論じられている[3]。

(3)イギリスでも、時を同じくして、1960年代後半から1970年にかけて、企業の将来キャッシュ・フローを示す計算書(以下、将来志向的キャッシュ・フロー計算書と呼ぶ)の有用性が主張された。その議論の先駆的な役割を果たしたのがローソン(Lawson)であった。そこでは、将来志向的キャッシュ・フロー計算書が、経営者の意思決定において役立つことが説かれたのだ[4]。しかも、同じ計算書でありながら、投資家の投資意思決定にも役立つことを理論展開するのであった。ところで、第5章で後述するが、キャッシュ・フロー計算書には、いくつかの問題点をはらんでいることは否めない。SFAS95が公表されても、計算書の構成、つまり区分表示の問題、そして、営業活動によるキャッシュ・フロー区分では、直接法と間接法の選択適用の問題、さらには、利息・配当金をどの区分に分類し表示するか、といった問題である。

IASB(国際会計基準審議会)およびFASB(アメリカ財務会計基準審議会)は共同で、こうした問題解決のひとつの糸口として、財務諸表の表示プロジェクトによる6年にわたる審議の上、2010年に公開草案「財務諸表の表示」[5](以下、[IFRS X2010]と略称)を公表している。そして、2019年12月には、IASBは、公開草案、財務諸表の「全般的な表示と開示」[6](以下、[IFRS ED2019]と略称)を公表したのであった。

本章のねらいは、こうした背景に鑑み、現行制度上でのキャッシュ・フロー計算書の論理と一線を画し、注目に値する将来志向的な、あるいは「未来デザイン」的なキャッシュ・フロー計算書に関する論理について、二つのIFRS公開草案およびイギリスでかつて論議された将来志向のキャッシュ・フロー計算書の論理やアメリカの営業予算、そしてドイツの資金計画論の先行研究のレビューを通して、以下4点の内容について考察することにある。

(1)IFRSの公開草案

①[IFRS X2010]「財務諸表の表示」

本公開草案のそのものと、2011年に出された「討議資料」の内容を概観する。とくにキャッシュ・フロー計算書に関する連携表示等に焦点をあてる。

② [IFRS ED2019] 財務諸表の「全般的な表示と開示」

キャッシュ・フロー計算書に関して、二つの論点がある。ひとつは、間接法表示の場合の調整出発点を営業損益へ変更すること、もうひとつは、利息および配当金の表示の選択肢を排除することである。

ここでは、公開草案の全体像を概観したのち、この二つの論点を考える。

（2）イギリスにおける将来志向的キャッシュ・フロー計算書

かつて、イギリスでは将来を志向するキャッシュ・フロー計算書の作成の論議があった。[溝上 2010] に範をとりながら、その考え方を検討する。

（3）アメリカの営業予算とドイツのキャッシュ・フロー計画論

①キャッシュ・フロー計算書に関して、バッターの営業予算と「ファンド・フロー計画表」の意義を概観する。

② [牧浦 1997] の論考に沿って、リュッケの所論を中心に、ドイツの資金計画論の一端を概観する。

（4）わが国における未来志向的キャッシュ・フロー計算書に関する会計理論の展開

おもに上場企業に向けの予算会計において、予算キャッシュ・フロー計算書をどのように作成するかを、[児玉 2016] [7] の論考を中心に検討する。

2．IFRS　公開草案の論理

2－1 [IFRS X2010]「財務諸表連携表示」の考察

2010年に公表された [IFRS X2010] は、IASBとFASBが、2004年から共同プロジェクトとして「財務諸表の表示」の改善をめざして審議してきた成果である。

以下では、最初に、（1）草案を公表するにあたった課題点を明らかにし、次に（2）草案の全体像を概観し、そして（3）IAS 7号との比較において、本草案が提案するキャッシュ・フロー計算書の特質を検討することをとおして、キャッシュ・フロー計算書を核とした新しい財務諸表体系のどのような点が革新的であり、どのような現代的意義をもつか考えていきたい。

2－1－1　本草案を公表するにいたった課題点

財務諸表は、いうまでもなく株主・投資家等の企業外部の利用者にとって必要情報を伝達する主要な手段である。その情報は、彼らが企業の将来のキャッシュ・フロー獲得能力を評価し、投資意思決定に役立てることを意図して作成されるものである。ところが、その情報内容には多様性があり、主要財務諸表の損益計算書、貸借対照表およびキャッシュ・フロー計算書は、それぞれ異なる情報提供を志向している。具体的に言えば、「財政状態表」（貸借対照表）は一時点の経済的資源と請求権であり、「包括利益計算書」（損益計算書）は一期間の財務資源の変動であり、そしてキャッシュ・フロー計算書は一期間のキャッシュの増減である。いずれの財務表も、お互いに関連して補完関係にあるのであるが、どれか一つの財務表だけでは、外部の利用者の意思決定に有用な情報を提供することはできない。さらには、財務諸表の表示基準には会計方法の選択適用が認められており、各財務表はきわめて集約的で首尾一貫していないことから、利用者にとって財務報告の比較可能性が損なわれている。[遠藤 2017] [8] は、以上のような課題を指摘している。こうした背景から、本草案は公表されるに至ったのであった。

2－1－2　本草案の全体像

[IFRS X2010] は、上で見たような問題点、つまり端的に言うと各財務表の情報の重点がまちまちであり関係が不明確であるという問題点に対応するために、図表［4－2－1①］[9] に示すように、「情報の効果的な伝達」を大原則として、二つの原則を明示している。目的と方法との関連もあわせて示す。

[細分化原則]

この原則により、企業は、財務諸表において、企業が行っている活動と企業のキャッシュ・フローを明確にし、資産および負債とそれらの変動の影響を忠実に表現するように表示しなければならない。財務諸表で表示する科目を細分

［図表4－2－1①　情報の効果的な伝達のための、財務諸表の表示原則と表示目的・方法］

	表示原則	科目分類	目　的	方　法
1	細分化の原則	科目の細分化	・キャッシュ・フローの明確化 ・企業活動の明確化 ・資産および負債の状態とその変動の忠実な表現	・機能、本質および測定基準による分類
2	連携性の原則	科目の連携	・科目間の関係の明確化	・財務諸表に共通のセクション、カテゴリーおよびサブカテゴリーの設定

出所：［遠藤 2017］前掲稿 89 頁を改変した上で筆者作成

化するために、機能および性質の両面を考慮して決定する。機能は、企業が行っている活動を意味する。一方、性質は、資産、負債、収益および費用項目を識別する経済的成果である。なお、測定尺度の差異も関連している。これらの事例は、［図表4－2－1②　財務諸表科目の細分化］[10]に示すとおりである。

［図表4－2－1②　財務諸表科目の細分化］

① 機　　能	企業が行っている主たる活動。 （例）商品販売、サービスの提供、製造、広告等
② 性　　質	資産、負債、収益および費用項目を識別する経済的成果であり、同様の経済事象に異なる反応をするキャッシュ・フロー。 （例）卸売収益、小売収益、材料費、労務費、輸送費光熱費等
③ 測定尺度	経済的資源（資産）および請求権の測定尺度。 （例）公正価値、取得原価等

出所：［鎌田 2017］前掲書　122 頁　図表 7-2 より一部改変の上引用

この図表からも明らかなように細分化原則は、財務諸表科目を決定する基準である。なお、重要性の原則も適用される。したがって、重要でない科目は他の科目合算できる。

［連携性原則］

この原則により、企業は財務諸表科目間の関係が明瞭になるように財務諸表における情報を表示しなければならない。また、連携関係の強い財務諸表を表示するために、主要な財務諸表の間で整合するようにセクション、カテゴリーおよびサブカテゴリーを設けて細分化された科目を表示する。

次に［図表４－２－１③　事業セクションおよび財務セクションの連携一覧］により、この原則に基づく主要な財務諸表の構造を示す。

［図表４－２－１③　事業セクションおよび財務セクションの連携一覧］

区　分		資産・負債	収益・費用	キャッシュ・フロー
事業	営業	現　金		
		売掛金	売上高	得意先からの収入
		棚卸資産	売上原価	仕入支出
		未払給料	給　料	人件費支出
		有形固定資産	減価償却費	資本的支出
		買掛金	営業費用	営業費支出
	（営業財務）	正味年金負債	退職後給付費用	
			年金資産報酬	年金制度による支出
			退職後給付	
			利息費用	
		リース負債	リース負債利息	リース負債支出
	投資	短期投資	受取利息	利息収入
				短期投資の正味増減
		投資有価証券	受取利息・受取配当金	有価証券取得支出
			売却損益	有価証券売却収入
				利息収入・配当金収入
		関連会社投資	関連会社の持分利益	関連会社に対する投資支出
財務	借入	短期借入金		短期借入収入
		長期借入金		長期借入収入
				借入金返済支出
		社　債	社債利息	社債発行収入
		未払利息	支払利息	利息支出
		未払配当金		配当金支出
	持分	株主資本金		株式発行収入

出所：［鎌田 2017］前掲書 144 頁　図表 8-4 に一部改変の上、引用

※　網掛け部分はサブカテゴリーを示す

分類上のセクションおよびカテゴリーの定義[11]は以下のようである。

［事業活動セクション］

企業の資源を統合し価値を創出するセクションであり、「営業」カテゴリーと「投資」カテゴリーに分類される。営業カテゴリーは企業の資源を統合し利用することにより収益を生み出す変動を示す。この営業カテゴリーのなかに、「営業財務」というサブカテゴリーを設定する。ただし、キャッシュ・フロー計算書には、このサブカテゴリーを設けない。営業財務サブカテゴリーに直接関連するキャッシュ・フローは営業カテゴリーで表示する。

一方、投資カテゴリーには、単独で利益を生み出す資産あるいは負債が含まれる。この資産・負債は、その他の資産に関係あるにしても、これらの科目からの明白な相乗効果が生じない。

［財務活動セクション］

このセクションでは、資金の調達および返済に関係するすべての活動が示される。借入カテゴリーと資本（持分）カテゴリーの二つに分類される。持分取引に関連するキャッシュ・フローは、キャッシュ・フロー計算書の財務区分で総合する。

セクションおよびカテゴリーの定義は以上のようであるが、［図表４－２－１③］から、主要財務諸表の連携関係を垣間見ることができる。例を一つ挙げる。例えば投資有価証券は図表中の収益・費用の受取利息、受取配当金、キャッシュ・フロー計算書の利息収入・配当金収入と連携していることがわかる。こうした連携関係について考えるならば、IAS 7号やSFAS95が利息収入、配当金収入、および利息支出を営業活動に含めるという損益計算重視の立場であるのに対して、［IFRS X2010］は、事業活動（営業活動）と財務活動を分けて、資金調達面と資金運用面の関係を重視する財務論的立場をとっているといえる[12]。

いずれにしても、［IFRS X2010］は、各財務表の連携関係を強化することにより、セクションとカテゴリーに細分化した情報を表示して、財務諸表利用者にとっての理解可能性と比較可能性を高めているといえよう。

2－1－3　IAS 7号との比較における、本草案が提案するキャッシュ・フロー計算書の特質（1）

続いては、[IFRS X2010] とIAS 7号における活動区分の定義を概観する。

まず、[図表4－2－1④] を作成する。一瞥してわかるとおり、[IFRS X2010] は、キャッシュ・フローを事業セクションと財務セクションに区分する。また、事業セクションは営業カテゴリーと投資カテゴリーに細分化される。事業セクションとは、企業が価値を生み出すセクションのことであり、営業カテゴリーおよび投資カテゴリーに分類される。営業カテゴリーは、営業活動に関連する科目を分類する。営業カテゴリーに含まれるおもな科目には、現金、売掛金、製品から生じる収益、顧客から回収した現金がある。営業カテゴリーには、営業財務というサブカテゴリーが設けられる。この営業財務サブカテゴリーには、以下の3要素をもつ科目が含まれる。それは、営業活動の結果生じる負債、長期利息や長期的な要素である。具体例としては、リース債務、正味年金負債が挙げられる。また、利息費用や運用益もここに属する。ただし、キャッシュ・フロー計算書には、営業財務サブカテゴリーは設けない。このサブカテゴリーに直接関連するキャッシュ・フローは営業カテゴリーで表示することになるからである。

次の図表は、[4－2－1⑤　IAS 7号と比較したキャッシュ・フロー計算書の構造] である。

この図表からうかがえるように、IAS 7号は、営業、投資、財務に分けている。この3つのカテゴリー分類は、一見すると、[IFRS X2010] も同じに見える。しかし、両者のカテゴリーの意義は大幅に異なる。

IAS 7号の営業収入および営業支出は、収益稼得活動に関する収入および支出である。対して、[IFRS X2010] の営業キャッシュ・フローは、営業収益・営業費用に関する収支のみならず、営業資産および営業負債に関係する収支も含まれる。また [IFRS X2010] の投資キャッシュ・フローはシナジー効果（相乗効果）のない投資収支およびそのリターンのことである。同様に、利息収入および配当金収入は投資カテゴリー、支払利息は借入カテゴリー、配当金支出は持分カテゴリーで表示する。IAS 7号のような選択適用の余地はない。

［図表4－2－1④　IFRS X（2010）とIAS 7号の定義の比較］

区　分 セクション・ カテゴリー等	IFRS　X（2010）	IAS 7号（1992）
事業活動セクション	営業活動と投資活動から構成される活動	
営業活動	企業の資源を結合して利用することを必要とする過程をとおして収益を生み出す活動	企業の主たる収益稼得活動をいう。投資または財務活動以外のその他の活動
（営業財務活動）	企業の営業活動に直接関連する活動。同時に、企業の長期の資金調達の源泉を提供する活動。	
投資活動	（a）企業のリターンを生み出す （b）重要なシナジーを生じさせない資産および負債に関する活動	長期資産の取得・処分および外科金同等物に含まれないその他の投資の取得・処分
財務活動セクション	企業が資本を獲得または返済するという活動	企業の持分資本、借入金の規模と構成に変動をもたらす活動
借入活動	（a）資本の獲得または返済を目的として締結された借入契約 （b）負債を生じさせる企業自身の持分を含む取引に関する活動	
持　分	IFRSsにしたがって決定されたすべての資本項目	

出所：［鎌田 2017］前掲書 125頁　図表7-3より引用
※（　）はサブカテゴリーを示す。斜線部分は特別な記述がないこと（定義なし）を示す。

［図表4－2－1⑤　IAS 7号と比較したキャッシュ・フロー計算書の構造］

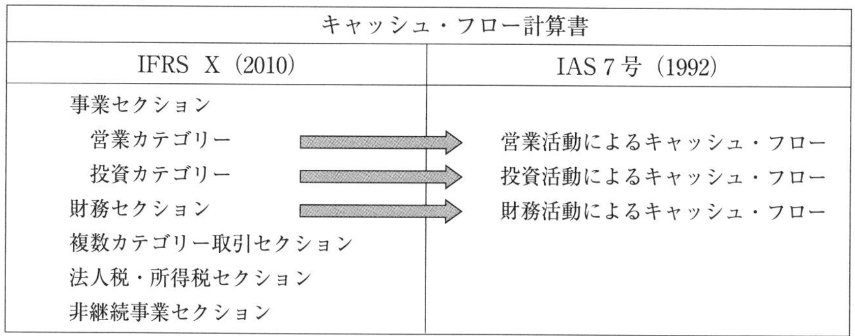

キャッシュ・フロー計算書
IFRS　X（2010）
IAS 7号（1992）
事業セクション
営業カテゴリー
投資カテゴリー
財務セクション
複数カテゴリー取引セクション
法人税・所得税セクション
非継続事業セクション
営業活動によるキャッシュ・フロー
投資活動によるキャッシュ・フロー
財務活動によるキャッシュ・フロー

出所：［鎌田 2017］前掲書　129頁より一部改変の上引用

なお、[IFRS X2010] のキャッシュ・フロー計算書には、営業財務サブカテゴリーは設けない。主要財務諸表はサブカテゴリーレベルでは連携性はないし、営業と財務の区分が明瞭でないからである。

続いては、[図表4－2－1⑥] のセクションおよびカテゴリーを基にして、[IFRS X2010] の例示「X住宅工業株式会社」の計算書[13]を掲げる。金額はCU単位を千CU未満切り捨てとして調整している。また金額の－符号は、△に変更している。

[図表4－2－1⑥　IFRS X（2010）によるキャッシュ・フロー計算書の例示]

キャッシュ・フロー計算書 ２０Ｘ１年度	単位：千ＣＵ X住宅工業株式会社
Ⅰ　事　業	
A　営　業	
顧客からの現金収入	2,813
賃金に対する現金支出	△　810
原材料支出	△　936
年金プランに対する支出	△　340
その他の営業支出	△　261
リースに対する支出	△　50
資本的支出	△　54
有形固定資産の売却収入	38
売上債権売却収入	8
営業活動による正味キャッシュ・フロー	408
B　投　資	
短期投資の正味増減	△　300
配当金収入・利息収入	63
有価証券の売却	56
投資活動による正味キャッシュ・フロー	△　181
事業活動による正味キャッシュ・フロー	227
Ⅱ　財　務	
配当金支出	△　86
利息支出	△　84
自己株式再発行収入	84

短期借入収入	162
財務活動による正味キャッシュ・フロー	76
税引前継続事業正味キャッシュ・フロー	303
Ⅲ 法人税・所得税	
法人税・所得税の現金支出合計	△ 281
非継続事業・外国為替調整前現金増減	22
Ⅳ 非継続事業	
非継続事業現金支出	△ 13
外国為替換算調整	3
現金の増減	12
期首現金	62
期末現金	74

出所：[IFRS X (2010)] Implementation Guidance p24（例示 10）一部改変の上、引用

2－1－4 IAS 7号との比較における、本草案が提案するキュッシュ・フロー計算書の特質（2） ～直接法表示のみの採用とその根拠～

さて、ここまでの論議で（1）草案を公表するにあたった課題点を明らかにし、次に（2）草案の全体像を概観し、そして（3）IAS 7号との比較において、本草案が提案するキャッシュ・フロー計算書をIAS 7号との比較で概観した。最後に、[IFRS X2010] が唱えるキャッシュ・フロー計算書の特質として、営業キャッシュ・フローの表示において直接法のみ採択することを挙げることができる。その論拠を、[鎌田 2017] [14] および [遠藤 2017] [15] をレビューしながら概観する。

すでに述べてきたように、IAS 7号、SFAS95、FRS 1号、そしてわが国の「財務諸表等規則」は、営業活動によるキャッシュ・フローの表示法として、いずれもが直接法と間接法の選択適用を認めている。また、オーストラリアにあっては、直接法のみの適用を規定していたが、会計基準第107号も2011年以降、IAS 7号との調和化をはかり、間接法も認めるにいたった。SFAS95は将来キャッシュ・フローの予測することに有用であるという理由から、直接法を推奨し、直接法を採用した場合は、調整表を注記することになっている。

こうした各国の事情の中にあって、[IFRS X2010] は、直接法のみを採択し、

調整表も注記により補足的に示すことを提案した。コメントレターでは、直接法の適用に対して異論も示されたことから見直しを行い、調整表を注記する提案に変更した経緯がある。

では、直接法を採択した根拠は何だろうか。[IFRS X2010] によれば、6つの根拠を挙げている。すなわち、

(a) 多くの財務諸表利用者にとって、直感的で理解可能である。

(b) 将来キャッシュ・フローの予測能力を改善する。

(c) 企業のキャッシュ・フロー循環期間についての洞察や包括利益計算書に表示される収益および費用とキャッシュ・フローとの関係に対する理解を改善する。

(d) 営業利益の営業キャッシュ・フローへの調整を伴う場合は、財政状態表とキャッシュ・フロー計算書を結びつけることができる。

(e) 正しい意思決定に導く情報を提供し、また最も優れた技術をもつアナリストが計算した結果よりも優れた情報を提供する。

(f) 趨勢および比較分析を行う能力を提供する。

[IFRS X2010] によれば、直接法の論拠は決定的であり、IASB 専門委のアウトリーチ活動の提案としても直接法であった。財務諸表利用者は、損益計算書の純利益と企業の現金創出能力との関係について混乱しているのではないか。とくに間接法においては、純利益と減価償却費は現金の源泉と一般に信じられているが、これは誤りである。利益は企業の純資産に対する事業活動の結果であり、営業活動によるキャッシュ・フローは企業の現金によるキャッシュのフローの結果である。よって、キャッシュ・フローは、利益の源泉ではなく、利益はキャッシュの源泉でもない[16]。減価償却費は、キャッシュの源泉でもなければ使途でもない。直接法によるキャッシュ・フロー計算書には、利益や減価償却費が表示されることはないのである。

上記の根拠 (a) および (c) はとくに重要であり、注目に値する。

2－2 ［IFRS ED2019］全般的な表示および開示の考察 ～とくに、キャッシュ・フロー計算書に関わって～

2－2－1 はじめに

国際会計基準審議会（以下、IASB）は、2019年12月に、公開草案「全般的な表示および開示」［IFRS ED2019］を公表している。この公開草案は、業績報告の改善を求める財務諸表利用者の強い要望を踏まえて、審議を重ねた結果として、公表されたものである。現在（2020年4月現在）、これに対するパブリックコメントの受付中（期限は2020年6月30日[17]）ではあるが、内容をざっくりと概観するかぎり、先に示した［IFRS X2010］との比較において、とくにキャッシュ・フロー計算書と損益計算書の連携表示がより鮮明になっており、また、利息・配当金の選択適用の排除にも論議の焦点をあて、比較可能性や財務諸表の透明化の観点からより将来的な思考を提案する草案になっていると思われる。さらに、注目すべき点は、営業活動によるキャッシュ・フロー区分を間接法により表示する場合、その始点を当期純利益ではなく、営業利益にするという提案である。このことは、調整項目も少なくなり、計算書の見やすさについても改善できるものと思われる。［IFRS X2010］は、翌年に「討議資料」が出され、確かにある意味では斬新的な提案ではあったけれども、事実上FASBとのプロジェクトも解消し、論議も頓挫している。この［IFRS ED2019］は、根底には、［IFRS X2010］の基本理念を踏襲しながら、キャッシュ・フロー計算書に関する課題論点を絞った形で提案されており、財務表としての表示および開示のさらなる進展になっていると感じられる。詳細な議論は、パブリックコメントの集約結果を待つことになるだろうが、わが国においては、提案は適用されやすく、近い将来、制度に組み込まれていく可能性は非常に大きいものと思われる。

以下においては、まず、（1）［IFRS ED2019］の全体像および（2）損益計算書構造（新たな小計･区分表示）を概観し､次に､項を新たに設けて､キャッシュ・フロー計算書に関して、二つの提案の論点について考察する。そして、最後に、どのような点において提案が革新的で、将来思考なのか、そして、どのような点で制度として実現可能性が高いのかについて考えてみたい。

2－2－2　草案の全体像の概観

［IFRS ED2019］の全体的なポイントを箇条書きで整理して掲げる[18]。

（a）　損益計算書の構造に関して

○　営業損益等の小計を表示すること

○　収益および費用を、キャッシュ・フロー計算書と同様に、「営業」、「投資」、「財務」等の区分（カテゴリー）に分けて表示すること。

○　持分法適用投資を2つに分類してこれらの投資にかかる収益および費用を区分して表示すること。

分類①企業の主たる事業活動にとって不可分なものと、分類②企業の主たる事業活動にとって不可分ではないもの、に分けて、営業カテゴリーと投資カテゴリーの間に表示すること。

（b）　財務情報の集約と分解に関する原則やガイダンスの提供に関して

○　財務諸表で表示する項目の集約および分解表示の原則や指針を導入し、特に「その他」等の項目を表示する際の指針を示すこと。

○　経常でないもの、すなわち、同じような種類および金額の収益および費用が今後数年間に発生しないことが合理的に予測され、予測価値が乏しいものの収益または費用に関する情報を注記して開示すること。

この提案の課題背景は次のとおりであった。

課題1　財務諸表において、十分な分解表示が行われていないケースがある。

課題2「その他」の費用として、多額の費用が計上され、この内訳について何も追加的な開示が行われていないケースがある。

○　具体的提案

ア　個々の取引または他の事象から生じる資産、負債、資本、収益、費用を識別する。

イ　共通の特徴に基づいてグループに分類し、基本財務諸表において少なくても、ひとつの特徴を共有する表示項目にする。

ウ　上記の表示項目が複数の重要項目を含む場合は、追加的な特徴に基づき重要項目を注記で開示する。なお、異質な項目の集約にあたっては十分配慮すること。

（c）　経営者業績指針の開示に関して

○　経営者が定義した業績指針（経営者業績指針）を財務諸表利用者との公のコミュニケーションにおいて財務諸表外で用いている企業は、IFRS基準が定義する小計または合計との調整表を注記して開示すること。

（d）　キャッシュ・フロー計算書に関して

○　営業活動から生じるキャッシュ・フローを間接法により表示する場合の調整の出発点を新たに、表示が要求されることになる小計の営業損益に変更する。

○　利息・配当金の表示において認められている選択肢を削除する。

以上のポイントに関して、IAS 第1号「財務諸表の表示」を新基準に置き換えることを提案している。なお、［IFRS ED2019］の背景に関しては以下のように述べている。

○　IASB「基本財務諸表」プロジェクト（以下、「本プロジェクト」と略称）の討議

そのねらいは、企業の業績報告における比較可能性および透明性に対する財務諸表利用者の懸念に応えること。

○　財務報告におけるコミュニケーションの改善を促進するものとして、IASB はこのプロジェクトを優先的に扱うこと。

2－2－3　損益計算書の構造　～新たな小計・区分の表示～

損益計算書における新たな小計・区分の表示の提案のねらいは、損益計算書において表示される経営成績について比較可能性と透明性の向上である。

本プロジェクトでは、下記のような3つの課題を浮き彫りにした。すなわち、

課題①　損益計算書の構造や表示項目にバラツキが生じており、投資家が企業間の業績比較を困難にしていること。

IAS 第1号「財務諸表の表示」では、損益計算書において収益および純損益の表示は求められているものの、特定の段階利益の表示までは要求されていないこと。

課題②　例えば、多くの企業は、「営業損益」という小計を表示しているが、現行基準では「営業損益」を定義していない。多くの投資家は、将来のキャッシュ・フローを測定する際に、この営業損益を

用いるが、企業毎に営業損益の計算方法が異なっていること。

課題③　関連会社およびジョイントベンチャーの持分法投資損益を営業損益に含めて計算している企業と、営業損益に含めないで計算している企業がある。よって、投資家の財務諸表分析を困難かつ時間がかかるものにしていること。

こうした課題を解決するために、[IFRS ED2019] において次のように提案する。

現行基準と同様、財務業績の計算書を単一の純損益およびその他の包括利益計算書、もしくは独立の損益計算書および包括利益計算書（純利益から開始）を用いて表示することを提案している。また比較可能性を高めるために、以下の小計を定義し、損益計算書に表示することを提案する。

○　営業損益
○　営業損益ならびに不可分な持分法投資損益（関連会社およびジョイントベンチャーの収益および費用）
○　財務および法人税等税引前損益

加えて、[IFRS ED2019] では、これらの小計を表示するにあたり、損益計算書において収益および費用を下記のように区分（カテゴリー）に分類して表示することを提案する。

○　営業区分（カテゴリー）
○　不可分な持分法投資（関連会社およびジョイントベンチャー）区分（カテゴリー）
○　投資区分（カテゴリー）
○　財務区分（カテゴリー）

現在でも多くの企業が損益計算書において、営業利益を表示しているが、IFRSにより営業利益が明確に定義されていたわけではない。したがって企業間での比較が困難な場合も生じる。このことは、「関連会社やジョイントベンチャーに対する投資からの持分法損益」等が営業利益に含まれるか否かで企業間で整合性がみられない例と同様である。

ここで提案する小計を設けることによって、企業間でより整合的な損益構造が表示されることになるとともに、株主・投資家にとって企業間比較が容易になると考えられる。

では、次にこの新たな小計と区分表示を可視化するために、[小山 2020] から損益計算書の表示例のイメージ図[19]を引用する。[図表 4 － 2 － 2 ①]

[図表 4 － 2 － 2 ①　提案される新たな小計・区分による損益計算書のひな型例]

カテゴリー	項　　目	備　　考
営　業	売上高	○営業利益は、不可分な持分法投資損益、投資・財務カテゴリー、税金に含まれない項目で構成される（間接的に定義）。 ○経営者業績指標を小計として追加することもできる。
	売上原価	
	売上総利益	
	販売費および一般管理費	
	その他の営業損益	
	営業利益	・・・・・・・・・・・・・・・新たな小計
不可分な持分法投資	不可分な持分法投資損益	○持分法投資損益は、営業と不可分か否かで、投資カテゴリーと区分する。
	営業利益および不可分な持分法投資損益	・・・新たな小計
投　資	不可分でない持分法投資損益	
	受取配当金	
	その他の投資損益	
	財務・法人税等税引前利益	・・・・・・・・・・新たな小計
財　務	支払利息	
	その他の財務損益	
	法人税等税引前利益	
	法人税等	
	当期純利益	

それぞれの区分（カテゴリー）について、簡潔に解説[20]する。

[営業カテゴリー]

営業カテゴリーには、主要な事業の損益が含まれ、他 3 つのカテゴリーに含まれない項目から構成される。また、非継続事業はこのカテゴリーからは除かれる。

[不可分な持分法投資カテゴリー]

関連会社やジョイントベンチャーから生じる持分法損益を主要な事業と「不

可分」かどうかを判断して区分することを要求する。「不可分」かどうかは、企業の主要な事業が、関連会社やジョイントベンチャーと密接に相互依存関係にあるかによって判断される。例えば、事業分野の共有、社名・ブランドの共有が挙げられる。

[投資カテゴリー]

このカテゴリーには、保有する他の経済的資源（企業の資産）から独立した個別のリターンを生じさせる資産に関する損益が表示される。これには「不可分でない」関係会社とジョイントベンチャーから生じる持分法損益が含まれる。

[財務カテゴリー]

ここには、現金や現金同等物や借入、リース負債等の財務活動的から生じる損益が含まれる。一方で、銀行等の金融機関では、主要な事業からの金融収益・金融費用、投資損益（持分法投資損益は除く）を営業カテゴリーの分類することになる。

以上、4つのカテゴリーを解説したが、キャッシュ・フロー計算書においては、「不可分」かどうかにかかわらず、持分法投資先からのキャッシュ・フローは、投資活動に関する区分に含めて表示される。これについて、[IFRS ED2019] は、基本財務諸表間での分類の完全な統一は試みられていないとされる。

2－2－4　IFRS ED2019における二つの提案

（1）　キャッシュ・フロー計算書に関する提案 1

～間接法表示の場合の調整出発点を営業損益へ変更～

本プロジェクトの過程で、提案の背景として、次の課題が浮き彫りになった。

課題　キャッシュ・フロー計算書の表示に関して、同業他社間でも、実務にバラツキがみられ、比較可能性が損なわれている。具体的には、営業活動によるキャッシュ・フロー計算書の区分において、間接法表示のキャッシュ・フローの出発点として、当期純損益、税引前損益、営業損益等、さまざまな利益が用いられていること。

[IFRS ED2019] は、こうした課題を解決するために、下記のように提案している。

提案　IAS 第 7 号を次のように改訂することを提案する。

間接法を用いて、営業活動によるキャッシュ・フローを表示する場合、純損益ではなく、新たに損益計算書において表示が要求されることになる小計である「営業損益」を調整の出発点とする。(IAS 第7号改訂案　第6項)

提案の理由

理由①　営業損益を出発点にすることにより、営業活動によるキャッシュ・フロー区分の調整項目が少なくなるからであること。

理由②　間接法による営業活動のキャッシュ・フローの調整項目が、営業活動のキャッシュ・フローにどのように調整されたかを示すことは有用だと考える財務諸表利用者も存在するからであること。

以上が、[IFRS ED2019] の提案であるが、この提案は、非常に画期的であると考える。というのは、キャッシュ・フロー計算書の利用者、とくに株主・投資家にとって、より有用になるからである。具体的には、営業活動によるキャッシュ・フロー区分の記載項目が少なくなり、見やすくシンプルになることが、有用性の一つに挙げられる。営業活動によるキャッシュ・フローに重点を置く利用者、とくに株主・投資家は、他の企業と比較・分析しやすく、投資意思決定が容易になると考えられるからである。

間接法表示において、当期純利益を起点にするのではなく、営業損益を出発点にするという、こうした考え方は、イギリスの改訂 FRS 1 号において、すでに採用されている事実がある[21]。また、わが国においても、すでに、先行研究で論じられている例[22]もあり、IASB の公のアナウンスメントとしての提案の意義は大きいものと考える。

(2)　キャッシュ・フロー計算書に関する提案 2

～利息および配当金の表示区分の選択肢を排除～

続いて、利息・配当金の記載に関する提案である。

本プロジェクトの過程で、次の課題が浮き彫りになった。

課題　利息および配当の表示に選択肢を認めているために、企業の裁量により、記載区分にバラツキがあり、キャッシュ・フロー計算書の利用者の比較可能性の妨げになっていること。

そこで、下記のとおり提案された。

提案　利息および配当の分類選択肢を削除する。(IAS 第 7 号改訂案第 33 A ～ 34 D)

具体的には、下記の一覧表［図表 4 － 2 － 2②］のようになる。

［図表 4 － 2 － 2②　IFRS ED2019 による利息・配当金の記載区分］

関連項目	現行基準の分類	ED2019 の提案	
		非金融事業・企業	金融事業・企業
受取利息	営業または投資	投　資	損益計算書の関連する収益または費用分類に依拠
受取配当金	営業または投資	投　資	
支払利息	営業または財務	財　務	
支払配当金	財　務	財　務	

提案の選択制を排除することの有用性を比較のために、第 1 章で取り上げた一覧表［図表 1 － 4 － 1②］を再編成して、［図表 4 － 2 － 2③］として作成する。

［桑原知 2018］[23] は、利息・配当金をどの区分に記載するかについて、二つの考え方を示している。ひとつは、財務諸表との関連を重視した区分方法であり、もうひとつは、企業活動との関連を重視した方法であった。支払配当金は、現行基準においても選択肢はなく、財務によるキャッシュ・フローの区分に記載なので、特に論議の余地はないだろう。問題は、受取利息、受取配当金、支払利息である。［IFRS ED2019］は、どのようなスタンスで区分を決定しているのだろうか。

［図表 4 － 2 － 2③　IFRS ED2019 による利息・配当金の区分方法］

	営業活動区分	投資活動区分	財務活動区分
受取利息	○	◎　△	
受取配当金	○	◎　△	
支払利息	○		◎　△
支払配当金			◎　○　△

凡例：　◎　IFRS ED（2019）の提案
　　　　○　財務諸表との関連を重視した区分方法　（選択肢 1）
　　　　△　企業活動との関連を重視した区分方法　（選択肢 2）

この一覧表からわかることは、［IFRS ED2019］の立場は、△印で示した、企業活動との関連を重視した区分方法と同一であるということである。このスタンスを確認するために、IASBの示すIAS 7号の、関連する改定案第31～34項[24]を参照する。

［図表4－2－2④　利息及び配当金　～IAS第7号の修正案の概要～］

項	修正案　概要	備　考
31	受取利息、受取配当金、支払利息および支払配当金によるキャッシュ・フローは、33A、34A～34Cを適用して分類しなければならない。	選択肢の排除
33	［削除］金融機関の場合の分類	全文削除
33A	支払配当金は財務活動によるキャッシュ・フローとして分類しなければならない。	支払配当金⇒財務活動区分
34	［削除］支払配当金は、財務資源の獲得コストであることから、財務活動によるキャッシュ・フローに分類することができる。あるいは企業が営業キャッシュ・フローから配当金を支払う能力を利用者が判断するのに役立つように営業活動によるキャッシュ・フローとして分類することもできる。 ※　下線は引用者による	全文削除
34A	企業は、34Bを除き次のように分類しなければならない。 (a) 支払利息は財務活動によるキャッシュ・フローに分類。 (b) 受取利息及び受取配当金は投資活動によるキャッシュ・フローに分類	追加
34B 34C	金融事業・金融機関の場合は、受取配当金、支払利息、受取利息は、営業・投資・財務の単一の区分に分類しなければならない。その場合は、損益計算書の区分にしたがって分類する。	追加

出所：筆者作成

なお、［IFRS ED2019］は、以上みてきた提案、IAS第1号・7号の他の基準のおもな改訂も反映されるのは以下のとおりである。

○　IFRS12号　他の企業への関与　関連会社・ジョイントベンチャー

○　IAS33号　1株当たりの利益

○　IAS34号　期中財務報告

3．イギリスにおける将来志向的キャッシュ・フロー計算書に関する考察

3－1　はじめに

イギリスにおいて、1960年代後半から、1970年にかけて、企業の将来キャッシュ・フローを示す計算書（以下、将来志向キャッシュ・フロー計算書と命名）の有用性が主張されたことがあった。［溝上 2010］[25]は、この時代に展開された、将来志向キャッシュ・フロー計算書について唱えた、3名の研究者、すなわち、ローソン（Lawson）、リー（Lee）、およびクリモ（Climo）の学説を取り上げ、検討している。［溝上 2010］によれば、かれらの学説に共通する理念は、会計の主要な目的として、投資家に対する情報提供を挙げている点にあるという。そして、その上に立って、企業が将来志向キャッシュ・フローの予測値を明らかにすることが、投資家の意思決定において有用であると主張する点が共通する、としている。

将来志向キャッシュ・フロー計算書に関する論議は、本章のテーマである、これからの会計学を担う将来志向的のキャッシュ・フロー計算書の論理を探る上で、重要な歴史的経緯の一つ学説の展開事例であると思われる。キャッシュ・フロー計算書の記載する金額を過去のデータではなく、将来の予測値を示すという議論が、すでに半世紀も前に唱えられていたことは、ある意味では画期的であったと考える。

本項では、［溝上 2010］を拠り所にしながら、先に挙げた3名の研究者の論議を下記の二つの観点からレビューし、どのような論点が将来志向のキャッシュ・フロー計算書の論理に結び付いていくか考察していきたい。

観点1：①将来志向キャッシュ・フロー計算書を、株主・投資家のために、発信する意義。すなわち、会計の目的と、その中で将来志向キャッシュ・フロー計算書の果たすべき目的観は何か。

②将来に関する情報の予測の信頼性の問題。それぞれの論者が、その予測の精度についてどのような見解を持っていたか。

観点2：③各論者が提案する将来志向キャッシュ・フロー計算書の形、様式の

問題。

④既存の損益計算書および貸借対照表と、将来志向キャッシュ・フロー計算書との関係性をどのようにとらえているか。つまり、財務諸表としての位置づけと全体像をどう見るかの問題。

3－2　将来志向キャッシュ・フロー計算書について唱えた3名の論者の論理 ～ローソン（Lawson）、リー（Lee）、およびクリモ（Climo）の所論～

以上の4点のポイントを論者ごとに、一覧表を作成し整理する。

（1）ローソン（Lawson）の論理A　経営者のための有用性

計算書の目的（有用性）	計算書の様式・記載内容
○財務管理的志向の有用性 ○経営者の意思決定のツールとして重要な意思決定領域の行動を説明 ○将来のキャッシュ・フローを予測 ○株主帰属のキャッシュ・フローの最大化	○「トータルキャッシュ・フロー財務システム」のフレームワーク様式 ○キャッシュ・フロー分析表も添付 ○投資案件ごとの将来のキャッシュ・フローの割引計算結果

※「予測の信頼性」、「他財務諸表との関係」の言及なし

ローソン（Lawson）の論理B：投資家のための有用性

計算書の目的（有用性）	計算書の様式・記載内容
○投資家に対する情報提供目的、すなわち、会計情報の報告書は投資意思決定に有用であるべき。 ○そのためには、株主に対して、過去と将来のリターン要素を開示すべき。 ○ただし、将来志向キャッシュ・フロー計算書の外部公表は義務付けるのは現実的ではない。	○様式は上に同じにしながら、見る視点を変えると、投資家のための有用な会計情報になりうる。 ○企業全体の活動の将来キャッシュ・フローを予測して、これを現在価値に割引した金額を表示。（企業価値測定）

※「予測の信頼性」、「他財務諸表との関係」の言及なし

（2）リー（Lee）の論理：投資家の投資意思決定のための有用な情報提供

目的（有用性）	予測の信頼性	計算書の様式	他財務諸表との関係
○会計情報は、有用性と目的適合性を持つ必要がある。 ○会計の目的は、投資家の意思決定のための有用な情報を提供すること。 ○潜在的な情報利用者のニーズを満足させる、意思決定に影響を与える情報である必要。	○将来のキャッシュ・フロー情報は信頼できる予測に基づくものであるならば、将来の配当水準を判断するうえで有用なものになる。 今後の予測技術の革新に期待する。 （根拠のある見解は示されていないが）	○将来志向キャッシュ・フロー計算書は、企業から得られる配当、その他リターンの予測、企業の将来性、成長性の予測、リスクの予測に役立つ機能を持たせる。 ○将来志向のキャッシュ・フローの予測値と過去の実績値を同一の計算書に表示。 ○企業全体のキャッシュの流れを示すことに主眼。 ○予測の根拠になった資料も添付する。	○損益計算書、貸借対照表にとってかわるものではない。 ○目的が違う。 過去の情報を表す損益計算書や貸借対照表は経営者の受託責任、将来志向のキャッシュ・フロー計算書は投資家の意思決定のために存在。

（3）クリモ（Climo）の論理

目的（有用性）	予測の信頼性	計算書の様式	他財務諸表との関係
○会計基準の3つの要件 ①財務諸表の目的と原理について共通認識があること。 ②主要な目的が情報提供であること。 ③情報が利用者にとって適切であること。 ○会計情報が適切か否かは利用者にとって有用であるかで判断。 ○投資家が求めている情報は、将来の	○3年分のキャッシュ・フローの予測値と実績値および3年分の将来キャッシュ・フローの予測値を示すことで信頼性を確保。しかも会計年度ごと更新（改訂）し、信頼性を高める。	○計算書には、前後3年分掲載。 具体的には、過去3年分のキャッシュ・フローの予測値と実績値および3年分の将来キャッシュ・フローの予測値を示す。	○将来志向キャッシュ・フロー計算書、損益計算書、貸借対照表の新たな体系の模索が必要。 ○損益計算書は企業の将来の市場価値を予測上でベースになる利益を投資家に提供する。 ○貸借対照表は、過去の投資の結果として保有している資源を変化させ他の選択肢の投資に着手する能力を示す情報を提

目的（有用性）	予測の信頼性	計算書の様式	他財務諸表との関係
キャッシュ・フローに関する情報なので、企業はこの情報を提供すべき。企業が行う将来キャッシュ・フローと投資家が行うそれを区別せよ。			供する。 ○時価会計の導入し、将来志向キャッシュ・フロー計算書を公表することで3つの財務諸表全体で投資家に帰属する将来キャッシュ・フローため有用な情報を提供する。

（4） 3名の論者の主張の要点から見える将来志向キャッシュ・フロー計算書の思考

上記の一覧表の知見として、どのような論点が、将来志向キャッシュ・フロー計算書の思考になっているか、それぞれの論者の主張を箇条書きで拾いだしてみる。

［ローソン（Lawson)］の論理

○「トータルキャッシュ・フロー財務システム」と命名した様式の一つのキャッシュ・フロー計算書に、二つの役割を持たせている。ひとつは、経営者のための財務管理のためであり、もう一つは投資家に対する情報提供目的であった。

○将来志向キャッシュ・フロー計算書の外部公表は義務付けるのは現実的ではないとしながらも、投資家に対して、キャッシュ・フローに関して将来のリターン要素を開示すべきであるとした。

○将来志向キャッシュ・フロー計算書には、複数年のキャッシュ・フローの将来期待される増加分データが記載される。予測値は、現在価値に割り引いた金額を用いて表示する。

○予測金額データの信頼性、損益計算書・貸借対照表との関係性は論述していないけれども、 イギリスにおいていち早く、こうした将来志向のキャッシュ・フロー計算書を提言した意義は大きい。

［リー（Lee)］の論理

○会計の機能は、投資家の投資意思決定のための有用な情報提供であるとする。

しかも会計情報はその利用者にとって満足なものでなければならないとする。

○将来志向のキャッシュ･フロー計算書には、過去5年間のキャッシュ･フローについて、予測と実績が同一の計算書に示され、さらに、将来3年分のキャッシュ・フロー予測金額が示される。

○将来のキャッシュ・フロー情報を補足するために、販売政策等の関連する報告書を開示する。

○予測の信頼性については、将来のキャッシュ・フロー情報は信頼できる予測に基づくものでなければならないとし、将来の配当水準を判断するうえで有用なものである必要がある。

○根拠のある見解は示されていないが、今後の予測技術の革新に期待すると述べている。

○将来志向キャッシュ･フロー計算書は、企業から得られる配当、その他リターンの予測、企業の将来性、成長性の予測、リスクの予測に役立つ機能を持たせた。

○他の財務諸表の関係性については、過去の情報を表す損益計算書や貸借対照表は経営者の受託責任、将来志向のキャッシュ・フロー計算書は投資家の意思決定のために存在するとした。

○リー（Lee）は、前出のローソンの理論をより発展させ、外部報告のための将来志向キャッシュ･フロー計算書の構築は、これからのキャッシュ･フロー計算書のあり方を考察するうえで、注目に値するものである。

［**クリモ（Climo）**］**の論理**

○投資家が求めている情報は、将来のキャッシュ・フローに関する情報なので、企業はこの情報を提供すべきである。企業が行う将来キャッシュ・フローと投資家が行うそれは異なるので、予測能力に関する資料も開示すべきとする。

○将来志向キャッシュ・フロー計算書には、将来のインフローとアウトフローを掲載するが、その際に、経常的な区分と非経常的な区分に分けて記載する。

○計算書には、前後3年分掲載し、具体的には、過去3年分のキャッシュ・フローの予測値と実績値および3年分の将来キャッシュ・フローの予測値が示される。

○他の財務諸表との関連性に関して次のように位置づけるという。

・損益計算書は企業の将来の市場価値を予測上でベースになる利益を投資家に提供する。
・貸借対照表は、過去の投資の結果として保有している資源を変化させ他の選択肢の投資に着手する能力を示す情報を提供する。

○時価会計を導入し、将来志向キャッシュ・フロー計算書を公表することで3つの財務諸表全体で投資家に帰属する将来キャッシュ・フローため有用な情報を提供する。

○クリモ（Climo）の功績は、将来志向キャッシュ・フロー計算書の新しいタイプの様式の提案であろう。さらには、投資家の意思決定に有用な財務諸表の全体像に関して、一つの方向性を示したことにあると思われる。時価会計の導入を示唆しながらも具体的には論述はしていないが、その後に展開される「時価会計とキャッシュ・フロー会計」研究を占うものであり、その礎を築いたものとして高く評価することができるであろう。

（5）イギリスの将来志向的キャッシュ・フロー計算書の先行研究に対する若干の私見

以上、将来志向キャッシュ・フロー計算書について、ローソン、リー、クリモのそれぞれの先行研究を垣間見たが、いずれの論理も、この時代にあって、株主・投資家の投資意思決定のために、過去のデータばかりではなく、将来のデータをも含む外部報告のキャッシュ・フロー計算書を提言していることの意義はひじょうに大きいと思われる。というのは、おもに投資家に向けた外部報告のための将来志向的キャッシュ・フロー計算書の構築は、これからのキャッシュ・フロー計算書のあり方を模索していくうえで、注目に値するものであるからである。換言すれば、それぞれの主張は、計算書の様式等には違いがあるけれども、投資家にとっての有用性を指向する新しいタイプの計算書の一つの方向性を示したものであるからである。クリモの理論にあっては、時価会計とキャッシュ・フロー計算書に関する研究の試金石となりうるからである。いずれにしても、これからの将来志向キャッシュ・フロー計算書に関する研究の大きな礎になることになるに違いない。そして何よりも、筆者としてはローソンの論理を支持したい。確かに、「予測の信頼性」、「他財務諸表との関係」には言及はしていないけれども、一つのキャッシュ・フロー計算書を管理会計の立場からも外部報告としての、投資家の有用性の立場からも利用できるとする考え方は、当時としては斬新的であると考えられるし、まして、リーやクリモにも影響を与えた功績は大きいと思われる。

50年の“時間（とき）”を超えて、今後、彼らの理論を復活させることも、机上の空論ではなくなるかもしれない。現代の制度会計のもとでは、実現性は厳しいし、解決しなければならない問題も山積している。財務会計と管理会計の“住み分け”が大きなボトルネックであると考えられる。また、たとえ計算書の作成ができたとしても、どうやって、株主・投資家に向けて開示するかという問題も残る。この解決策としては、将来の予測データを含む将来志向的キャッシュ・フロー計算書を、附属明細書に、別枠を設けて記載する方法が考えられる。また、株主·投資家のリクエストも限定されていることから、いわゆる「オンデマンド方式」[26]により、未来志向的キャッシュ・フロー計算書を配信することも考えられる。

4．バッターの営業予算と「ファンド・フロー計画表」

4－1　はじめに

［染谷 1997］[27]は、キャッシュ・フロー計算書（原著は「資金運用表」）の研究領域に関して、次のように述べている。少し長いが引用する。「（前略）･･･資金運用表に関する私の研究は、財務会計的側面と管理会計的側面という二つの側面をもつようになりました。・・・（中略）同じ資金運用表とよんでも、この二つの領域においてそれぞれ全く異なった資金運用表が存在し、この二つの資金運用表を別個の研究対象としてとりあげていかなければ、真に役に立つ資金運用表をつくりあげていくことはできない・・・（中略）・・・管理会計の領域では、資金計画の作成に、また計画と実績との照合といった財務管理に参加するところに、資金運用表の役割がありました」と。

われわれも、第1章で論議したキャッシュ・フロー計算書の目的・役割において、株主・投資家立場にとっての目的と、経営者の立場にとっての目的が、一部重なるものの、まったく異なっていることを指摘した。ましてや、管理会計領域、とくに予算管理の分野においては、将来の金額、つまり見積金額も対象にすることになる。前項においては、イギリスの将来志向的キャッシュ・フロー計算書について検討してきた。そこでは、経営者の意思決定のために、割引現在価値の金額を取り扱ったのであった。

本項では、管理会計領域の重要な構成要素である予算管理に関わって、企業経営の中核となる営業予算について取り上げる。とりわけ、損益予算、資金予算、資本予算で構成される総合予算の枠組みの中で、資金予算の意義と役割、そしてそこで作成される多様な予算表について取り上げたい。範とする先行研究は、バッターの営業予算である。バッターは、アメリカにおいてすでに半世紀も前に、『営業予算』(Operating Budgets) という管理会計の入門書を著している。今でこそ、わが国においてもこの分野の先行研究を見るようになってきたが、彼の著書の研究意義として突出しているのは、現金予算の一環としての「ファンド・フロー計画表」の編成であると考えられる。

以下、翻訳書である、[鎌田・大雄 1973] [28] に沿いながら、まず、(1) 総合予算の体系の内容を概観した上で、次に (2) 本項の論点である財務予算 (資金予算) について、バッターの所論を紐解いていく。そして、バッター営業予算の現代的意義および、どのような点が将来志向的なのかについて考えてみたい。

4－2　総合予算体系の概観

はじめに、全体像を確認するために、[図表4 － 4 － 2①] を、[鎌田・大雄 1973] の論述を参照して作成する。なお、この図表は、予算管理に関する専門書や論文 [29] でよく示されている図表も参照している。

以上の一覧表に、所論の内容を簡潔にまとめたが、次に、損益予算と財務予算について、概要と詳細についてレビューする。なお、貸借対照予算は、本項では取り上げないこととした。

[概要]

予算計画は、通常、部門予算別計画表という形で具体的にまとめられるという。しかし、企業全体を俯瞰し、トップマネジメントが計画を全体的にチェッ

［図表４－４－２①　総合予算体系における３つの予算構成要素の内容一覧］

予　算	損益予算	財務予算	貸借対照表予算
計画要素	利益計画	資金計画	資本計画
予算内容	1　販売予算 （売上高予算） （仕入予算）等 収益・費用の見積 2　製造予算 （標準原価計算による予算） 3　研究開発費予算 4　その他一般管理費予算	1　現金管理 （現金不足管理） （現金余剰管理） 2　売掛金回収高予測 3　買掛金支払高予測 4　その他の財務収支予算	1　設備投資予算 2　資本調達予算 3　資産管理 4　資本の効率的活用 5　その他の予算
関連する計算書①	利益計画表	総合現金予算表 ファンド・フロー計画表	比較貸借対照表予算表
関連する計算書②	見積損益計算書	見積キャッシュ・フロー計算書	見積貸借対照表

出所：［鎌田・大雄 1973］前掲訳書 137-168 頁を参照の上、筆者作成
（注）「関連する計算書①」については、四半期ごとに作成。

クできるように総合予算表が必要になる。こうした観点で、具体的には、利益計画、財務予算（資金計画）、および貸借対照表予算をチェックすることになる。

［利益計画］

実際の取引ではなく、予想の取引の影響を明らかにするという点を除けば、損益計算書によく似ている。しかし、利益計画では、あくまで見積による収益と費用の差額として、達成すべき正味の経済的業績を示す予想利益が明らかにされる。そしてこの利益の予想額は、企業の企業成長を測定する尺度であり、経営効率判断のための指標である。

［財務予算］

資金の調達に関する意思決定と計画は、相当広い範囲にわたるものである。企業取引すべては、何らかの資金調達（過去・現在・将来）を必要とする。したがって、経営計画では、取得した財貨・サービスの代金を支払ったり、債務を返済したりするために資金を調達し、その運用を管理することを考えていかなければならない。財務予算担当執行役員は、キャッシュ・フロー予算と資金繰りを的確に遂行しなければならない。そのためには予算を細分化して、収益

予算、営業費用予算および調達予算ごとに財務計画を立てることになる。こうした予算は、トップマネジメントの審査を受けなければならない。財務予算表はキャッシュ・フロー計算書によく似ているが、過去の実際の取引ではなく、予定の活動によっていることは言うまでもない。本項では、この部分を詳細に論議する。

[貸借対照表予算]

企業が経営活動を行うために必要な資金の調達方法により、財政状態を逼迫したり、安定したりすることもあるかもしれない。例えば、過大な設備投資があったり、過剰な商品在庫を持っていたり、銀行からの借入金が多かったりすることもあるだろう。

要は、資産管理、資本調達および資本の効率的活用といった、バランスをとることが重要である。

4－3 財務予算 ～資金計画～

項目ごとに概観する。

[キャッシュ管理]

収益と費用は、いろいろな時点でキャッシュの収支に基づき決定されるけれども、現代企業会計の顕著な特徴の一つは、信用取引によって、キャッシュの流れに時間的なズレが生ずることである。したがって、企業は資金不足をきたさないようにして、必要に応じて支払もしていかなければならない。また、常に収入と支出との差額に目を光らせ、キャッシュ残高の維持に努めなければならない。しかし、だからと言って遊んでいるキャッシュは何らの利益も生まないから、キャッシュ残高は必要以上に多くなってもいけない。キャッシュ管理にとって重要なことは、企業のいろいろな部門あるいは企業全体について、キャッシュのインフローとアウトフローに関する予算をどのように計画するかである。

[売掛金回収高の予測]

効率的にキャッシュを管理するには、財貨・サービスの取得に必要な支払高を計画するとともに、得意先からの回収高を予測することが望ましい。しかし、貸倒れや割引等の控除項目を差し引いた後の純売上高よりも、むしろ総売上高によって回収高を予測する方が容易だが、必ずその金額になるわけではないだろう。例えば、売上割引は、販売日から10日あとか20日あとになってキャッシュの収入に影響を及ぼすことになる。また貸倒れ、返品あるいは値引きは、まったく回収されない場合を除き、キャッシュ・フローには関係ない。

回収高の的確な予測にあたっては、回収期間のズレに十分に配慮しなければならない。また、四半期ごとに「売掛金回収高予測表」を作成するなどして、見積金額を算出する方法もある。

［買掛金支払高の予測］

原材料の仕入あるいは商品の仕入にかかる支払高の予測にあたって、比較的望ましい方法の一つは、購買予算を利用することにある。購買予算は、支払所要額が明確にわかる代金決済の契約等も加味されている。この予算を編成しておけば、買掛金支払高の予測は容易になる。

購買予算では、購買部門担当者が、予め、商品の型番、仕入必要量、見積単価、支払予測金額の一覧表を作成しておき、適正在庫を考慮しながら必要量を仕入れる。購入方法は概ね２種類ある。ひとつは「規則的購買方式」である。この方式は、継続的、反復的に仕入れるもので、例えば、30日分の在庫量を維持する水準になるよう、商品を仕入れる場合もあるだろうし、商品発注から納品までの、いわゆるリードタイムを考慮して、一定時期に仕入れることもあるだろう。この場合、購買予算は、比較的容易に算出できる。

もうひとつの購入方法は、「投機的購買方式で」ある。前者の方式とは全く異なり、目的は、投機とコストダウンにある。つまり、商品価格は常に変動しており、例えば仕入先の先行予約キャンペーン等を活用し、低価格で、しかもある程度大量に仕入を行うのである。加えて、商品の保管費用を抑えるために、分割納入も考えられる。そして、大量仕入については、リベートも期待できる。ただし、この場合の購買予算は容易ではない。事前の的確な支払予測計画が必要となる。

［総合キャッシュ予算表の作成］

四半期ごとに、企業のキャッシュの流れを全体的に把握するために、総合キャッシュ予算表の形で、すべてのキャッシュ取引が集計される。営業費の支払および得意先からの売掛金回収は、「経常項目」に集計され、固定資産の取得や借入金の利息、返済は別項目として集計される。

この予算表があれば、短期の資金調達の問題に注意を払うようになる。支払いに充てるだけのキャッシュ収入がなれば、資金の調達が必要になる。逆に、余剰の場合は、借入金の返済に充てたりするのが望ましい。ただし、配当金の支払準備は明確に把握する必要がある。

次に、バッターの提唱する「総合キャッシュ予算表」[30]のひな型の一部を示す。

この予算表のひな型の特徴は、先に、経常的なキャッシュのアウトフロー予算を示し、次に非経常的なアウトフロー予算を示したのち、売掛金回収額のインフロー予算を示している点である。このフォームは、キャッシュのアウトフロー予算を優先的にとらえ、キャッシュ不足を回避するために、監視する機能を持っていると考えられる。一方で、[頼 2011][31]は、キャッシュ予算表において、最初に売掛金回収額を示し、次に諸費用のキャッシュ支出額を示し、最後に超過または不足額を示す様式を取り上げている。期末キャッシュ残高の結果は同じになるにしても、過去の結果ではなく、あくまで予算表なので、キャッシュ残高のコントロールを意識すれば、支出優先で予算編成したほうがよいと考える。この意味では、バッターの提唱する総合キャッシュ予算表はユニークであり注目に値するものである。

[ファンド・フロー予算の編成]

上で見たような、キャッシュに関する見積もりがあまりに実務上煩雑なのであれば、正味運転資本の増減、つまりファンド・フローについての予測がキャッシュ予算の機能の代替になる場合もある。ただし、短期の借入が容易であり、企業がどうしても短期借り入れに依存しなければならない状況下の場合に限られる。バッターは、こうした場合に簡便法として作成する「ファンド・フロー計画表」を提唱する。

ファンド・フロー計画によれば、売掛金の回収額、買掛金の支払等の運転資本の内部の取引を処理する手間が省ける。むしろ、通常のキャッシュ・フロー計算書を作成する場合と同じように、資金の調達と運用が予測金額であらわされることになる。次頁にバッターの示す事例[32]を掲げる。

［図表4－4－3①　総合キャッシュ予算表の事例］

総合キャッシュ予算表　単位：千ドル

19× 年　第一四半期

	3月31日現在未払高	期中発生未払高	支払高			6月30日現在未払高
			4月	5月	6月	
材料・商品	7,600	109,600	27,100	33,200	37,700	19,200
給与	9,250	184,200	56,400	59,300	62,700	15.050
建物修繕費		1,800		1,200	500	100
電力料光熱費	600	3,200	900	1,100	1,300	500
保険料		1,300	1,300			
固定資産税	600	600				1,200
旅費	300	950	300	350	400	200
雑費	200	6,700	2,100	2,200	2,500	100
所得税	5,200	10,480	5,200			10,480
経常項目合計	23,750	318,830	93,300	97,350	105,100	46,830
建物増設		82,000			82,000	
借入金利息		4,000		4,000		
借入金返済		13,000		13,000		
合　計	23,750	417,830	93,300	114,350	187,100	46,830
長期借入金					80,000	
正味キャッシュ所要額			93,300	114,350	107,100	四半期合計 314,750
月初キャッシュ有高			23,400	26,010	11,965	23,400
売掛金回収			95,910	100,305	110,605	306,820
利用可能キャッシュ合計			119,310	126,315	122,570	330,220
次期繰越残高			26,010	11,965	15,470	15,470

出所：［鎌田・大雄 1973］前掲訳書　157頁　図表5-3を一部改変の上引用

この計画表は、利益計画表およびその他の予算表等の関係資料から、容易に作成することができる点は大きな評価である。この表は、利益計画表をチェックするために一般的に作成するためによく利用されるが、それ以上有用な情報を提供しないとバッターはいう。なぜなら、予想の財政状態をそれほど詳細に示さず、運転資本管理の全般的問題（棚卸資産、売掛金回収、短期資金の調達等）を取り上げないからである。また、この表では、キャッシュの収支について、まったく取り上げていないからである。

このファンド・フロー計画表は、こうした理由から、あくまで簡便法として

［図表４－４－３② ファンド・フロー計画表の事例］

ファンド・フロー計画表 19×年度第一四半期				単位：千ドル
営業利益＊			25,600	
［減算］ 支払利息＊＊		4,000		
所得税＊＊		10,480	14,480	
株主帰属純利益			11,120	
［加算］ 減価償却費の財務的効果＊			7,920	
営業活動からの運転資本の増加			19,040	
担保付借入金返済		13,000		
設備の増設	82,000			
［減算］ 設備増設借入金	80,000	2,000		
運転資本の減少			15,000	
正味運転資本の正味増加額			4,040	

＊ 「利益計画表」から転記
＊＊ 「キャッシュ支払予算から転記
出所：［鎌田・大雄 1973］ 前掲訳書 161頁より一部改変の上引用

の意義をもつものであるけれども、結局のところ先に示した「総合キャッシュ予算表」を作成して、将来取組まざるを得ない問題を明らかにしていくことが必要になると思われる。

5．ドイツ資金計画論の展開 ～リュッケの所論を中心にして～

5－1 はじめに

ドイツにおいて、資金計画論という研究領域が論議されるようになったのは、前述したイギリスの将来志向キャッシュ・フロー計算書やアメリカのバッター営業予算と時をほぼ同じくした1960年代であった。

資金計画論の目的とするところは、二つあった。直接的には、ドイツで伝統的であった「過去志向的な資金運動計算（Finanzflussrechnung）」を将来の支払能力の維持･管理、評価のための「見積計算制度」に移行し「将来志向のキャッシュ・フロー計算書に改善することにあった。もうひとつ間接的には、投資意思決定モデルに内在する諸課題の解決することにあった。

こうしたねらいを持つドイツ資金計画論の嚆矢として、本項で取り上げるリュッケ（W.Rucke）の試みがある。リュッケは、自著において、伝統的な企業会計制度は事後計算結果の提供に過ぎない、と主張し、伝統的な企業会計制度とは別に、将来志向的なキャッシュ・フロー会計論を展開した。彼の主張の内容はひじょうに抽象的ではあったものの、その後1970年以降の資金計画論の理論展開の礎として大きな功績であったと考えられる。

以下、リュッケの資金計画論について、［牧浦 1997］[33]の論考に沿いながら、資金計画論の目的、すなわち将来の支払能力の維持・管理およびその評価に関してどのように主張しているか、また投資意思決定に内在する、多様な問題点をどのように解決しようとしているのかを概観したい。

5－2　リュッケの資金計画論　～計画値の形成、財務政策および財務統制～

企業経営者は、キャッシュの流れや、売掛金回収・買掛金支払の分析から、どこの段階でキャッシュの過不足がでるか、認識することは可能である。こうした財務上の効率化は、企業経営にとってひじょうに重要である。しかしながら、リュッケによれば、このような考え方の主張は一部の研究者には見られたが、資金計画というよりは、資金予算という名称が使われてきたという。また、投資意思決定モデルについても若干の考察も見られたが、そこでは、株主利益の最大化に焦点があてられ、支払能力の維持にはあまり見向きもされなかった傾向があった。このことは、コジオールの収支的貸借対照表論が主流を占めていたからに他ならない。キャッシュ・フローはあくまでも、財の流れの付随的なものとして軽視されがちだったと考えられる。

こうした状況下にあって、リュッケは、将来の支払のフロー（Zahlungsbewegung）を予測するための資金計画論を展開し、財務上の効率化をめざそうとしたのであった。

［資金計画の特徴］

リュッケの資金計画の特徴は、次の3点である。

（1）すべての計画が見積計算の金額で表すこと

（2）資金計画の目的は、企業の支払い能力の維持におかれていること
（3）資金計画は、キャッシュ・フロー計画と売上債権・仕入債務フロー計画との相互依存関係にあること

これらの特徴を図表に示すと下記のようになる。

［図表4－5－2① リュッケによる全体資金計画の構成イメージ］

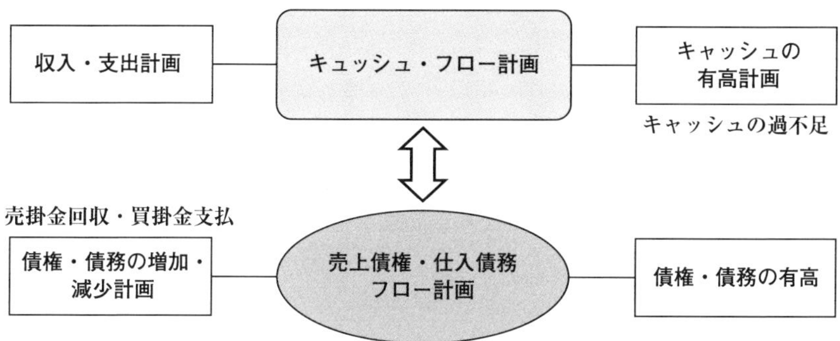

※ すべて見積金額で表す

＊＊

出所：［牧浦 1997］前掲書 260頁の図8-7を改変の上、引用

［計画値（見積金額）の形成］

企業の活動において、基本的な前提として、3つのプロセスが考えられる。

①債権の増加とキャッシュのインフロー

このプロセスは、製品販売による売上高の増加の「販売市場との関係」、あるいは、銀行等からの借入金によるキャッシュのインフローの「金融・信用市場との関係」である。考慮事項は、リベートや売上割引等があり、これらを勘案して見積金額が算定される。

② 債務増加とキャッシュのアウトフロー

③ 債権の減少と債務の減少

［財務政策と財務統制］

資金計画においては、支払能力の変化を把握するために、キャッシュの有高を常にチェックする必要がある。例えば、グラフ上で時系列に債権債務の財

政状態を把握し、キャッシュの必要有高を判定することも考えられる。また、キャッシュの有高変動を常時把握することは、手許キャッシュの欠乏を防止するのに役立つ。同時に、プラスの残高が予測される場合であっても、予測に不確実性があるならば、一定のキャッシュ有高を上乗せすることも必要であり、これにより、企業はより確実に財務上の収支を遂行することができるであろう。万が一、キャッシュに不足に陥る状況が予想される場合には、当座借越等の契約の対応もありうるだろう。逆に、キャッシュ有高が安全性を見込んでもなお必要以上に過剰である場合は、その過剰分をどのように活用すべきか検討すべきである。その場合、例えば、通知預金等の銀行預金、得意先への短期貸付金、あるいは有価証券投資、借入金の返済期日前返済等が考えられる。

資金計画は、以上みたようなキャッシュのインフロー、アウトフロー計画等の財務上の予測とその対応だけでは十分ではない。むしろ、それ以上に財務統制をも含まなければならない。

財務統制では、多かれ少なかれ発生する、計画値（見積額）と実際額との差異分析が必要となる。しかし、むしろ差異分析以上に重要なのは、計画自体の妥当性を検証することである。リュッケはこの計画統制こそが課題であると指摘する。

財務統制は、将来の計画設定に対して有益な情報を与えるものであり、これにより、より確実な計画が可能となる。もちろん、計画値と実際値との差異の原因分析も無視できない。差異は２種類あるとする。キャッシュ・フロー差異とキャッシュ有高差異である。

５－３　リュッケの資金計画論のまとめ

財務上の領域での計画は、将来もくしは予想されるべきキャッシュ・フローについての秩序づくりを意味する。したがって、伝統的な簿記・会計の計算制度は、事後の資金計算のために必要な情報を提供するに過ぎない、とした。

リュッケは、キャッシュの収入・支出のみならず、債権・債務の増減についても考慮する資金計画論を展開した。そして財務統制の必要性も主張した。その場合に、ドイツにおける商慣習や実務を重視し、キャッシュの収支を予測するときに様々なことを配慮している。キャッシュの収支を予測するときに、リベート等も考慮しながら、売上債権回収額のキャッシュ収入について割引率を用いて操作することも主張した。

以上、リュッケの資金計画論をみてきたわけだが、企業の支払能力の維持に対して体系的に、しかも緻密に予測するシステムは、まさに将来志向的なキャッシュ・フロー会計といえるのではないだろうか。

6．わが国における将来志向的キャッシュ・フロー計算書の展開 〜予算会計と予算キャッシュ・フロー計算書の理論と その制度の構築に向けて〜

ここでは、［児玉 2015］[34] および［児玉 2016］[35] の論考をレビューすることによって、上場会社向けの連結キャッシュ・フロー予算制度について、以下3項目を検討していきたい。

（1）キャッシュ・フロー予算の必要性　〜損益予算からキャッシュ・フロー予算へ〜
（2）キャッシュ・フロー予算の概要と予算編成の流れ
（3）予算連結キャッシュ・フロー計算書作成の実際

6－1　キャッシュ・フロー予算の必要性　〜損益予算からキャッシュ・フロー予算へ〜

2015年7月、東芝の粉飾決算が表面化したことは、まだ記憶に新しい[36]。長年先送りしてきた、アメリカのウェスチングハウスの減損、そして同社の経営破綻、資産の切り売りという東芝の凋落は、すべて経営者の失敗に起因するものであり、その意味では名門企業の経営不祥事だった。まさに衝撃的な、そして悲劇的なビッグニュースであった。

これを受ける形で、同年9月、その対応策のひとつとして、日本経済新聞は、次のように報じている。

「東芝　業績連動報酬を刷新　不適切会計の再発防止」

東芝は、毎期の業績に応じて執行役らの報酬を決めている評価制度を大幅に見直す。年間利益の目標に対する達成度だけでなく、どれだけキャッシュ・フロー（現金）を稼いだかを中心的な項目に据える。ごまかしが利きにくい現金収支で管理するやり方に切り替え、不適切会計の再発防止につなげる。

本不適切会計を調べた第三者委員会は、・・・（中略）従来の業績評価制度が背景にあると指摘した。期間損益に大きく左右される制度が、実現が難しい予算作成や予算必達を意味する「チャレンジ」の横行につながった可能性が高い。

例えば、執行役の報酬は基本報酬と職務報酬で構成。職務報酬の40～45%が業績連動、その期間の損益によって支給されなかったり、最大で2倍に増えたりと大きく変動する。

従来の制度では、自身の業績評価を高く見せるため、期間利益を多く出そうとして、工場採算の見積もりや在庫評価などで操作が行われがちだった。これに対し、キャッシュ・フローに基づく管理はごまかしが利きにくい。東芝は15年3月期から業績評価・報酬制度の見直しを内々に検討していた。不適切会計問題を受けて設置した経営刷新委員会で議論し、正式に導入を決めた。・・・（後略）

出所：日本経済新聞　2015年9月5日付け朝刊より引用

これに引き続き、同年9月7日に東芝が適時開示した資料「再発防止策の骨子等」の中で企業風土改革として「予算制度の見直し」を取り上げている。その骨子は以下の4点であった[37]。

ア）当期利益至上主義を脱却し、実力に即した実行可能な予算を策定すること

イ）月例の業績報告会は目標達成を強いるのではなく、キャッシュ・フローを中心に実績に基づき市場環境の変化を踏まえた業績の検討及び今後の業績改善に関わる検討を行うこと。

ウ）あるべき期待値をトップダウンで目標設定していた従来の方法から、ボトムアップによる予算策定に変更し、社内カンパニーの自主的な経営と責任を明確化すること。

エ）業績評価制度は、キャッシュ・フローに重点をおいた業績評価に移行すること。

［児玉 2015］によれば、こうした一連の東芝の動きにともなって、上場会社のなかでキャッシュ・フロー予算制度導入にむけた検討の動きが広がっているという。

世界経済は、長期的なデフレ－ションの時代のなかにあって、企業の維持・成長のための設備投資やM＆Aは資金がないと何もできない。資金は、「会社の血液」と言われる。資金が流れなくなった時には倒産の危機になりかねない。だからこそ「キャッシュ・フロー経営」が重要であることは既に第１章でみてきたとおりである。

しかしながら、かねてから「キャッシュ・フロー経営なのに、なぜ目標となるキャッシュ･フロー予算はないのか」という疑問があったが､現実的には､「予算キャッシュ・フロー計算書」はほとんど作成されていない状況にある。予算損益計算書にとどまっていると［児玉 2015］は指摘する。また、キャッシュ・フロー予算制度は、前述の東芝のように粉飾決算（不適切経理）の防止策としても大きな意義をもつ。その理由は、こうである。例えば、売上高 40 を架空計上したとする。キャッシュ・フロー予算の場合は、期末の売掛金 40 増え、売上債権の増加額が増えることになるだけなので、営業キャッシュ・フローの実績には影響しないからである。不正経理しても意味がないというわけである。

もし、営業部門の予算目標を営業キャッシュ・フローに設定しその目的達成により、賞与等の人事評価がなされる仕組みに変わったならば、貸倒れリスクの高い相手には売らない、経理操作は行わない、できるだけ回収期間を短くして、前受金をもらう努力をするはずだろう。

6－2　キャッシュ・フロー予算の概要と予算編成の流れ

経営の本質は、「人とお金（キャッシュ）」である。お金を増やすことが企業経営上不可欠ではあるが、お金は勝手に増えていくわけではない。人材価値を最大化することによって、お金の最大化も実現できる。ここにキャッシュ・フロー経営の本質があり、その手段が予算なのである[38]。

ここに示す予算会計とは、予算財務諸表等を作成する理論である。そして、これに基づく予算編成の基本的な流れは、下記の［図表４－６－２①］のようになる。流れ図をシンプルに示すために、上場企業の単体の個別予算を前提にしている。

［図表４－６－２①　予算編成の基本的な流れ］

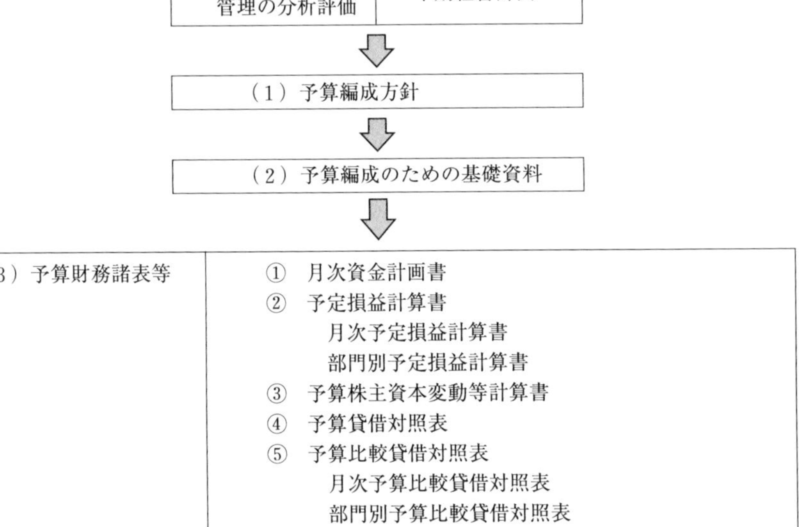

出所：［児玉2016］前掲書　はじめに（12）頁より一部改変して引用

それぞれ、プロセスごとに、キャッシュ・フロー計算書に関した内容について概観する。

［（０）当期予算実績管理の分析評価］

最初のプロセスは、間接法によるキャッシュ・フロー計算書を作成して、損益計算書上の当期純利益と営業活動によるキャッシュ・フローとの差異を把握し、その差異分析を行う。キャッシュ・フローの改善にかかる次期への課題を整理することがねらいである。重要なチェックポイントは二つある。ひとつは、現金及び現金同等物の残高と、比較貸借対照表の現金・預金の金額の整合性検証することと、もうひとつは、いわゆる「ＰＤＣＡサイクル」のＰＬＡＮにあたる次期の予算編成方針作成のための、当期実績評価・改善すべき課題を明確にすることである。

とくに、営業活動によるキャッシュ・フローの区分において、差異の原因分析の結果、次の３点の項目に着目することは重要である。すなわち、

Ａ　売上債権の増減額：予算額より増加している場合は、資金負担増となり、売上債権の回収期間が長いと分析できる。この項目の次期予算編成方針では、回収期間を短くする改善をはかることとなる。具体的には、得意先にメリットを与え、売掛金回収条件の１か月短縮化をはかる等が考えられる。

Ｂ　仕入債権の増減額：予算額より減少の場合は、資金負担増となり、仕入債務の支払期間が短いと分析できる。この項目の次期予算編成方針では、支払期間を長くする改善をはかることとなる。具体的には、仕入れ先の選定を行い、仕入れ先との良好な信頼関係を基礎として買掛金支払条件を１か月長くする等が考えられる。

Ｃ　棚卸資産の増減額：予算額より増加の場合は、資金負担増となり、在庫商品が過剰になっていると分析できる。具体的には、当用仕入れの方策や月次の仕入れの平準化をはかることが考えられる。適正な許容在庫商品回転期間を算出することも必要である。

［（１）予算編成方針］

次のプロセスの予算編成方針について、キャッシュ・フローに関する要点を、ピックアップして次頁の［図表４－６－２②］に示す。

チェックポイントは下記の３点である。

① 中期経営計画の次年度アクションプランとの整合性を検証すること
② 持続可能的な目標であり、裏付けのある具体的な戦略を明示すること
③ 目標経常利益は、予算歩留率を考慮した目標にすること

[図表4－6－2② 予算編成方針の概要～キャッシュ・フロー計算書に関して～]

区分	項　目	概　　要
営　業	次期目標利益	営業活動によるキャッシュ・フロー予算実現に大きく関係する
	販売計画	売上債権回収:回収期間短縮の戦略
	仕入計画	仕入債務支払の時期延長の戦略
	在庫計画	月次仕入の平準化、許容在庫回転期間設定
	人事計画	営業人員への賞与:営業活動によるキャッシュ・フロー予算達成による業績評価に基づいて支給
	その他販売費及び一般管理費計画	コスト削減:営業費用の支出削減目標設定
投　資	設備投資計画	設備投資支出　(ソフトウェア購入等)
財　務	資金計画	営業活動によるキャッシュ・フローにおいて、資金不足の懸念。主たる原因は、売上債権回収の遅れと仕入れ債務の早期支払、過剰な商品在庫に起因している。

出所:［児玉 2016］前掲書　23頁を参照の上、筆者作成

[(2) 予算編成のための基礎資料]

このプロセスは、予算キャッシュ・フロー計算書も含めて、財務諸表等の項目の予算金額の裏付けとなる資料を準備、計算するものである。キャッシュ・フロー計算書に関する資料の出所は、次のプロセスで簡単に触れることにする。

6－3　予算財務諸表等　～予算キャッシュ・フロー計算書に関して～

このプロセスは、最終的に、さまざまな資料から財務諸表を作成する最終段階である。

直接法によるものと、間接法によるものの2様の予算キャッシュ・フロー計算書を作成する。下記に、［児玉 2016］の提示する計算書のひな型を掲げる。

A ［図表４－６－２③ 直接法による予算キャッシュ・フロー計算書の例示］

次期：20X1年4月1日～20X2年3月31日 単位：千円

予算科目（項目）	予算額	予算作成のための基礎資料
Ⅰ 営業活動によるキャッシュ・フロー		
営業収入	116,121	予算PL、消費税、売掛金回収計画等より計算
商品仕入支出	△ 40,386	予算PL、消費税、買掛金支払計画等より計算
人件費支出	△ 13,539	予算PLより計算
その他の営業支出	△ 13,037	予算PLより計算
小計	49,159	
利息・配当金の受取額	56	月次資金計画書より計算
利息の支払額	△ 641	資金調達：借入金計画より計算
法人税等の支払額	△ 1,538	その他の項目計算
営業活動によるキャッシュ・フロー	47,036	
Ⅱ 投資活動によるキャッシュ・フロー		
有形固定資産取得の支出	△ 1,080	固定資産取得・売却計画より
無形固定資産取得の支出	△ 1,080	同上
投資有価証券取得の支出	1,000	資産運用計画より
投資活動によるキャッシュ・フロー	3,160	
Ⅲ 財務活動によるキャッシュ・フロー		
短期借入金の増減額	△ 6,000	資金調達：借入金計画より
長期借入金返済の支出	△ 4,000	同上
配当金の支払額	△ 400	その他の項目計算
財務活動によるキャッシュ・フロー	△ 10,400	
Ⅳ 現金及び現金同等物の増減額	33,476	
Ⅴ 現金及び現金同等物期首残高	3,355	当期実績予想比較貸借対照表より
Ⅵ 現金及び現金同等物期末残高	36,831	予算貸借対照表より

出所：［児玉 2016］前掲書 147頁 図表7-17より一部改変の上引用

B ［図表４－６－２④ 間接法による予算キャッシュ・フロー計算書の例示］

次期：20X1年4月1日～20X2年3月31日 単位：千円

予算科目（項目）	予算額	予算作成のための基礎資料
Ⅰ 営業活動によるキャッシュ・フロー		
税引前当期純利益	29,923	その他の項目より
減価償却費	1,589	固定資産減価償却計画表より
受取利息・配当金	△ 56	月次資金計画（利息配当金関係）より

予算科目（項目）	予算額	予算作成のための基礎資料
支払利息	641	資金調達計画より
売上債権の増減額	△ 6,351	予算比較貸借対照表より
仕入債務の増減額	8,473	同上
棚卸資産の増減額	10,913	同上
未払消費税等の増減額	4,002	販管費関係計画より
その他（固定資産消費税）	160	同上
未払金の増減額	△ 135	同上
小　計	49,159	
利息・配当金の受取額	56	月次資金計画（利息配当金関係）より
利息の支払額	641	資金調達計画より
法人税等の支払額	△ 1,538	その他の項目より
営業活動によるキャッシュ・フロー	47,036	

※　投資、財務活動によるキャッシュ・フローは、Aの直接法と同一である。
出所：［児玉 2016］前掲書　149 頁　図表 7-17 より一部改変の上引用

［月次予算キャッシュ・フロー計算書および部門別予算キャッシュ・フロー計算書］

最後のプロセスは、上で見た［図表４－６－２④　間接法による予算キャッシュ・フロー計算書］をさらに細分化した月次と部門別の計算書である。

最初に、月次予算キャッシュ・フロー計算書であるが、３か月分の四半期ごとに作成される。作成のねらいとするところは、次年度のキャッシュ・フロー予算の「PDCA」を月次レベルで進捗状況を管理するために、次年度の 12 か月分の計算書を四半期ごとに、４回作成することにある。作成手順は、年間の計算書作成と基本的には同じである。ただし、月次で予算化するために、修正を加えなければならない。例えば、当期純利益、減価償却費および利息・配当金等は、細かい計算が必要になる。チェックポイントとしては、月次の予算貸借対照表との整合性をはかるとともに、月次の予算収支が年間のそれとの整合性がはかることが必要な点である。なお、月次予算は、間接法によるキャッシュ・フロー計算書のみに適用される。

次に、部門別予算キャッシュ・フロー計算書についてである。

この計算書のねらいは、次年度のキャッシュ・フロー予算について、責任部署単位で「PDCA」を進捗管理するために、作成することにある。事例としては、横軸に、部門（営業部門、購買部門、管理部門等）をとり、間接法による予算キャッシュ･フロー計算書を作成する。作表の始点は、「部門利益」となり、減価償却費以降は、関連資料を用いて、一定の手順で作成される。チェックポイントは、年間の予算キュッシュ・フロー計算書との整合性をはかること、および各部門への帰属は、部門別予算比較貸借対照表との整合性をはかることである。

6－4　連結キャッシュ・フロー予算制度のまとめ

以上にわたって、［児玉 2015］および［児玉 2016］の論考をレビューすることによって、上場会社向けの連結キャッシュ・フロー予算制度について考察してきた。その内容は（1）キャッシュ･フロー予算の必要性（損益予算からキャッシュ・フロー予算へ）、（2）キャッシュ・フロー予算の概要と予算編成の流れ、および（3）予定連結キャッシュ・フロー計算書作成の実際事例であった。

キャッシュ・フロー経営を組織的に実践していくためには、目標とする予算を損益予算からキャッシュ・フロー予算へ変える必要性があると［児玉 2015］は主張する。これは上場企業向けだけではなく、非上場企業向けでも応用はできるという。キャッシュ･フロー予算の利点は、東芝が採用したような「キャッシュ・フロー予算に基づく業績評価制度」による不適切会計の防止ではあるけれども、別の見方をすれば違った利点もあるのではないかと思われる。

その利点は、資金繰り管理の高度化である。予算キャッシュ・フロー計算書一つとってみただけでも、キャッシュ・フロー予算制度の構築に向けては、膨大な予算編成のための基礎資料の準備と計算を駆使しており、複式簿記を用いた緻密な予算会計であることがうかがわれるからである。［児玉 2015］および［児玉 2016］の、こうした試みは、まさに将来志向的な思考を持っていると考えられる。

しかしながら、［児玉 2016］も指摘するように、ここでレビューした理論をいざ実践に活かそうとすると、「システム化」の障害に直面するという。3年間かけて、数百枚に上るエクセルのスプレットシートにより、簡易自動作成システムを構築したというが、普及にあたってはなお多くの課題点を指摘する。

すべての予算財務諸表等の予算数値の整合性を検証したり、実際の運用にあたって、月次のキャッシュ・フロー計算書を迅速に、かつ正確に作成したりすることは、現実的に、俗人的なエクセルでは限界があるという。一日でも早い、キャッシュ・フロー予算制度が、多くの企業に普及できるように、標準システム化が不可欠であろう。

7．おわりに　～本章の要約～

以上にわたって第4章では、注目に値する将来志向的な、キャッシュ・フロー計算書に関する論理について、（1）二つのIFRS公開草案、（2）イギリスでかつて論議された将来志向のキャッシュ・フロー計算書の論理、そして（3）アメリカの営業予算やドイツの資金計画論の先行研究をレビューした。さらに、（4）わが国の現状として、キャッシュ・フロー予算会計制度の理論の実践を考察してきた。以下4点をそれぞれ要約する。

（1）IFRSの公開草案

① ［IFRS X2010］「財務諸表の表示」

本公開草案の提案される、キャッシュ・フロー計算書の特徴は、まず財務諸表の連携表示のもとで、事業セクションと財務セクションの区分表示とし、事業セクションをさらに営業カテゴリーと投資カテゴリーに二分して表示するという、斬新的なものであった。また資金概念は現金のみとし、表示法は直接法のみとした。2011年以降審議はストップしているものの、財務諸表の表示の観点からすれば、未来志向的であり大きな意義を持つものと考えられる。

② ［IFRS ED2019］財務諸表の「全般的な表示と開示」

キャッシュ・フロー計算書に関して、二つの論点がある。ひとつは、間接法表示の場合の調整出発点を営業損益へ変更すること、もうひとつは、利息および配当金の表示の選択肢を排除である。前者の論点は以前からの懸案事項であり、キャッシュ・フロー計算書の営業活動によるキャッシュ・フロー区分の記載項目も少なくなることで計算書が見やすくなることに貢献する。後者の論点は、株主・投資家の、競合他社との比較可能性の観点からすれば、有用性は高い。こうした提案は斬新的なものであり、実務界でも受け入れられる可能性は高いものと考えられる。

（2）イギリスにおける将来志向的キャッシュ・フロー計算書

かつて、イギリスでは将来を志向するキャッシュ・フロー計算書の作成の論議があった。［溝上 2010］に範をとりながら、その考え方を検討した。

（3）アメリカおよびドイツにおける営業予算とキャッシュ・フロー計画論

① キャッシュ・フロー計算書に関して、バッターの営業予算と「ファンド・フロー計画表」

② ［牧浦 1997］に沿って、ドイツの資金計画論の一端を概観した。

（4）わが国における将来志向的キャッシュ・フロー計算書の理論とその作成の試み

現行制度化のもとでは、キャッシュ・フロー計算書の記載金額は、当然、過去のデータである。過去の財務諸表分析にとどまらず、財務諸表利用者が、投資意思決定のために、将来志向的キャッシュ・フロー計算書の考え方やどのように作成するかを、検討してきた。具体的には次のようであった。

予算会計と予算キャッシュ・フロー計算書の理論と実務

おもに、上場会社向けの連結キャッシュ・フロー予算制度についてレビューしてきた。その内容は（1）キャッシュ・フロー予算の必要性（損益予算からキャッシュ・フロー予算へ）、（2）キャッシュ・フロー予算の概要と予算編成の流れ、および（3）予定連結キャッシュ・フロー計算書作成の実際事例であった。キャッシュ・フロー予算の利点は、東芝が採用したような「キャッシュ・フロー予算に基づく業績評価制度」による不適切会計の防止ではあるけれども、別の見方をすれば違った利点も考えられる。それは、資金繰り管理の高度化であり、複式簿記を用いた緻密な予算会計であった。こうした試みは、まさに将来志向的な思考を持っていると考えられる。

1 翻訳書が出版されている、ここでは翻訳書を参照する。
[鎌田・大雄 1973] 鎌田信夫・大雄令純共訳『営業予算－編成と運用－』同文舘出版　1973 年
2 内容は、計画（予定）キャッシュ・フロー計算書であると考えられる。詳細は後述する。
[鎌田・大雄 1973] 前掲書　161 頁参照
3 [牧浦 1997] 牧浦健二『ドイツ資金計画論』森山書店　1997 年　第 8-9 章　参照
4 [溝上 2010] 溝上達也「英国における将来志向的キャッシュ・フロー会計論の展開」『松山大学論集』第 22 巻第 3 号　2010 年 参照
5 IASB“Financial Stetement Presentation”, Stsff Draft of Exposure Draft IFRS X 2010
6 IASB“General Presentation and Disclosures Exposure Draft ED 2019
7 [児玉 2016] 児玉　厚『増補改訂　予算会計－連結キャッシュ・フロー予算制度構築に向けて』清文社　2016 年
8 [遠藤 2017] 遠藤秀紀「IFRS X における直接法キャッシュ・フロー計算書の連携」『国際会計研究学会　年報』2017 年度 1・2 合併号　2017 年　88 頁
9 [遠藤 2017] 前掲稿　89 頁　図 1 を筆者が一部改変の上作成
10 [鎌田 2017] 鎌田信夫『キャッシュフロー会計の軌跡』森山書店　2017 年　122 頁より引用
11 [鎌田 2017] 前掲書　124 頁参照
12 [遠藤 2017] 前掲稿　90 頁参照
13 [IFRS X (2010)] Implementation Guidance　p24（例示 10）例示 10（IG27-28）より一部改変の上引用した。
なお通貨単位の“CU”は、IFRS が用いている架空の通貨単位である。
14 [鎌田 2017] 前掲書　129-130 頁および 135 頁参照
15 [遠藤 2017] 前掲稿　98-101 頁参照
16 コーポレートファイナンス理論に立脚するならば、企業価値を算定しようとする投資家は、将来のキャッシュ・フローがわからないから、経営者が公表している利益によって“代理”させている。
17 IFRS 財団は、世界的な規模での COVID-19 パンデミックにより、締め切り日を 2020 年 9 月 30 日まで延期するとアナウンスしている。
出所：同財団ホームページ　https://cdn.ifrs.org　ed-general-presentation and Disclosure-jp
18 あずさ監査法人ホームページ「ポイント解説速報～」IASB 公開草案「全般的な表示及び開示」を公表～ https://kpmg.jp （2020 年 4 月 4 日閲覧）参照
19 [小山 2020] 小山智弘「IASB 公開草案『全般的な表示および開示』の解説」『旬刊　経理情報』第 1569 号　2020 年 2 月 10 日特大号　中央経済社　43 頁より一部改変の上引用
20 [小山 2020] 前掲稿　43-44 頁参照
21 [溝上 2004] 溝上達也「キャッシュ・フロー計算書における営業概念の意味」『會計』第 165 巻第 6 号　2004 年 867 頁参照
[溝上 2016] 溝上達也「英国におけるキャッシュ・フロー計算書制度化の論理」『松山大学論集』第 28 巻第 1 号　2016 年　75 頁参照
22 [田宮 1999] 前掲書　123 頁参照　および [中野他 2006] 中野一豊・清水克益「キャッシュ・フロー計算書の構造とその問題点」『豊橋創造大学紀要』第 10 号　2006 年　3 頁参照 等がある。
23 [桑原知 2018] 前掲書　263 頁　参照
24 IASB　HP　https://cdn.ifrs.org　ed-general-presentation and Disclosure-jp
[IFRS 2019]「公開草案　全般的な表示及び開示」パブリックコメント日本語版
IAS 第 7 号「キャッシュ・フロー計算書」修正案　68-69 頁
25 [溝上 2010] 前掲稿　参照（脚注 4 と同じ）
26 [八田・柴・青木 2011] 八田進二、柴健次、青木雅明編著『会計専門家からのメッセージ－大震災からの復興と発展に向けて』同文舘出版　2011 年 第 7 章「会計情報の課題」参照
27 [染谷 1997] 染谷恭次郎『ある会計学者の軌跡－ひとつの会計学史－』税務経理協会 1997 年 58 頁

28 ［鎌田・大雄 1973］前掲訳書　第5章　137-168頁　参照
29 ここでは、以下の文献も参照した。
［頼 2011］頼　誠「予算管理」浅田孝幸他著『管理会計・入門第3版』有斐閣アルマ 2011年　所収　第10章　217-240頁
［佐藤康 1993］佐藤康男「日本企業の予算管理－その現状と問題点－」『経営志林』（法政大学）第30巻第1号　1993年 43-57頁
30 ［鎌田・大雄 1973］前掲訳書 157頁より、一部改変の上引用
31 ［頼 2011］前掲稿　230頁参照
32 ［鎌田・大雄 1973］前掲訳書　161頁より一部改変の上引用
33 ［牧浦 1997］前掲書
34 ［児玉 2015］児玉　厚「キャッシュ・フロー予算制度構築」『週刊経営財務』（税務研究会）第 3234 ～ 3237号連載　2015年
35 ［児玉 2016］児玉　厚『改訂増補版　予算会計～連結キャッシュ・フロー予算制度のの構築に向けて』清文社　2016年
36 ［大鹿 2017］大鹿靖明『東芝の悲劇』幻冬舎　2017年　280頁、352頁　参照
37 ［児玉 2015］前掲稿　1頁
38 ［児玉 2015］前掲稿　2頁
39 ［児玉 2016］前掲書　23頁 参照

第5章

キャッシュ・フロー計算書に関する課題論点の考察

1．はじめに

第2章においては、イギリス、ドイツ、フランスのヨーロッパ圏、アメリカおよびメキシコの各国ごとのキャッシュ・フロー計算書の萌芽・その後の発展の歴史的経緯を見てきた。そこでは、各国において、多くの研究者や実務家等によって、その意義から計算書の名称や計算書の表示形式等に至るまで、実に様々な内容に関して、理論研究が盛んに論議されてきたのであった。もちろん、わが国においても例外ではない。

こうした歴史的経緯の流れにあって、アメリカにおいて、1987年にSFAS95が公表され、今日では、キャッシュ・フロー計算書に関する会計理論や制度化、そして実務界においても、ある程度定着している感がある。わが国では、再三繰り返すが、SFAS95の公表に遅れること12年、1998年に「意見書」が公表され、基本財務諸表のひとつとして、連結キャッシュ・フロー計算書のディスクロージャーの義務化がスタートしたのだった。

第1章において、われわれは、5W1Hの思考スタイルを用いて、キャッシュ・フロー計算書の基本概念についてふれてきたわけであるが、「意見書」公表から20余年経過の中にあって、ある程度実務にも定着し、次第に計算書にかかる基本的な課題論点は、ある点においては一見終焉したという意見もある。[溝上2013] は、「1998年に連結キャッシュ・フロー計算書が主要な財務諸表のひとつとして制度化されたことにより、資金計算書の財務諸表化をめぐる議論は収束することとなった。」[1] と論じている。また、[中村信2015] は、「現時点においては、同計算書に関する基本課題、とくに資金概念および基本的な表示形式を巡る問題は次のように収束したと言える。1.「現金および現金同等物」を中心とした狭義資金概念の採用、2.「営業・投資・財務」を中心とした活動別区分形式の採用」[2]と論述している。

しかしながら、[中村信 2015][3]が指摘するように、キャッシュ・フロー計算書に関するすべての基本的課題のすべてが解決しているわけではない。むしろ、課題は山積しているのではないかと筆者は考える。

キャッシュ・フロー計算書に関する先行研究である[鎌田 2006][4]において指摘されている課題、そして筆者が10年余にわたって行ってきたキャッシュ・フロー計算書の指導実践で疑問に感じていた、問題点の一部を以下にランダムに列挙してみる。

① 資金概念に「現金および現金同等物」を採用するのはなぜか

② キャッシュ・フロー計算書はなぜつくるのか、何のために活用するのか、計算書に求められるその真の目的・機能は何か

③ キャッシュ・フロー計算書の活動区分形式、「営業活動」・「投資活動」・「財務活動」の3区分表示でよいのか

④ 営業活動によるキャッシュ・フローの区分における表示法に関して、直接法と間接法があるが、いずれを採用すべきか、あるいは選択適用でよいのか

⑤ キャッシュ・フロー計算書は「第3の財務諸表」と言われているが、その理由・根拠は何か

⑥ 利息・配当金をどの区分に収容するか、なぜ選択適用になっているのか

以上の6つの問題点において、とくに着目すべきは、②～⑤であると筆者は考える。しかし、①の問題点に対する論議を全く無視するというのではない。ここで①について若干検討しておく必要がある。

今日のキャッシュ・フロー計算書は、一会計期間の「現金および現金同等物」の変動について報告する報告書である。そのためには、この計算書で示されるキャッシュ・フロー情報の利用者によって、計算書の「キャッシュ」の意義内容が正しく理解されていなければならない。そこでの問題点について、[鎌田 2006][5]は分類上の問題を挙げている。わが国においては、すでに述べたように、

「意見書」作成基準により定義されているが、分類上問題が生じやすい項目があるという。まずは「小口現金」は通常、現金に分類でとくに問題はない。次に短期の「投資有価証券」の場合、満期日が3カ月以内の証券であることに注意しなければならない。当座借越はどうか。負の現金同等物の扱いなので、減算することになる。なお、現金同等物の定義に関して、1992年の改訂IAS 7号の公表後に、それに準拠して内容が見直されている。実際の計算書のディスクロージャーにあたっては、資金の範囲（資金概念）の注記も必要になる。

現在、各国において、資金概念は「現金および現金同等物」が定着しているが、かつて、イギリスでは、改訂FRS 1号においては「現金」のみとして現金同等物を除外する規定もあったし、アメリカにおいて、ヒースは、資金概念を「現金」に限定することを提唱したこともあった。いずれにしても、以上のような細かい点は別にして、各国において資金概念は約1世紀にわたる理論、実務両面において、歴史的経緯を経て、「現金および現金同等物」に調和されてきたとみて問題はないだろう。なお、⑥利息・配当金をどの区分に収容するか、なぜ選択適用になっているのかの問題点の詳細については、第4章で別途、検討した。以下順不同に②～⑤の課題論点について考察していく。

2．課題論点の浮彫りとその考察

2－1　キャッシュ・フロー計算書が必要となる背景・理由をどう整理するか

ここでは、キャッシュ・フロー計算書はなぜつくるのか、何のために活用するのか、計算書に求められるその真の目的・機能は何かについて検討する。

第1章の［図表1－2①］ですでに示したように、キャッシュ・フロー計算書の目的はひとつではない。

そもそもSFAS95で示された目的が源流になっていると考えられる。整理して要約すると以下の3点にまとめられよう。

①支払能力の表示、②利益の質に関わる情報の表示、および③財政状態の変動情報の表示である（[中村信2015][6]による）。この3つの目的に加えて、高等学校商業科の教科書で取り扱われている「資金繰り」のための目的、現金創

出能力表示の目的および経営者自身のキャッシュ・フロー経営のための資料としての目的を別枠で［図表１－２①］に示したわけである。

ここでは、キャッシュ・フロー計算書の歴史的経緯の観点およびキャッシュ・フロー計算書の情報利用者の観点から、これらの複数の目的の課題論点を確認し、整理してみたい。

［佐藤倫 2002］[7]は、次のように論じている。すなわち「資金計算書がどのような目的で作成され、どのように利用されるかについては、会計学文献に資金計算書が登場して以来、様々な形で述べられてきた。あまりにもそれらの主張が交錯し、また一致もみていない」と。しかし、だからといって、［染谷 1980］[8]が示唆するように、「明らかに、われわれは、資金計算書に対し、一方において負債に対する企業の支払能力についての情報を提供することを期待し、他方において企業の財政状態の変化についての情報を提供することを期待している。資金会計の目的は多様である。われわれは、いまこれをにわかに、いずれかひとつに方向づけることはできない」と考えられる。よって、どの目的を重視するかについての論議が絶えない理由はまさにここにあるといえよう。

最初の観点、つまり歴史的経緯からみて、第２章の論議が示唆するように、その目的は時代とともに、あるいはその当時の研究者の考え方によって、どのように変遷したか、アメリカに限定して、［佐藤倫 2002］の所論[9]を参照にして、［図表５－２－１①］[10]により、別の角度から再検討し整理してみたい。

［図表５－２－１①　キャッシュ・フロー計算書の歴史的経緯にみる目的観］

	発展段階	研究者名等	目的観
1	初期段階①	コールの“Where got Where gone”表	分析目的：支払能力の評価
2	初期段階②	フィニーの「運転資本計算書」	作成目的：資源（資金）の源泉と運用を示す
3	発展段階①	・クンツ ・マイヤー	作成目的：運転資本項目の増加減少を示す
4	発展段階②	カーソン	作成目的：流動性分析のための情報提供

	発展段階	研究者名等	目的観
5	発展段階③	ホーングレン	作成目的:将来の企業業績を測定する資料(現金獲得能力)
6	発展段階④	アントン	作成目的:利益の裏付け(利益の質)の説明
7	発展段階⑤	ゴールドバーグ APBO19 「財政状態変動表」 「トゥループラッド報告書」	作成目的:企業が一期間に営業活動から生み出した資金を含めて、その企業の資金調達および投資活動を要約し、当該期間中の財政状態の変化のディスクロージャー 分析目的:利用者の意思決定のための資料(株主・投資家第一主義) =将来の収益力(利益)の予測
8	成熟段階①	ヒース 資金概念=現金3つの活動区分ごとの現金収支計算書	作成目的:支払能力評価
9	成熟段階②	SFAS95 キャッシュ・フロー計算書 FASB概念ステートメント第5号	作成目的: ①将来の現金フローを生み出す能力の評価 ②支払義務に応じる能力、配当支払能力、外部資金調達の必要性の評価 ③純利益と関連する収支のズレの評価 ④当該期間中の現金および非現金の投資・財務が企業の財政状態に及ぼす影響の評価

出所:[佐藤倫2002] 前掲書　106-113頁を参照し一部改変の上、筆者作成

この図表から、読み取れること、考えられることは何だろうか。以下に4点列挙する。

○歴史的経緯を見るかぎり、目的が紆余曲折しているけれども、そのほとんどはSFAS95に集約・凝縮されていると考えられること

○SFAS95の目的の列挙順からして、①の将来の現金フローを生み出す能力の評価の目的が、②の支払能力評価よりも優先順位が高くなっていると考えられること

○③の純利益と関連する収支のズレの評価の目的は、間接法表示において果たされること

○④の目的は、APBO19とほぼ同じ規定と考えられること、今日では主たる目的ではないと考えられること

こうして見てくると、［中村信 2015］が指摘する[11]ように、結局のところ、SFAS95 でいうところの①と②の二つに整理することが可能であろう。また、［田宮 1999］[12]は、このことを次のように図示している。一部改変して引用する。

＊＊＊

［図表5－2－1②　キャッシュ・フロー計算書の SFAS95 による目的］

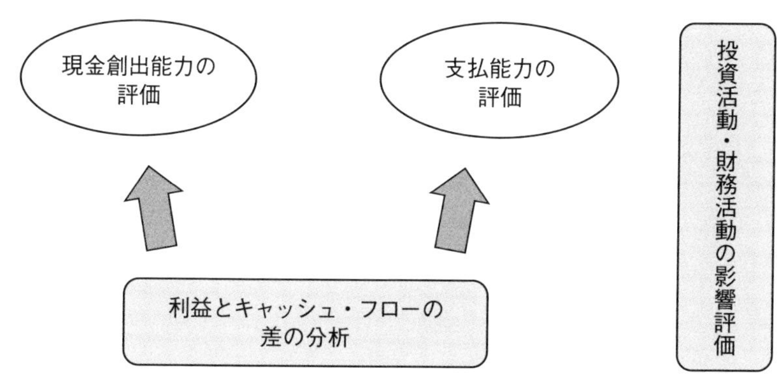

出所：［田宮 1999］前掲書　46 頁より引用

＊＊＊

キャッシュ・フロー計算書の目的を、以上検討した歴史的経緯から見たとき、キャッシュ・フロー計算書は、企業の財務内容を理解するうえで重要な目的を担ってきたことがわかる。しかしながら、SFAS95 公表から、すでに 30 年余が経過しており、目的についても、時代の進展すなわちグローバル経済の進展とあいまって、目的の優先順位や意味内容が変化していることも否めない事実である。このことに関しては別途論議するが、IASB の財務諸表の表示プロジェクトの関連性とも大きく関わる課題である。

次に、キャッシュ・フロー計算書の情報利用者と分析目的との関係の観点から検討する。

第１章においては、キャッシュ・フロー計算書の利用者の立場から、それぞれ、計算書の目的を紐解いた。ここでは、図表を作成して考察を深掘りしたい。

＊＊

[図表５－２－１③　キャッシュ・フロー計算書の情報利用者と分析目的関連図]

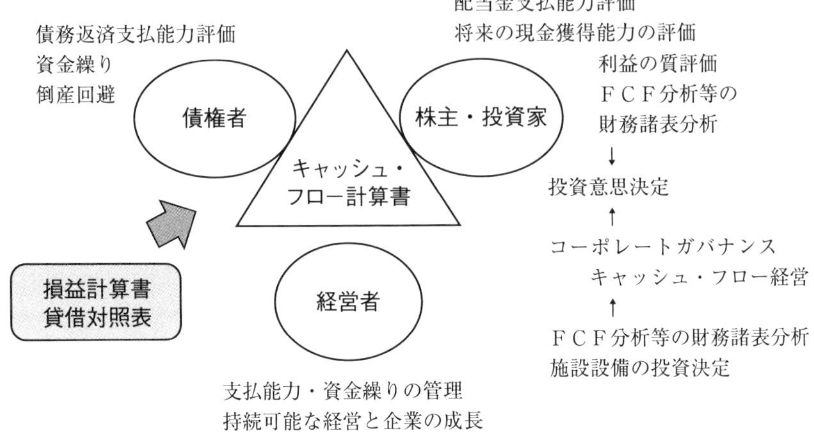

[出所：筆者作成]

＊＊

以上の図からわかるように、分析目的は、複雑に絡み合っていて、キャッシュ・フロー計算書の利用者ごとに、きちんと分けられるものではないことに気付く。支払能力の評価は、債権者、株主・投資家および経営者のすべてにまたがるもので、それぞれの意思決定に重要な目的である。資金繰りの目的は、第１章では、支払能力の評価と独立させて明示したが、大分類で考えると、ここに包含させても問題はないだろう。ただ、わが国において、「資金繰り」という概念は、「意見書」の導入以前から、制度化の論理で論議した「大蔵省令74号」[13]の規定のもと、広く実務界に普及していること、さらには、呼応して現行の指導要領および改訂指導要領においても、「資金繰りとキャッシュ・フロー計算書の重要性」という小単元が設定されていることの２点に鑑みると、指導上は、あえて支払能力の評価から切り離して、論議したほうがよいと筆者は考えている。

２－２　キャッシュ・フロー計算書の二つの表示法は、選択適用でよいか

次の問題点は、営業活動によるキャッシュ・フローの区分において、直接法

と間接法のふたつの表示法が存在し、企業の裁量によりどちらの方法を適用するか選択適用が認められているという点である。

営業活動によるキャッシュ・フローの区分の表示法として、直接法と間接法のふたつの方法があることはすでに述べたところである。繰返しになるが、直接法は営業活動にかかるキャッシュ・フローを売上収入や仕入支出、人件費支出等に分類してキャッシュの収支総額を示し、これらの収支額の正味額を示す方法であった。一方、間接法は、調整法とも呼ばれ、はじめに純利益を示し、この金額にキャッシュ・フローを伴わない収益・費用、たとえば減価償却費のような項目を調整した金額を営業活動によるキャッシュ・フローとして示す方法であった。いずれの方法も会計帳簿の資料から求められるわけだが、作成方法は異なる。間接法は、通常は損益計算書、貸借対照表およびその他の資料から比較的容易に作成できるのだが、直接法は、取引の原始データの段階から、キャッシュの収支を独自に記帳する方法を用いる等、作成に手間がかかる。計算が正しければ、どちらの方法も、営業活動によるキャッシュ・フローの金額は一致する。

わが国においては、「意見書」(作成基準、三の4)に示されているとおり、直接法と間接法の選択を、下記のような理由で認めている。

理由1　直接法により表示するためには親会社および子会社において主要な取引ごとにキャッシュ・フローに関する基礎データを用意することが必要であり、実務上手数を要すると考えられる。

理由2　間接法による表示法も、純利益と営業活動に係るキャッシュ・フローとの関係が明示される点に長所が認められる。

そして、どちらの方法を推奨すべきか、といったことの明言はない。もっとも、どちらの方法がよいかどうかは、簡単に片づけられる問題ではない。

事実、こうした記述に関連して、キャッシュ・フロー計算書に関する教科書や書籍、そして論文を紐解くと、両方の方法の解説と、それらの方法それぞれの利点・欠点を示すにとどまっているものが多いと感じる。もちろん、より専門的な書籍や論文等になると、論考の末どちらかが理論上優位であるか、結論づけている論考もある。「改訂IAS 7号のように直接法を推奨する」という文言は見受けられるものの、未だに「どちら方法が優位であるか、またはどちらの方法を採用すべきか」といった問題は全世界的に見て、未だ解決していないと感じられる。

翻って、実務界においては、どちらの方法を選択しているか調べるとき、アメリカもわが国の企業も、さまざまな統計資料等をみるかぎり、約99%以上の企業が、間接法を採用している現状をどう考えればよいのだろうか。

本項では、こうした事情に鑑み、まず、直接法と間接法のそれぞれの長所と短所の一覧表［図表5－2－2①］を先行研究から作成し、次に、［鎌田2006］の所論[14]を中心にして直接法および間接法の論拠を明らかにし、さらには、実務界において、間接法が用いられている理由や各国制度の状況を検討することにしたい。そして、このことをとおして、いずれの方法が優位性をもち、わが国の制度化はいずれであるべきかを探っていきたい。

2－2－1　営業活動によるキャッシュ・フロー区分における直接法表示と間接法表示のそれぞれの長所と短所

［桑原知2018］[15]、［立石2013］[16]および［豊岡2005］[17]を参照して、下記の形式で表題の一覧表を目的との関連や実務での採用率を加味しながら作成する。

［図表5－2－2①　直接法と間接法のそれぞれの長所と短所の比較一覧表］

	直接法	間接法
計算書概要	○主要な取引ごとにキャッシュの収支を総額で表示	○税引前当期純利益に必要な調整項目を加算減算して調整過程を表示
長　　所	○キャッシュの全貌（営業活動規模）を明確に表示し、把握できる	○損益計算書とキャッシュ・フロー計算書の関係が明確 （利益とキャッシュ・フローとの関係が明瞭） ○作成が容易 （基本的に損益計算書と貸借対照表から容易に作成）
短　　所	○実務上作成に手間がかかる ○損益計算書との関係が不明確	○キャッシュの収支が直接、把握できない（総額で表示されないため、営業活動規模が把握で

	直接法	間接法
		きない)
実務での採用率	○低い	○高い
分析目的利用度 *	○支払能力の評価 (資金繰り) ○将来の資金収支の見積もりに有用 ○資金創出能力の評価	○利益の質－将来のキャッシュ獲得能力の評価
特　質 **	○第三の財務諸表	○伝統的会計の補完

[出所:筆者作成]

* ［中村信 2015］前掲稿　10-11 頁

** 詳細は別に論述

以上が、それぞれの長所・短所の比較一覧表である。ここで、直接法と間接法の詳細な論拠を示す前に、SFAS95 の主張を確認しておく。

SFAS95 においては、上記の表で見たような直接法と間接法の双方とも、潜在的に重要な情報な情報提供の機能をもつことを想定している。したがって、直接法を用いて示すとともに、別個の明細表において純利益からの調整法としての間接法をも提供できることを規定している。つまり、どちらの方法を選択するかの課題に対して、直接法によるキャッシュの収支額に力点をおきながらも間接法双方の表示方法による便益性があるというのである。この背景にはアメリカでは、大方のキャッシュ・フロー計算書の利用者は、長年、間接法による幅広い経験があるために、直接法がどれほど有用であるかに関する情報をあまり持ち合わせていないと考えているようである[18]。これは何を示唆しているのだろうか。この点も含め、次ではそれぞれの方法の論拠を考えていく。

2－2－2　直接法と間接法のそれぞれの論拠

ここでは、上記の長所･短所の比較と重複する部分もあるが、いわゆる「ディベート」方式により、どちらの方法がより優れているかの主張とそれに対する反駁を示してみたい。

FASB のキャッシュ・フロー専門部会は、かつて直接法と間接法のうち、どちらを規定すべきかという問題について、多くの時間をかけて慎重な討議をおこなった。この専門部会では直接法を支持する会員は多かったが、間接法支持者も少なくはなかった。

それぞれの主張[19]を示す。

<直接法の論拠の主張>

「われわれは、キャッシュ・フローの総額が借入限度額を正しく示し、また債務返済のために利用可能な現金収入を正しく示すから、直接法を唯一の認められる方法であると考えている。

キャッシュ・フロー計算書は、利用者に対して損益計算書とは異なる目的に役立つものであるから、われわれはキャッシュ・フロー計算書が純利益に対する調整額を示すという理由で、キャッシュ・フロー計算書の必要性を正当化することを認めることはできない。現金の循環は利益の循環とは著しく異なるから、現金と利益とを結びつける試みは、報告における矛盾を生じさせ、また利用者に誤解を与えかねない」(マーレイ)

「もし、現在の実務や人々の惰性の妥当性を問題にするのであれば、キャッシュ・フロー計算書の表示法の選択の問題は、もっと多くの議論を生じさせたことは明らかである。しかし、キャッシュ・フロー計算書の目的が、キャッシュ・フロー情報を提供することであれば、直接法を支持するための証拠が多いことは明白である。直接法ははじめに、見越項目以外の収益収入を示し、次に現金費用を差し引く。減価償却費のような非資金項目は除外する。

減価償却費のような非現金費用は、キャッシュ・フロー計算書に示すべきではない。資産売却で現金収入が生じ、資産購入によって現金は減少するが、減価償却費はそのどちらとも関係がない」(トーマス)

<間接法の主張>　4点の論拠

①「財務諸表利用者の一部は、はじめに将来の利益を予測し、その後、その利益の予測とキャッシュ・フローとの差額を調整して、将来のキャッシュ・フローを予測するのだから、将来のキャッシュ・フローの予測のためには、間接法は有用である」

②「間接法は、計算書の利用者が発生基準による利益とキャッシュ・フローとの差異を評価することを可能にする。また、この方法は、現在の実務と一致

している」

③「直接法は費用便益基準に合致しない。現金収入および現金支出を逐一記録し分類することは、多くの企業にとって多額の費用がかかる」

④「直接法は、実行不可能である」

<間接法の主張に対する反駁1>

間接法支持者の主張はどれも正当な論拠をもたない。①の点であるが、将来のキャッシュ・フローの予測は利益を出発点にして行われることも多いが、直接法による方が妥当な場合が多い。はじめから、過去のキャッシュ・フローから直接的に将来のキャッシュ・フローを予測可能なのであれば、直接法による計算書を使って将来の予測をするに違いない。

②に対しては、調整表はそれなりの有用性はあると思うが、本来のキャッシュ・フロー計算書の代替物ではない。調整法としての間接法は、その作成のために損益計算書および貸借対照表等の資料から得ることができるはずである。

③の点も合理性をもたない。確かに、直接法は一部の財務諸表作成者に新たな負担を課すことになるかもしれない。しかし例えば、ある会社では、様々なキャッシュの支払額を、ひとまとめにして一つの勘定科目で処理している場合があるが、これは正式な会計処理ではない。ひとつひとつ支出額ごとに処理するよう改善すればいいだけの話である。

直接法を適用するかどうかは、費用便益の基準に基づいて判断するという見解は正しい。しかしながら、直接法を用いるための科目分類等に工夫改善は必要であるにしても、そのための新たな費用はそれほど多額ではないと考える。むしろ、直接法によるキャッシュ・フロー計算書の明瞭性および理解可能性（利用者にとってのわかりやすさ）から生じる便益は、少しの費用から比べれば、ひじょうに大きいものがある。

④の実行不可能という論拠は、専門会議での討論になったが、直接法は、日常使っている「現金出納帳」へ記入と同じように、わかりやすい経理実践であり、十分実行可能である。直接法は、キャッシュをどこから得て、どのように使ったかを報告する唯一の方法である。この実行不可能という論拠は当たらない。

<間接法の主張に対する反駁２>

「われわれは、(間接法ではなく) 直接法によってキャッシュ・フロー計算書を作成することをむずかしいとは思わない。したがって、費用便益の基準のため、間接法が一つの方法として認められるとは思わない。専門家会議において一部の間接法支持者がいるにしても、87%以上の出席者は直接法の賛成に回っている」(ハーデン)

以上のようなディベート形式によるディスカッションから、FASBの立場としては、直接法の方が、間接法に比べて優位性があるという雰囲気を醸成していることがわかる。

２－２－３　実務界において間接法が用いられている理由

すでに見てきたように、FASBの見解は、直接法が圧倒的に優位の立場であったにもかかわらず、SFAS95が公表された以降であっても、アメリカの実務において、約99%の企業が間接法を採用しているのはなぜだろうか。この事実のすべての要因ではないにしても、キャッシュ・フロー情報のディスクロージャーの実務的な歴史的経緯が関係していると考えられる[20]。

第2章で概観したように、アメリカにおけるキャッシュ・フロー計算書の実務的な源流は、1900年前後の鉄道会社の事例であった。グリーンが作成した計算書は、比較貸借対照表から作成される「財政状態変動表」の色彩を持っていたのだった。見方を変えれば、財務諸表の外部利用者、とりわけ株主・投資家は、キャッシュ・フロー計算書を財政状態の変動を理解する一部の資料として、投資意思決定のための分析手段として使っていたのだった。このことは、彼らほとんどが直接法によって営業活動によるキャッシュ・フローを計算するための情報をもっていなかったことを物語る。また仮に、情報を持っていたとしても、キャッシュ・フロー計算書に対する主な目的として、関心を持っていなかったのだ。

その後、キャッシュ・フロー計算書は、多くの研究者による理論研究、そして実務での発展を遂げてきたのであるが、こうした流れは、キャッシュ・フロー計算書に関する最初の公式アナウンスメントである、APBO 3号「資金の源泉と使途に関する計算書」が1963年に公表されたにもかかわらず、実務界ではほとんど変わることはなかった。

当時の多くの会計士たちも、キャッシュ・フロー計算書(資金源泉使途運用表)の意義およびなぜ開示するのかの意味を真剣に考えることなく、次の理由により、旧態依然として、間接法的思考の計算書を引き続き用いたのであった。すなわち、①「現在も歴史的にも会計士は、変化をもたらす外部的刺激が乏しい状況において、現状に満足し保守的な態度を示してきた。民間による基準の設定は、計算書を作成する企業がその開示費用を負担するかにかかっているので、現状を維持し不確実性とリスクを最小限にしようとすることは驚くことではない」(バートン)、②多くの会計士は、依然としてキャッシュ・フロー計算書をひとつの分析手段と考えているが、分析手段と考える限り、キャッシュ・フロー計算書をひとつの独立した財務諸表とみるよりは、主要財務諸表（損益計算書および貸借対照表）における情報の説明を助けるためのものである。もしそうであるならば、キャッシュ・フロー計算書は損益計算書との関係を明らかにするための、いわば間接法による計算書であるといっても、まったく合理的である。

以上要するに、アメリカの実務において間接法が採用されてきた理由の一つの要因は、こうした歴史的経緯が関係しているとみることができよう。なお、わが国においても、アメリカの実務から多大な影響を受けている関係もあり、同様に、ほとんどの企業が間接法を採用していることはよく知られているところである[21]。

2－2－4　各国制度の状況

各国において、直接法を採用するのか間接法を採用するかについて、大きく分けて3通り考えられる。さらに細かく分けると5分類になる。

つまり、下記のようである。

パターン1A	直接法のみ　直接法　プラス　調整表必要
1B	直接法のみ　調整表不要
パターン2A	直接法と間接法の選択　　調整表必要
パターン2B	直接法と間接法の選択　　調整表不要

パターン３　　　　　間接法のみ

パターン１Ａは、2012年現在、オーストラリアやニュージーランドの国が該当する。一方、パターン２Ａは、アメリカやイギリスが採る表示法である。そして、パターン２Ｂは、わが国やカナダが採用している。なお、パターン１Ｂおよびパターン３は今のところ、採用する国はない。

オーストラリアが、直接法のみを規定している理由は、①損益計算書および貸借対照表からは利用できない情報を直接による方法は提供するからであり、②直接法は営業活動による正味キャッシュの純額を表示して開示するので、将来のキャッシュ・フローを見積もるために有用な基礎を提供するからである[22]。

アメリカは、SFAS95において、直接法の優位性を示し、直接法を採用することを提案してはいるものの、直接法と間接法の選択適用を認めている。その場合は付属明細表において調整表を作成することを規定した。わが国も「意見書」において選択制を導入したことは先に述べたが、どちらの方法を推奨するかについてはまったくふれていない。

２－２－５　二つの表示法に対する筆者の見解

以上にわたって、「キャッシュ・フロー計算書のふたつの表示法は、選択適用でよいか」という課題に対して、４つの視点から、検討してきた。[鎌田2006][23]は結論として、「会計理論上からも、株主・投資家の投資意思決定の上からも、間接法よりも直接法による表示のほうが圧倒的に利点多く優位性が高い」と結論付けているのだが、筆者の見解としては、少し違った見方をしている。

確かに、この論議に関する先行研究の多くは、種々の論拠から直接法表示を支持しているけれども、間接法表示の論拠も一理あり否定できるものではない。キャッシュ・フロー計算書の利用者の目でみるのか、計算を作成する側の経営者の目でみるかでも、優位性のレベルが異なるとも考えられる。あるいは、将来のキャッシュ・フロー創出能力の評価という目的観以外の例えば、資金繰りとか、倒産の予知等の目的の見地から考えると、また違った優位性の答えが出るかもしれない。[図表５－２－２①]を再編成して、[図表５－２－２②]を作成してみると明らかなように、筆者の結論は下記のようになる。すなわち、わが国においては、日本証券アナリスト協会が間接法を支持する方向を打ち出している[24]けれども、もう一歩推し進めるならば、わが国の連結キャッシュ・フロー計算書の営業活動によるキャッシュ・フローは、オーストラリアのように、間接法による調整表を添付しながらも、直接法のみを認めていくことが望ましいと考える。百歩譲っても、改訂IAS 7号がそうであるように、「直接法を推奨する」という見解をぜひ提唱してほしいものである。

[図表5－2－2② 経営者および株主・投資家の立場から見た、直接法と間接法の比較]

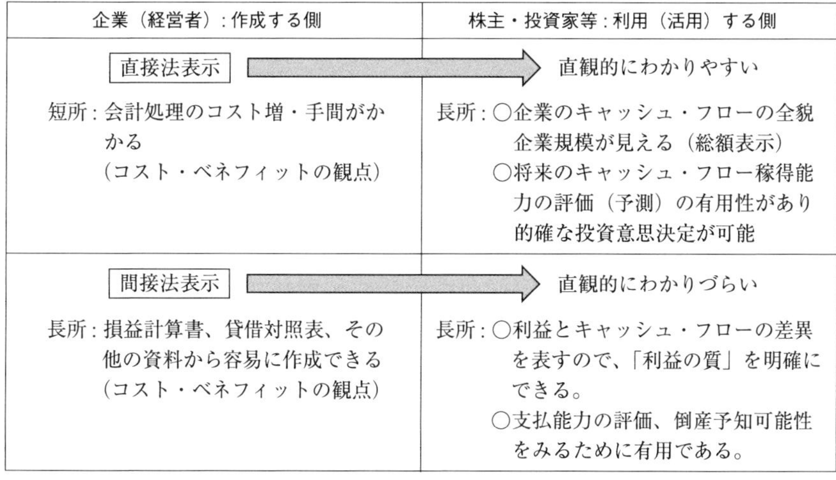

企業（経営者）：作成する側	株主・投資家等：利用（活用）する側
直接法表示 →	直観的にわかりやすい
短所：会計処理のコスト増・手間がかかる （コスト・ベネフィットの観点）	長所：○企業のキャッシュ・フローの全貌 企業規模が見える（総額表示） ○将来のキャッシュ・フロー稼得能力の評価（予測）の有用性があり的確な投資意思決定が可能
間接法表示 →	直観的にわかりづらい
長所：損益計算書、貸借対照表、その他の資料から容易に作成できる （コスト・ベネフィットの観点）	長所：○利益とキャッシュ・フローの差異を表すので、「利益の質」を明確にできる。 ○支払能力の評価、倒産予知可能性をみるために有用である。

出所：筆者作成

本来、キャッシュ・フローに関する指導者の立場、または、教科書編修の立場からすれば、直接法表示と間接法表示のどちらが、わが国にとって妥当なのかの課題について、中立的な立場をとらなければならない。

指導手引書としてのスタンスからも、ひとつの考え方として、あえて、筆者の私見を述べたわけである。しかしながら、大きなボトルネックも少なくても二つ想定される。ひとつは、企業への負担（会計処理変更等にともなうコストと手間）、もうひとつは、実務界の受け皿の問題、換言すれば、戦後以降、長年にわたり実務界で定着してきた会計慣行の間接法表示をどのようにして、直接法表示の会計慣行へ変えていくか、といった課題が想定されるわけである。こうした課題の解決法を熟考せずに制度化して強制しても埒はあかないことは言うまでもない。

ここで、わが国において、15年以上にわたって、直接法表示を採用する東証一部上場の企業「株式会社エックスネット」のキャッシュ・フロー計算書を例示する。こうした企業が一社でも増えていくことを切望する限りである。

［株式会社　エックスネットの企業基本参考データ］

・本社　東京都新宿区

・業務内容　コンピュータソフトウェアアプリケーションアウトソーシングに関するサービスおよびコンピュータ機器販売

・親会社　ＮＴＴデータ
　同社は普通株式を51%所有

・2019年度業績

売上高	約	44億2,500万円
経常利益	約	7億1,700万円
キャッシュ・フローデータ		
営業活動によるキャッシュ・フロー	約	10億1,200万円
投資　〃	約	△　8億　300万円
財務　〃	約	△　2億3,100万円

・上場　2004年度より東証一部上場

キャッシュ・フロー計算書

株式会社エックスネット（E05091）

単位：百万円

	前事業年度 自 2017.4.1 至 2018.3.31	当事業年度 自 2018.4.1 至 2019.3.31
Ⅰ　営業活動によるキャッシュ・フロー		
営業収入	4,176	4,336
原材料又は商品の仕入による支出	△　23	△　2
未払消費税の増減額	14	15

人件費の支出	△1,622	△1,749
外注費の支出	△ 910	△ 889
その他の営業支出	△ 444	△ 477
小　計	1,191	1,234
利息および配当金の受取額	27	27
法人税等支払額	△ 205	△ 249
営業活動によるキャッシュ・フロー	1,013	1.012
Ⅱ　投資活動によるキャッシュ・フロー		
有形固定資産の取得による支出	△ 25	△ 29
無形固定資産の取得による支出	△ 804	△ 654
有価証券の償還による収入	300	200
投資有価証券の取得による支出	△ 400	△ 702
投資有価証券の償還による収入	100	100
敷金及び保証金の差し入れによる支出	△ 9	-
定期預金の預入による支出	△ 140	△ 40
定期預金の払戻による収入	140	140
関係会社預け金の預入による支出	△ 25	△ 18
関係会社預け金の払戻による収入	-	200
投資活動によるキャッシュ・フロー	△ 863	△ 803
Ⅲ　財務活動によるキャッシュ・フロー		
自己株式の取得による支出	-	-
配当金の支払額	△ 231	△ 231
財務活動によるキャッシュ・フロー	△ 231	△ 231
現金及び現金同等物の増減額	△ 81	△ 22
現金及び現金同等物の期首残高	1,019	938
現金及び現金同等物の期末残高	938	916

出所：同社有価証券報告書（EDINET 提出書類）より抜粋し、一部改変の上引用

2－3　キャッシュ・フロー計算書の活動別3区分表示は妥当か

SFAS95は、1987年にキャッシュ・フロー計算書の公表にあたり、計算書を3区分すなわち、営業、投資、財務の三つの活動別にキャッシュ・フローを表示する方法を提言したことは周知のところである。その理由は、要約すると下記のとおりであった。

FASBは流入または流出したキャッシュ・フローを営業・投資・財務活動に

分類することによって、3つの活動間の重要な関係を評価することができると考える。これにより、借入によるキャッシュの受け取りと借入金の返済の支払い等、関係のあるキャッシュ・フローを結びつける。キャッシュ・フロー計算書は、主要な活動が、キャッシュ・フローへ与える影響を示すことになる。それらの関係や趨勢は投資家や債権者に対して有用な情報を提供するからである。この理由により、SFAS95はキャッシュ・フロー計算書の情報利用者に対する有用性を考慮して、活動別による3区分を採用したことがわかる。

わが国においては、財務諸表規則（第101条）は、キャッシュ・フロー計算書の活動区分を、同様に3区分表示することを要求している。［武田2008］[25]によれば、この3区分表示は、企業の3つの活動領域と軌を一にしており理にかなったものであるという。

しかしながら、実際に導入されてみると、キャッシュ・フロー計算書の利用者の有用性の観点に立ったとき、規定当初から、いくつかの問題点を露呈することとなった。とくにその問題点を少なくても二つ浮彫りすることができる。ひとつは、利息・配当金の項目をどの区分に所属させるかという分類上の問題点、もうひとつは、投資活動・財務活動以外にかかるキャッシュ・フローとして、営業活動によるキャッシュ・フロー区分に、便宜上、記載される災害保険金収入・損害賠償金支払・法人税等の支払額等、いわば雑多ともいえる項目グループを、営業活動の区分に表示することの問題点である。

本項では、これらの問題点のうち後者の問題を取り上げることにしたい。［鎌田2006］[26]、［溝上2010］[27]および［田宮1999］[28]を参考に、問題の所在を明らかにするとともに、その解決のためのひとつの試（私）案を提言したい。

なお、前者の問題点に関する詳細な論議は、第4章ですでに取り扱っている。さて、第1章で取り上げた直接法表示による活動区分ごとの記載内容を再掲する。なお、①～⑥は説明のために付している。

Ⅰ　営業活動によるキャッシュ・フロー		
営業収入	××	・・・・・・・・ ①
原材料または商品の仕入支出	△××	・・・・・・・・ ②
人件費支出	△××	・・・・・・・・ ③
その他の営業支出	△××	・・・・・・・・ ④

小　　　計	××	
利息および配当金受取額	××	……… ⑤
利息の支払額	△××	……… ⑤
損害賠償金の支払額	△××	……… ⑥
法人税等の支払額	△××	……… ⑥
営業活動によるキャッシュ・フロー	××	

① 営業収入

主として、現金売上額、売上債権（売掛金・受取手形）回収額である。他にも、前受金の受取額、手形割引による収入額、償却債権取立益が含まれる。なお、実際受取額を記載するため、売上割引は売上債権の額から控除する。

② 原材料または商品の仕入支出

主として、現金仕入額、仕入債務（買掛金・支払手形）支払額である。他にも、前払金も含まれる。なお、実際支払額を記載するため、仕入割引は、仕入債務の額から控除する。

③ 人件費支出

従業員や役員の給料や報酬、賞与等が該当する。なお、実際支払額を記載するので、期首・期末に前払額や未払額があれば、損益計算書上の金額と異なることになる。

④ その他の営業支出

上記の②・③以外の営業にかかる実際支払額の合計額を記載する。具体的には、支払家賃、支払地代、リース料（オペレーティング・リースによる）等が該当する。なお、減価償却費・貸倒引当金繰入は含めないことに注意する。

⑤ 利息・配当金受取額

受取利息と受取配当金である。ただし、さきに論議したように、記載されるのは「財務諸表との関連性を重視する方法」の場合である。

⑥ 投資活動・財務活動以外にかかるキャッシュ・フロー

該当するのは、損害賠償金の支払額や法人税等の支払額等である。もちろん、実際支払額で記載する。

ここでの区分上の問題点は、上記⑥である。まず、なぜ、法人税等の支払は、営業活動の区分に記載されるのだろうか。その根拠はどこにあるのだろうか。

わが国において、「意見書」(作成基準の設定三　3 (5)) は法人税等の記載について、次のように述べている。

「法人税等の表示区分としては、営業活動によるキャッシュ・フローの区分に一括して記載する方法と、3つの区分のそれぞれに分けて記載する方法が考えられる。しかしながら、それぞれの活動ごとに課税所得を分割することは一般的には困難であると考えられる。したがって、営業活動によるキャッシュ・フローの区分に一括して記載するものとする」と。

では、SFAS95では、どのように考えていたのだろうか。

公開草案の段階において、一部の回答者から、法人税等を営業活動によるキャッシュ・フローの区分に一括表示することに対して反対意見も出た。つまり営業・投資・財務の各活動に割り当てすることを提言した経緯がある。しかし、FASBの見解としては、法人税等を3区分に按分することはひじょうに複雑であり、かつ恣意性が入ることから、たとえ便益があったとしても正当化できないと判断している。よって、SFAS95は、わが国と同様、営業活動の区分に一括表示することを規定した。

このことに関して、イギリスや改訂IAS 7号の取り扱いはどうなっているのだろうか。

[鎌田2006] [29] が掲げる一覧表を引用する。

[図表5－2－3① 各国における法人税等支払記載の区分一覧]

	日　本 財務諸表規則	アメリカ SFAS95号	イギリス 改訂FRS 1号	IFRS 改訂IAS 7号
3区分に按分するか否か	しない 一括表示	しない 一括表示 可能な場合は分ける	しない	しない 一括表示 可能な場合は分ける
表示区分	営業活動	営業活動	税　金	営業活動 財務・投資に結びつく場合は除く

出所：[鎌田2006] 前掲書　105頁より引用

この図表からうかがえることは、イギリスでは改訂FRS 1号の規定では、

3区分の他に、税金の区分を設定するという結論をだしたこと、そして、改訂IAS 7号は、法人税等支払額は、どの区分に明確に結びつくかわかる場合はどこでもよいという弾力的な考えを示したことである。イギリスも改訂IAS 7号もある意味、示唆のある興味深い規定であると考える。

次に、法人税等の意義・特質を考えてみる。おおよそ法人税の性格としては、二つの考え方があり、わが国では、そのふたつの説が従来から対立している。ひとつは、「法人税費用説」であり、もうひとつは「利益分配説」（または利益処分説ともいう）である[30]。

前者の費用説は、簡潔に言えば、法人税等は義務的に支払わなければならないという点で、まぎれもなく企業経営のためのコストであるとする考え方である。[武田 2008][31]は、次のように法人税の性格を説明している。「法人税は営業活動を行う特権に対する課税であって、それ故に経営管理上の費用である。法人税が利益を課税標準とするということは、ひとつの便宜であって、法人税の性格を決定するものではない」と。一方、後者の利益分配説は、「法人税は、法人として営業活動を行うことによって得られる利益稼得の特権に対する課税である。法人税は、決定された利益の問題であって、利益決定の問題ではない」と[武田 2008][32]は解説する。

アメリカにおいては、前者の「費用説」をとっているのに対して、わが国の会計制度は、両説の折衷解決法を採用し、税引前当期純利益をいったん算出してから、法人税等を差し引く形式をとっている。

さて、こうした法人税の性格に鑑みるとき、法人税等支出額の項目を営業活動によるキャッシュ・フロー区分に掲載してよいものかを改めて問い直してみる。

アメリカにおいてSFAS95の立場としては、営業の区分になぜ、格納したのだろうか。いくつかの理由が考えられる。

理由① アメリカでは、「法人税法費用説」の考え方がベースにあったのではないかということ。

理由② 法人税等を関連性の観点から各区分に分ける考え方も存在するが、一括表示するために、便宜上、営業区分に掲載することとしたこと。

理由③ 「投資活動・財務活動以外のキャッシュ・フロー」として、小計の下にぶら下げることで、区分をある程度明確にできること。

理由④　計算書において、営業活動によるキャッシュ・フローの区分を最重視するのではなく、他の2区分も含め、全体的な視野にたって、キャッシュ・フロー情報を提供するというスタンスを当時はとっていたこと。

わが国の「意見書」はこの法人税等の支出額の掲載に関して、なぜ、営業区分に記載するかの理由は示していないけれども、SFAS95と、ほぼ同様の扱いをしていることはすでに述べたところである。

［田宮 1999］は、「法人税費用説」を唱える[33]ひとりである。税金は義務的に支払われるという意味において、紛れもなく企業経営上のコストであるから、法人税等の支払額については、わが国のキャッシュ・フロー計算書の記載方法は妥当であり、特に改善する必要はないと考える、という主張である。この考えに加えて、キャッシュ・フロー計算書の利用者の観点から、法人税等は一括表示して、各区分への按分は行わないほうがよいと指摘する。論拠はこうである。すなわち、法人税等も営業活動の費用なのだから、他のキャッシュでの費用の支払と同じであるので、計算書の利用者が支払能力の評価や現金創出能力の評価するときに加味されるのは妥当である。しかも、法人税等の支払額は比較的金額が多いので評価に与える影響も大きい。また、とくに現金創出能力の評価にあたって将来のキャッシュ・フローを予測するときに、過去の法人税等の支払額とその時の実効税率を睨み、将来の利益に課せられる税金を考慮するときに有用である、というのだ。さらに、法人税等を他の区分にも按分するという考え方は、情報利用者の支払能力評価の目的からすると望ましくない、とする[34]。

なるほど一理あると考えられる。しかし、わが国では、先に示したように、法人税費用説は採っておらず、あくまで折衷的解決法により会計処理をしていることを考えるとき、一概に、法人税が費用であるから、営業活動の区分で妥当であるという考え方にはもろ手を挙げて賛同できない。むしろ、これまでの論考から、営業・投資・財務活動のいずれにも属さない異質なものと筆者は考える。確かに、キャッシュ・フロー計算書の利用者が、支払能力の評価や将来のキャッシュの獲得能力の測定するとき、法人税支払額は金額も大きく、無視できない項目であるにはちがいない。しかし、区分間の曖昧さから利用者をミスリードする可能性もあながち否定できない。本来であれば、法人税等は、営業活動のみではなく、投資活動や財務活動に関連したものも含んでいるはずである。ただしSFAS95が示すように按分が複雑で分けることができないからの苦渋の判断だったと考える。翻って、イギリスはどうだったか。すでに[図表5－2－3①]で見たように、改訂FRS 1号は、「税金の区分」としたのだった。

第4章で論議したが、IFRSは、2019年12月に、「財務諸表の全般的表示と開示」にとして、公開草案を公表している。もちろん、キャッシュ・フロー計算書に関わる改善案の提言も含まれている。その論点はふたつあり、ひとつは、間接法表示の始点を税引前当期純利益ではなく、営業利益からスタートするで、営業活動の意義を定義、純粋化すること、もうひとつは、利息・配当金の各区分の所属の一本化、選択制の排除である。この公開草案では法人税等支払のことは特にふれていないけれども、営業活動の意義の曖昧さを減らすためにも、税金支出は営業活動区分ではなく、別途、記載される改善案を出している。

筆者としては、以上の論拠から、直接法表示によるキャッシュ・フロー計算書を、「税金等」という区分を新設し、そこに法人税等の支出額、損害賠償金の支出額および火災等による保険金収入を格納し、全体を4区分で構成することを提言するものである。順番は、営業⇒税金等⇒投資⇒財務区分としたい。

なお、会計処理上は損害賠償金の支出は、営業活動に関連しており、かつ自社の責任ではない場合は通常、「雑損失」の勘定科目で処理されることになる。また、税法上も、同様の基準で、損金算入が認められている。法人税等とならんで、ここに属することはとくに問題はないと思われる。

2－4　キャッシュ・フロー計算書が第三の財務諸表になりうる根拠は何か

さて、本項は最後の課題論点となる。

キャッシュ・フロー計算書に関する専門書、論文等の参考文献をくまなく読んでいると、「第三（3）の財務諸表として・・・」とフレーズが、よく目に飛び込む。いわば、暗黙の了解のごとく、ごく普通に使われていることに気づく。だが、そうした文献の中にも、本項のテーマである、「キャッシュ・フロー計算書はなぜ第三の財務諸表なのか、その論拠は何か」について実に様々な観点から、この課題について説いた書籍や論文も少なからず存在する。単に、損益計算書や貸借対照表ではわからない、新しい情報を提供する計算書だからという根拠から、ものの流れを対象とする会計(貸借対照表と損益計算書)の他に“かね”を扱う会計としてのキャッシュ・フロー計算書だからという根拠、はたまた、簿記のメカニズムにより、簿記の取引から、損益計算書と同様に、誘導的に導かれる計算書だからという論拠等、多様な観点から考察されている。

わが国においては、1998年に公表された「意見書」のなかにも、この「第三の財務諸表として･･･」という文言はもちろん記載されている。しかし、キャッシュ・フロー計算書がなぜ第三の財務諸表なのかという根拠は、文面には記載されていないし、本文中の行間から類推することもむずかしい。このフレーズは、何となく漠然としたイメージは浮かぶものの、その理由は深く、複雑でわかりづらい。ここで次の二つの疑問が浮かび上がる。

① 疑問1：間接法によるキャッシュ・フロー計算書は、第三の財務諸表としての資格を持っているかという疑問

② 疑問2：直接法によるキャッシュ・フロー計算書は、なにゆえに第三の財務諸表になりうるのかという疑問

以下においては、①の疑問に関しては、問題提起にとどめ、②の疑問に関して、この疑問に応えるべく答を導くために、5名の論者による先行研究を取り上げ、その論拠をそれぞれ概観していきたい。

[図表5－2－4① 5名の論者による第三の財務諸表になりうる論拠]

	先行研究（著書・論文発表年）	キャッシュ・フロー計算書が第三財務諸表になりうる根拠（要旨）
1	［染谷 1983］[35]	企業会計は、「もの」（生産物等）の流れと「かね」（貨幣）の流れの両方を対象にしている。前者に関する会計は、損益計算書と貸借対照表に結びつく。一方、後者は貨幣の収入・支出であるので、キャッシュ・フロー計算書（原著では「収支計算書」）に結び付く。したがって、財務諸表を、損益計算書、貸借対照表およびキャッシュ・フロー計算書（収支計算書）の3本で構成する、「財務諸表三本化の理論」を唱えた。

	先行研究（著書・論文発表年）	キャッシュ・フロー計算書が第三財務諸表になりうる根拠（要旨）
2	［安平 1983］[36] ［安平 1994］[37]	上記の染谷の理論とある意味において共通する部分もあるが、資金計算書の第三の財務諸表としての意味付けを、簿記機構論（複式簿記のメカニズム）の見地から解き明かした。キャッシュ・フロー計算書（原著では「資金計算書」）が貸借対照表や損益計算書のように複式簿記的計算機構に存立していることを、ケーファーの簿記理論に範をとり検証を試みている。
3	［杉本徳 2002］[38]	上記の「安平理論」を受け継ぐ形で、わが国において制度化されたのちの、キャッシュ・フロー計算書の第三の財務表であるという位置づけの様々な観点からの理論と比較しながら、より安平理論の特徴を明確にした。第三の財務諸表となりうる根拠を理論的に展開するには、改めて勘定理論や簿記理論に立脚した複式簿記の本質について解明することにもつながるとした。
4	［郡司 2010］[39]	キャッシュ・フロー計算書の情報有用性の側面（機能的側面）も根拠としてはあるが、これとは別に複式簿記の計算構造的側面にキャッシュ・フロー計算書が第三の財務諸表になりうる根拠を求める。この場合、原始の簿記上の取引記録から、キャッシュ・フロー計算書を直接的に作成することが必要であるとする。
5	［石川 2015］[40]	損益計算書およびキャッシュ・フロー計算書は、ともにフロー計算書であるけれども、その計算目的は異なっている。しかしながら、簿記構造の根底には、共通した計算構造が存在する。複式簿記は損益計算だけのものではなくふたつの複式簿記があるとする。したがって、第三の財務諸表の根拠は、この複式簿記の「同型性」によるとする理論である。 また、キャッシュ・フロー計算書の3つの活動別区分は実は貸借対照表と損益計算書をキャッシュ・フロー計算書によって関連付けられているとする。

出所：［拙稿 2018］　前掲稿　68頁に加筆して作成

以上5名の先行研究の、それぞれの理論、キャッシュ・フロー計算書が第三の財務諸表と位置付けられる論拠を概観した。ここから共通点を読み取ることができる。それは以下のようであると考える。すなわち、いずれの理論も、簿記理論あるいは複式簿記の本質論をもとにして、キャッシュ・フロー計算書の第三の財務諸表としての意義づけの論拠を論じていることである。

理論の表現はそれぞれ独自性を持っているけれども、突き詰めるとこの一点に集約できるのではないだろうか。ただし、[杉本徳 2002] が指摘しているように、第三の財務諸表となりうる根拠を理論的に展開するには、改めて勘定理論や簿記理論に立脚した複式簿記の本質について解明することが不可欠である。

また、染谷（1983）および安平（1983）はおりしも同一年の文献をここに掲げたが、両氏ともかなり以前から、こうした考え方を発表しており、染谷にあっては、ほぼ同様の論拠で、1952 年に、資金運用表を財務諸表の一つに加える提案の趣旨で、論文を『會計』に載載している[41]。

キャッシュ・フロー計算書の財務諸表上の位置づけを論議する場合、簿記理論に立脚した論拠は、わが国では「意見書」が公表される前から、先行研究があるにもかかわらず、旧態依然としての課題でもあり、定説はないと思われる。ベースとなる簿記理論や勘定学説、あるいは資金学説に回帰すると考えられるが、これからも理論展開の方向性に注目していきたいものである。

3．おわりに
～諸課題の要約とキャッシュ・フロー計算書の改善に向けた試（私）案～

本章ではキャッシュ・フロー計算書に内在する 4 つの課題論点に関して、その問題点を浮き彫りにし、内容を明らかにしてきた。まとめとして、論点ごとに、簡潔に要約する。

1　キャッシュ・フロー計算書が必要となる背景・理由をどう整理するか

キャッシュ・フロー計算書がどのような目的で作成され、とのような目的で利用（活用）されるかについては、様々な主張があり、しかも多岐にわたっている。キャッシュ・フロー計算書を学ぶ商業高校生や、それを初めて学ぶ大学生等に混乱を与えかねない。また歴史的経緯の観点からも、国により、時代により変遷してきている。

SFAS95 は、4 つの目的を規定した。将来のキャッシュの獲得能力の評価、支払能力の評価、利益の質の評価、および投資・財務が財政状態に与える影響の評価であった。[田宮 1999] は、二つのグループに整理している。

キャッシュ・フロー計算書の作成目的・活用目的は、それの利用者、具体的には、株主・投資家、債権者、経営者によって、重複していて明確に分けられないけれども、目的観が異なると考えられる。

2　キャッシュ・フロー計算書の二つの表示法は、直接法、間接法の選択適用でよいか

営業活動によるキャッシュ・フローの区分の表記法は2種類存在する。直接法と間接法である。わが国においては、「意見書」は2種類の方法の選択適用を認めている。どちらかを推奨するとか、どちらのほうが優位性があるのかも明示していない。この点に関しては、多くの先行研究がある。そこでは、それぞれの長所・短所が論議され賛否両論であり、一概にどちらがよいかは簡単に結論が出る問題ではない。

アメリカの実務界では、約99%以上の企業が、間接法表記を採用している。この事実は、［鎌田 2006］によれば、キャッシュ・フロー計算書の歴史的経緯と大きく関係があるという。わが国は、こうした事情はさておき、アメリカ実務界の影響をうけ、間接法を採用している企業がひじょうに多い。

各国を見渡すと、2012年現在、オーストラリアおよびニュージーランドの制度は、選択適用ではなく直接法のみを規定している。この場合、間接法表記による調整表も作成しなければならない。

3　キャッシュ・フロー計算書の活動別3区分表示は妥当か

SFAS95は、キャッシュ・フロー計算書の区分表示に関して、企業活動領域にしたがって、営業、投資、財務によるキャッシュ・フローの3区分を規定した。わが国の「意見書」もそれに倣う形で、同様に示された。しかし、ここにも、少なくとも2点の課題論点が内在していた。ひとつは、利息・配当金項目をどの区分に入れるか選択が認められている点、もうひとつは、投資活動・財務活動以外の項目（法人税等の支払額、損害賠償金の支払額等）が営業活動によるキャッシュ・フローの区分の小計の下に記載されている点である。前者の課題は前章で論議したが、後者の点は、キャッシュ・フロー計算書の利用者の意思決定を誤らせないために、あるいは、営業活動の定義からして、重要な課題論点であると考える。

まず法人税の特質と、それに関連して記載は営業活動の区分でよいか、各国の規定はどうなっているかを検討しなければならない。法人税の性格は一般的に二つの考え方がある。法人税費用説と利益分配説（または利益処分説）である。アメリカにおいては、費用説を採っているのに対して、わが国では、考え方が対立していることから、企業会計制度においては折衷解決法を採っている。したがって、SFAS95 は法人税等を営業活動の区分に記載する規定は、この費用説がベースにあることや一括表示するために便宜上ここに記載すること等の理由を勘案すると、妥当であるとも考えられる。しかしながら、わが国では「意見書」で営業活動の区分に記載する旨が述べられているけれども、費用説を念頭に置いていないとすると、違和感を持たざるをえない。

イギリスの改訂 FRS 1 号は、法人税等支払額を、「税金」という区分を追加して記載することを掲げていたのだった。

キャッシュ・フロー計算書の区分の曖昧さから、利用者をミスリードしないためにも、わが国においても、あえて「税金等によるキャッシュ・フロー」として区分を新設し、全体で 4 区分の構成にすることを、著者は提言したい。なお、損害賠償金支払額もここに記載されることになる。

4　キャッシュ・フロー計算書が第三の財務諸表になりうる根拠は何か

キャッシュ・フロー計算書に関する著書、論文等の先行研究に触れると、文中の中に、「第三の財務諸表として･･･」といったフレーズをよく見かける。いわば“暗黙の了解”のように、そのようにいう根拠を示している文献は極めて少ない。「意見書」にもこのフレーズが記載されているが、その根拠は直接的には記されていない。

ここでは、5 名の研究者の先行研究を取り上げ、根拠について概観した。そこでの論者の主張は独自の理論ではあるけれども、共通している鍵を見出すことも可能である。それは、簿記のメカニズムや簿記理論との関連性でキャッシュ・フロー計算書を位置付けていることである。キャッシュ・フロー計算書の情報有用性の観点から、「キャッシュ・フロー計算書が損益計算書や貸借対照表と同様に、それぞれの役割を持っているから、第三の財務諸表である」という意見も否定するものではないが、簿記理論の本質の原点に立ち返って、第三の財務諸表であるという確固とした定説を検討することは重要であると考える。

1　［溝上 2013］溝上達也「キャッシュ・フロー会計の論点整理」『松山大学論集』第 25 巻第 4 号　2013 年　31 頁
2　［中村信 2015］中村信博「資金計算書の変遷に関する再考察」『商学論叢（福岡大学商学部）』第 59 巻第 4 号　2015 年　1 頁
3　［中村信 2015］前掲稿　2 頁参照
4　［鎌田 2006］前掲書　第 7 章および第 9 章参照
5　［鎌田 2006］前掲書　79-94 頁
6　［中村信 2015］前掲稿　10 頁
7　［佐藤倫 2002］前掲稿　99 頁
8　［染谷 1980］染谷恭次郎「資金会計の基礎概念」　染谷恭次郎編『体系近代会計学Ⅶ 資金会計論』中央経済社　1980 年 24 頁
9　［佐藤倫 2002］前掲書　106-113 頁参照
10　［佐藤倫 2002］前掲書　106-113 頁を参照し一部改変の上、筆者作成
11　［中村信 2015］前掲稿　10 頁
12　［田宮 1999］前掲書　46 頁
13　本省令「有価証券の募集又は売出等に関する省令」は 1953 年（昭和 28 年）に公表されている。財務諸表以外の財務情報として、資金繰り状況と資金計画（資金繰表）を記載することを要求した。その後、1986 年に企業会計審議会の審議を経て、資金収支の状況および資金収支表に名称が改められ、日本の実務界に「資金繰り」の概念が定着したと考えられる。詳細は後述する。参考文献は下記のとおり。
［中村宏 1993］中村　宏「わが国の証券取引法における資金情報開示の序説」『阪南論集社会科学編』第 29 巻第 1 号　1993 年　63-64 頁　参照
14　［鎌田 2006］前掲書　128-133 頁参照
15　［桑原知 2018］前掲書　263-266 頁参照
16　［立石 2013］立石康人他『キャッシュ・フロー計算書のしくみ』（新日本有限責任監査法人編）中央経済社　2013 年　66-69 頁参照
17　［豊岡 2005］豊岡隆『キャッシュ・フロー計算書の再構築』同文舘出版　2005 年　第 6 章
18　［豊岡 2005］前掲書　112 頁参照
19　［鎌田 2006］前掲書　128-133 頁を参照し、筆者がディベート形式に変更した。
20　［鎌田 2006］前掲書　132-134 頁
21　［日本政策投資銀行編「産業別財務データハンドブック 2019 年度版　統計」及び［新日本有限責任監査法人調査（2013 年 8 月）有価証券報告書の連結キャッシュ・フロー計算書またはキャッシュ・フロー計算書を、直接法にて開示している会社について調査実施の結果、有価証券報告書提出会社 4,028 社中、25 社だった］という結果が出ている。
22　この点については、下記の文献が詳しい。
［町田 2010］町田耕一「直接法によるキャッシュ・フロー計算書」『国士舘大学政経論叢』第 22 巻　第 1 号　2010 年を参照されたい。
23　［鎌田 2006］前掲書　137 頁参照
24　同協会は、2009 年 8 月に、「財務諸表の表示に関する論点の整理」という表題で、意見を公表しているが、その中で、キャッシュ・フロー計算書の間接法表記も有用である旨の見解を出している。
25　［武田 2008］前掲書　879 頁
26　［鎌田 2006］前掲書　97-108 頁参照
27　［溝上 2010］溝上達也「キャッシュ・フロー計算書の表示区分についての考察」『松山大学論集』第 21 巻第 6 号　2010 年
28　［田宮 1999］前掲書　134 頁
29　［鎌田 2006］前掲書　105 頁
30　［武田 2008］前掲書　788-789 頁参照。なお、詳細は下記の文献を参照されたい。

［佐藤渉 1992］佐藤渉「法人税の費用性の検討」『明治大学経理知識』第 71 号 1992 年 117 頁
31 ［武田 2008］前掲書　788 頁
32 ［武田 2008］前掲書　789 頁
33 ［田宮 1999］前掲書　134 頁
34 ［田宮 1999］前掲書　134-135 頁
35 ［染谷 1983］染谷恭次郎『財務諸表三本化の理論』国元書房　1983 年 28-36 頁
36 ［安平 1983］安平昭二「資金計算書の第三の財務諸表としての意味－その簿記機構論的意義づけの試み－」『産業経理』第 43 巻第 2 号　1983 年
37 ［安平 1994］安平昭二『会計システム論研究序説～簿記論的展開への試み～』神戸商科大学経済研究所　第 6-7 章　1994 年
38 ［杉本徳 2002］杉本徳栄「簿記理論とキャッシュ・フロー計算書」『龍谷大学経営学論集』第 42 巻第 3 号　2002 年
39 ［郡司 2010］郡司　健「キャッシュ・フロー会計の計算構造～キャッシュ・フロー計算書の表示法と作成法を中心にして～」『大阪学院大学企業情報学研究』第 10 巻第 2 号　2010 年
40 ［石川 2015］石川純治『複式簿記のサイエンス～簿記とは何であり何でありうるか～』増補改訂版　税務経理協会　2015 年　4・6・7 章
41 ［染谷 1952］染谷恭次郎「資金運用表について～資金運用表を財務諸表の一つに加えんとする提案」『會計』第 52 巻第 11 号　1952 年

第6章　キャッシュ・フロー計算書に関する授業実践研究

第Ⅰ部　平成29年度の実践「財務会計Ⅱ」におけるキャッシュ・フロー計算書に関する授業実践研究

A Study of Teaching Method on Cash Flow Statement
-A Development of Teaching Materials-

※　本章では、筆者の勤務校（以下、本校と記す）において、平成29年度と平成30年度の2か年間にわたって、実践研究を行った成果と課題を、一つの事例として示すことにした。指導計画、授業実践およびそのふりかえりについて、年度ごとに論述する。これまで述べてきたことと重複するが、再掲することとした。

1．はじめに　～本研究の趣旨～

1998年、「連結キャッシュ・フロー計算書等の作成基準等作成基準の設定に関する意見書」（以下、「意見書」と略称）が企業会計審議会から公表された。このことに呼応して、高等学校学習指導要領「商業編」（以下、「指導要領」と略称）では、平成15年の改訂において、「会計実務」科目の中に、キャッシュ・フロー計算書の単元が導入された。その後、平成21年公表の現行「指導要領」においては、当該科目を「財務会計Ⅱ」と科目名称を改められ、キャッシュ・フロー計算書の単元の学習項目および内容は踏襲された。

本校では、キャッシュ・フロー計算書に関する学習を平成１８年度入学生より教育課程を再編し、年次進行で3年次で選択科目として履修してきている。今ふりかえってみると、3つの指導上の課題が見えてきた。すなわち、（1）会計実務または財務会計Ⅱの特質から、財務会計Ⅰ（旧「会計」）科目に比して生徒にとって会計実務または財務会計Ⅱの科目内容自体を難解と感じており、興味・関心が持ちづらいという問題。とりわけキャッシュ・フロー計算書の単元は、3年次になるまで概要しか触れておらず、初めての学習項目だけになおさらであること、（2）単元配当時間の制約から、何をどのようにどれだけ指導するか（指導観）の見極めをどうするかという課題。特に生徒の理解度を深化させるための指導法の改善と工夫の問題、（3）キャッシュ・フロー計算書に特化した参考書や副教材はほとんど市販されておらず、背景となっているキャッシュ・フロー計算書に関する会計理論や会計制度化等の教材研究をどう進め、どう教材化し、授業でどう活用するか、といった課題である。

本実践研究のねらいは、こうした指導上の課題を解決するために、キャッシュ・フロー計算書に関する指導法の改善と工夫を考察することにある。具体的には、教材研究や教材開発を基盤にしながら、同時に授業の場面にその教材研究の成果を効果的に活用し、授業実践研究を行うことにある。

2．研究の手順とその内容

2－1　キャッシュ・フロー計算書に関する現行「指導要領」の取り扱い

まず初めに、現行の指導要領の取り扱いについて確認する。というのは、指導の基礎になるものであり、当然ながら指導手引書にも反映されるからである。

「指導要領」では2つの指導要点すなわち①資金繰りの重要性、キャッシュ・フロー計算書の意義、②3区分表示の内容とキャッシュ・フロー計算書の作成方法）が示されている。指導上の留意点として、「利害関係者への適切な会計情報の提供とそれの活用が重視される。このため、新聞、インターネット等を活用し、具体的な事例を取り上げ、ケーススタディや討議を通して企業会計について主体的に考察させるようにする」としている。（「指導要領」解説59頁）

2－2　教材研究の視点、教授法（指導スタイル）の考察、指導計画と授業実践

まず、キャッシュ・フロー計算書に関する会計理論と制度化の経緯に関して先行研究をレビューする。その後、教科書の3つの小単元項目と諸外国の会計理論と制度化の経緯をマトリックス的に考察する。あわせて、トピックスとして、授業で取り上げたい項目の関連教材研究を行う。

次に、二つの教授法（指導スタイル）を考察する。すなわち、①対話的で深

い学びを誘う「探究型学習スタイル」および②ケーススタディの授業への取り込みである。

そして、指導計画を立案し、各配当時間の学習内容の検討を行ったのち、8時間配当の授業実践を展開し、実践後ふりかえりを行っていく。

3．キャッシュ・フロー計算書に関する教材研究

次の3視点から研究する。

（1）教科書の小単元項目は3項目である。すなわち、①キャッシュ・フロー計算書の意義とその必要性、②資金概念（範囲）と表示区分および③作成方法（直接法・間接法）である。それぞれの項目について、その内容と最適な教授法を考察する。

（2）下記の諸外国ごとの会計理論の特質と制度化の経緯についての先行研究をレビューする。

ア.アメリカ　イ.ドイツ　ウ.イギリス　エ.フランス　オ.イベロアメリカ圏の代表としてメキシコ

（3）わが国のキャッシュ・フロー計算書に関する会計理論先行研究や制度化の経緯を概観し、諸外国の会計理論や制度化の経緯がわが国に対して、どのような影響を与えたかを考察する。以下、5か国ごとに会計理論の特質と制度化の経緯について、第2章でみた内容を再度要約する。なお、考察する国の順番を、授業で活用する重要度を鑑み、変更している。

ア　米国（アメリカ）

［渡邉 2005］によれば、キャッシュ・フロー計算書の研究起源は、1897年のT.グリーンまで遡る。また、その計算書の名称も「財政状態変動表」⇒「資金運用表」⇒「資金計算書」⇒「現金収支計算書」⇒「キャッシュ・フロー計算書」と変遷し、あわせて、資金概念も「資源」⇒「運転資本」⇒「現金」と変わったと指摘する。さらに［佐藤倫 1993］は、とりわけ戦後バッター（W．J .Vatter）とカーソン（A .Carson）の2系統の資金学説の流れで研究が本格的に進んだ

とする。制度化については、投資家や債権者の目線を意識し、1971年APB（米国会計原則審議会）意見書第19号「財政状態変動表」が公表され、多様な審議を重ね、1987年FASB（米国財務会計基審議会）ステートメント第95号（以下、SFAS95と略称）が示され、現行のキャッシュ・フロー計算書のプロトタイプになった。

SFAS95では、キャッシュ・フロー計算書の役割を投資家などの財務諸表情報利用者にとっての「意思決定有用性アプローチ」の観点に立ち、４つの目的を挙げている。すなわち①将来の正味キャッシュ・インフローを生み出す企業の能力評価、②企業の債務支払能力、配当支払能力および外部資金に対する評価、③純利益とそれに関連した現金収支額の間に生じた差額の理由の評価、④当該期間における資金・非資金の投資取引および財務取引が企業の財政状態に及ぼす影響の評価、である。とりわけ、目的①と③は指導上にとって重要であると考えられる。

イ　独（ドイツ）

ドイツにおける理論研究も、100年以上の歴史がある。商法典の発展とはほぼ独立した形で研究が進展した。［伊藤 1993］による歴史的理論系譜では、1909年のシェアーを始点としている。特質としては、簿記理論をベースとして貸借対照表の結びつきから論議され、「在高差額貸借対照表」⇒「運動（変動）貸借対照表」へと変遷した。1970年代に入ると「期間貸借対照表」という名称の計算書も現れた。

計算書の内容（機能）は、経営財務の内容を表示するものとされ、資金概念も３種類存在した。すなわち、①企業の総資本（資金を分離しない）、②資金概念を限定（資金を分離する）、および③この両方の論議であった。特に、ケーファー（K .Käfer）の「資金計算書の理論」（安平昭二他共訳 1967年）はこの研究および制度化に多大な影響を与えた。ケーファーが計算書に付した「Kapitalflussrechnung」という名称は、現在でもドイツの多くの企業のキャッシュ・フロー計算書のタイトルとして使用されている。

制度化にあたっては、1998年「企業領域における統制および透明化法」（KonTraG、通称コントラック法　商法典の特別法）のなかで初めて、上場する連結企業（コンツェルン）の財務諸表において付属明細書の中にキャッシュ・

フロー計算書作成を義務づけた。これを契機にドイツ商法典が順次改正され、2009年の「会計法現代化法」(BilMoG) に引き継がれている。

ウ　英（イギリス）

英国における理論研究と制度化の経緯についての論議は、［溝上2015・2016］が詳しい。英国は1863年以降、製鉄会社の発展とともに、独自の理論発展を遂げた。営業利益志向の観点からキャッシュ・フロー計算書においても、営業活動の区分が重要視された。計算書の特質は、運転資本の流動性の把握はもちろん、企業の業績尺度評価の尺度でもあった。制度化の経緯については、1975年ICAEW（イングランド・ウェールズ勅許会計士協会）基準書第10号(SSAP10号）を皮切りに、1991年、ASB（英国会計基準審議会）から財務報告基準第1号、そして1995年に改訂1号と変遷した。とりわけ区分表示の変遷は注目に値する。1号では5区分、改訂1号では8区分であったからである。さらに、このことは、3区分表示を指導解説するときの参照事例として活用できるからである。

エ　仏（フランス）

［小津1992］の研究によれば、キャッシュ・フロー計算書は当初から、銀行の融資先の財務安全性の評価としての意味をもつ。理論研究は、前出の諸国に遅れて1952年頃からスタートした。制度化にあたっては、国家会計審議会により、1975年「プラン・コンタブル・ジェネラル」が制定、その後1982年に改訂をみた。資金概念は当初、運転資本であったが、1988年からは、仏会計士協会の働きかけで現金となった。特徴は、中央銀行（フランス銀行）が、キャッシュ・フロー計算書の作成形式のひな型を提言していたことである。

オ　墨（イベロアメリカ圏の代表としてのメキシコ）

ここでは、イベロアメリカ圏のひとつとしてメキシコを取り上げる。北米と隣接するメキシコについて［中川1996］の論考を参照にする。1934年に商事会社一般法が制定されていたが、キャッシュ・フロー計算書に関しては、相当遅れて1990年に入ってから「資金の源泉運用表」という名称で導入された。メキシコでは、隣国であるアメリカの影響を強く受けていることは明白である。「NAFTA」（北米自由貿易協定）および「マキラドーラ政令」（原材料等を無関税で輸入できる保税加工制度）政策等により、自動車産業や繊維産業等の多国籍企業が増加し、キャッシュ・フロー計算書に関する研究はもとより、会計の近代化が一気に進んだ。1997年にはUS − GAAP同等内容の会社法改正を行っている。

なお、NAFTAについては、2020年7月に新たな協定に生まれ変わったが、「ビジネス経済応用」科目でも取り上げられており、同じ商業科目との関連性も看過できないであろう。

（3） わが国のキャッシュ・フロー計算書に関する理論研究と制度化の経緯

わが国のキャッシュ・フロー計算書に関する理論研究は、［太田1952］が発端であるとされている。太田は、当時急激なインフレーションを受けて、資金繰り計算の重要性を説いた。この論議に対しては、損益計算中心の会計志向の時代のなか「太田・山下論争」に代表されるように批判的な考えもあった。一方、［染谷1952］も「財務諸表の三本化〜資金運用表を財務諸表のひとつに加えんとする提案」という論文のなかで、資金運用表の意義を力説した。それ以降、［鎌田2006］をはじめ多くの研究者によって論議されてきた。計算書の名称は、資金繰り表は別枠とし、資金運用表⇒財政状態変動表⇒資金収支表と変遷した。資金概念も運転資本から現金へと変遷した。制度化については、1998年の「意見書」公表まで紆余曲折があった。その背景・経緯については、すでに1953年当時、キャッシュ・フロー計算書の思考ではなかったものの、大蔵省令74号により「資金繰り表」が有価証券報告書・届出書に記載され、資金概念は現金預金であった。その後、1988年には、大蔵省令41号で「資金収支表」に変更されている。そして資金概念は現金預金に加え一時所有の有価証券も含まれていた。「意見書」は突然公表されたわけではなく、こうした下地の背景があって、会計情報のグローバル化および国際的動向のなか、制度化に至ったのであった。

4．単元の指導計画と授業実践

4－1 指導計画と授業の準備にあたって

（1）単元の指導計画概要

・授業科目・単位数：３年選択「財務会計Ⅱ」２単位

・受講生徒数：５名（総合ビジネス科・情報ビジネス科）

・単元の授業予定配当時間：７時間（評価テストを含めると８時間）

・授業の時期：５月～８月

・授業場所：多目的教室・図書館

・使用教科書：大塚宗春他著『財務会計Ⅱ』実教出版（2013年検定済）

（2）［図表６－Ⅰ－４① 指導計画一覧表］

配当時間	学習の項目・内容	指導方法	補助資料
1	［資金繰りの重要性と計算書の目的・意義①］ 「黒字倒産って何？～利益あるのになぜ倒産？」	①講義・実習 ②ケーススタディ	①ワークシート ②倒産企業の財務諸表データ
2	［キャッシュ・フロー経営の実際］ 上記の応用 キャッシュベースの経営 ～勘定合って銭足らず～	①書籍講読 ②読書感想文（課題） ③感想発表・意見交換会	①書籍を図書館より貸出 ②原稿用紙 ③意見交換シート
3	［計算書の作成］ キャッシュ・フロー計算書の作成（1） 直接法表示	①講義（作成の解説） ②演習	①例題（教科書準拠ワークブック） ②全商「会計実務検定」過去問題
4	［計算書の作成］ キャッシュ・フロー計算書の作成（2） 間接法表示	同　上	同　上
5	［資金繰りの重要性と計算書の目的・意義②］ ○計算書の意義 ○計算書の表示目的 ○表示区分	講義	○ワークシート
6	［計算書作成　応用］ 「作成基準（直接法と間接法）を考える」 ～企業事例研究～	探究型学習スタイル（グループワーク）	○実際企業の財務諸表データ （ホテルニューグランド横浜）

7	[別章「財務諸表の活用」の併合] 財務諸表分析（キャッシュ・フロー計算書に関連する比率分析の実際～企業事例研究	ケーススタディ （グループワーク）	○財務諸表の比率分析一覧表 ○実際企業の財務諸表データ （トヨタ自動車） （コストコ）
8	まとめ	評価章末テスト	

※7時限は、「財務諸表の活用」の章を先取り抱き合わせする形にする

（3）授業のオリエンテーションおよび準備活動

ア　オリエンテーション（授業の進め方の説明）

イ　生徒の手による教材の準備

・重要専門用語の、インターネットや図書館蔵書書籍による調べ学習

・図書館より、書籍講読で使う図書を各自借りる

・授業で使う企業の財務諸表（有価証券報告書）を「EDINET」等で代表生徒が入手する

・ワークシートのファイリング作業（生徒全員分）

事前学習
（EDINET 検索）

（4）各配当時間の授業実践概要

ア　1時限目

・テーマ:「黒字倒産って何？～　利益あるのになぜ倒産～」

・教材:「株式会社アーバンコーポレイション」における倒産前5年間の財務諸表

・参考文献・資料:井端和夫著『黒字倒産と循環』（税務経理協会

2009)・東京商工リサーチ該当資料
・方法:講義と実習、ケーススタディ
・ねらい:資金繰りの重要性と計算書の目的・意義・必要性を考えさせる

イ　2時限目
・テーマ:「キャッシュベースの経営」
・講読教材:稲盛和夫著『実学～経営と会計』(日本経済新聞出版社 2000年)文庫本
・学習方法:教材書籍の第1章「キャッシュベースで経営する」の部分を講読して、大型連休中の課題として読書感想文を書き、連休明けの授業で生徒による感想文発表会を行う。その後、意見交換会(質疑応答)も実践する。
・ねらい:キャッシュ・フロー計算書に関して実際の企業事例にふれさせ、企業経営の実際を知る。また、感想文を書くことで、内容を読みこなす能力を高める。「効率的な資金繰らない経営」とキャッシュ・フロー計算書の活用について考えさせる。

書籍講読感想発表・意見交換会

ウ　3～4時限目
・テーマ:「キャッシュ・フロー計算書の作成演習」
・学習方法:直接法、間接法ともに教科書例題の解説と全国商業高等学校協会(以下、全商と略称)主催「会計実務検定」財務会計論科目の過去問題演習を行う。

・指導上の留意点：教科書では、作成にあたり精算表作成を採用しているが、勘定記入法により金額計算する方法を採用した。精算表作成は時間もかかり、特に検定試験対策では不要であると考えた。また、教科書の小単元の順番を逆順とし、まずキャッシュ・フロー計算書の全体像を理解させるため、作成の学習を先にすること試みた。

エ　5時限目

・テーマ：「キャッシュ・フロー計算書の意義と必要性」

・教材：教科書、ワークシート（自作）

・学習方法：講義とワークシートによるまとめ

・指導の留意点：先の4時間の授業を踏まえ、教科書にそって、要点整理しワークシートにまとめさせる。この場面では、教材研究した内容である諸外国の理論や制度化の経緯について、ミニコラムとしてふれる。

オ　6時限目

・テーマ：「探究型学習スタイルの実践事例」：
設定課題「キャッシュ・フロー計算書の作成の直接法表示と間接法表示」
〜実際の企業事例から各々の真意を追究する〜

・教材：「株式会社ホテル・ニューグランド」（当該企業はある会計年度まで「直接法」、それ以降「間接法」を採用している特異な企業であるため教材としては有効であると考えた）

・方法：探究型学習（グループワーク）

・ねらい：直接法と間接法の表記はそれぞれ何を表しているのか、利点・欠点について、ディスカッションをとおして考えさせる

ここに、探究型学習スタイルとは、東北芸術工科大学創造性開発研究センターの柚木教授が主宰する研究グループで開発。高等学校すべての教科科目に適用可能性があり、問題発見・問題解決能力の育成のためのワークショップの進め方を研究している。この手法の特徴は、共感⇒問題提起⇒創造⇒プロトタイプ（試案・試作）⇒検証をループする。指導手法としては、いわゆる「アクティブ・ラーニング」と共通点も多い。

・授業のファシリテーションは、市坪誠編著『授業力アップ～アクティブ・ラーニング』（実教出版 2016）を参考に実践をすすめた。

カ　7時限目

・テーマ：「財務諸表分析～キャッシュ・フロー計算書の活用」

・設定課題：「グローバル企業の財務諸表分析～連結キャッシュ・フロー計算書の分析を中心に～」

・教材事例：①トヨタ自動車株式会社　②コストコホールセールコーポレーション

・参考文献：①末政芳信著『トヨタの連結財務情報』（同文舘出版）2006
②“COSTCO　wholesale Anual Report 2009”
同社 URL 引用
③佐藤生美雄著『コストコがなぜ強いのか』（商業界）2012

・学習方法：2企業の財務諸表を用いて、財務会計Ⅰで履修した財務比率分析を計算させるとともに、教科書の別単元「財務諸表の活用」で取り扱うキャッシュ・フロー計算書を関係づけた、2つの比率分析を学習する。

・指導上の留意点：①財務諸表分析では競合他社と比較も考えられるが、本授業では、同一企業の現在と10年前の資料を時系列的に比較計算させ、分析させた。
②現行の指導要領によれば、この章で扱う教材は連結財務諸表としていることに留意する。

財務諸表分析（指標の計算）

連結財務諸表（トヨタ自動車）

5．キャッシュ・フロー計算書に関する検定試験験等の指導

（1）全商主催「会計実務検定試験　財務会計論科目」

過去8回の検定（財務会計論科目）ではキャッシュ・フロー計算書の作成が必須の出題になっている。指導手引書には過去の問題1回分を分析し、解法を詳細に示すとともに、演習問題を作成することとした。表示法の基準、直接法と間接法の各々の意義の相違と作成法の相違に留意して指導する。

（2）日本商工会議所主催「簿記能力検定試験」

現行の出題区分では、1級の商業簿記・会計学科目に位置付けられている。過去問題からキャッシュ・フロー計算書に関する問題をピックアップして、その解説と問題演習を中心に、選択生徒のうち、大学進学希望者対象に別途、個別指導する。なお、キャッシュ・フロー計算書に関する問題の抽出・編集については、東京IT会計専門学校仙台校の授業テキストをご提供いただき、参考にさせていただいた。

（3）全商主催「全国高等学校簿記コンクール」

全国大会問題の第二部の計算問題として出題範囲になっている。基本的なキャッシュ・フロー計算書作成と計算の知識と技術力を養い、過去問題の答練を繰り返し、計算のしくみを深く理解させるようにした。

6．関連教材研究　～指導内容のふくらみと深化のために～

（1）「黒字倒産」の意味とその事例考察

黒字倒産については4－1（4）アで示したとおり、授業ではケーススタディとして、倒産理由を考えさせるために、教材として2社を取り上げた。

事例①　株式会社アーバンコーポレイション

（資料：2008年8月倒産、負債総額は約2558億円、業種は不動産、マンション分譲、東証一部上場）過年度決算では連続4年ほど売上高経常利益率が非常に高い状態が続いていたが、なぜ資金繰りが悪化したのか。同社の5年間

のキャッシュ・フロー計算書の分析を中心に財務諸表分析を行い、生徒に究明させる。

事例② 江守グループホールディングス（HD）株式会社

（資料：本社は福井市、業種は化学品、合成樹脂等、2005年に東証二部に上場）同社は中国に進出、順調に取引規模を拡大（売上高の7割を中国で）したが、2015年民事再生法を申請、上場廃止。倒産直前5期連続、営業キャッシュ・フローがマイナス、倒産前年の連結ベースの経常利益も59億円から半額以下に減額になった。

本研究の授業実践では②は時間制約の関係で、実践できなかったが、①の事例とは倒産原因が異なり、教材化する事例企業として適当と考える。キャッシュ・フロー計算書の分析を行い、倒産の原因を生徒に深く考えさせることは、キャッシュ・フロー計算書の必要性の理解の深化につながると考える。

次に、黒字倒産の原因発見とキャッシュ・フロー計算書との関係～キャッシュ・フロー計算書の各区分の（+）（−）判断基準～について考える。

企業の財務健全性の評価として、キャッシュ・フロー計算書の区分（営業・投資・財務）ごとに金額が（+）または（−）の符号で通常、判断する。符号の組合せは全部で8通りあり、そのパターンで企業のキャッシュ・フロー状態をある程度把握できる。

［桑原2017］はキャッシュ・フロー計算書の指導にあたり、キャッシュ・フロー計算書の作成と同時展開でこの判断基準を同時に説明することを推奨する。すなわち、営業キャッシュ・フローを「稼ぐ」、投資キャッシュ・フローを「使う」、財務キャッシュ・フローを「調整」とみて、通常、余裕、ピンチ、勝負、調整中の判断基準を設定し、実際企業のキャッシュ・フロー計算書を分析する手法である。

（2）わが国におけるキャッシュ・フロー計算書の制度化の背景と経緯

ア 「意見書」の（二）キャッシュ・フロー計算書の位置づけと会計ビッグバン

「意見書」ではキャッシュ・フロー計算書の意義、目的を示すとともにわが国では、資金情報を開示する「資金収支表」（財務諸表外の情報）に代えてキャッシュ・フロー計算書を導入するにあたり、これを財務諸表の一つとして位置づけることが適当である、とする。

しかし、こうした背景にはどのような経緯があったのかは詳しくふれられていない。前「指導要領」の「会計実務」科目の教科書（加古宜士他著『会計実務』実教出版 2004 検定済）には「会計ビッグバン」の小単元で詳細に記述している。また、［谷江 2009］は、キャッシュ・フロー計算書のわが国の導入にあたって、「国際会計基準」(IFRS) や SFAS95 に準拠させるという側面が強く働いている、と指摘する。

イ　金融商品取引法

同法が適用される企業においては、キャッシュ・フロー計算書を基本財務諸表の一つとして位置づけ、2000 年 3 月期より開示が義務づけられた。この法に関しては既に「財務会計Ⅰ」で概要を履修し、法の目的や趣旨とともに、作成開示される財務諸表の種類（Ｂ／Ｓ・Ｐ／Ｌ・キャッシュ・フロー計算書・株主資本等変動計算書・附属明細表）は学習済である。「財務会計Ⅱ」の導入段階では、これらの復習を踏まえ、さらに詳細な教材をワークシートで作成する。具体的には、法的根拠となる条文（第 24 条及び同施行令第 3・4 条）も簡潔に生徒に示したい。参考文献として、黒沼悦郎著『金融商品取引法入門』（日本経済新聞出版社）2013 を用いた。

ウ　日本公認会計士協会「意見書」実務指針

「意見書」の中では、実務指針は日本公認会計士協会が関係者と協議のうえ適切に措置することが必要と考える、と記載されている。資金の範囲、表示区分、作成基準等とともに、その結論の背景とキャッシュ・フロー計算書の例示が示されている。授業では実務指針もあわせて参照させたい。

（３）中小企業におけるキャッシュ・フロー計算書作成と活用

もちろんキャッシュ・フロー計算書は、中小企業にとっても大きな意義をもっていると考えられる。［岡部 2017］は、中小企業でもキャッシュ・フロー計算書が必要であると力説する。「中小会計指針」では、会社法上、キャッシュ・フロー計算書の作成は要求されていないが、経営者自らが会社の経営実態を正確に把握するとともに、金融機関や取引先からの信頼性向上を図るためキャッシュ・フロー計算書を作成することが望ましい、としている。氏は、「キャッシュ・フロー経営やキャッシュ・フローの重要性が取り沙汰されている中、この項目は中小企業やステークホルダーにとって極めて重要ではないかと思料される」と述べている。

（4）企業価値評価およびコーポレートファイナンス理論上のキャッシュ・フローとキャッシュ・フロー計算書上のキャッシュ・フローとの概念の相違点

財務会計IIの教科書では、キャッシュ・フローという語句が随所に示されている。冒頭の財務会計の基礎概念の単元では、意思決定有用性＝「企業が将来、キャッシュ・フローを生み出す能力」に関する情報とする。この説明は、キャッシュ・フロー計算書上のキャッシュ・フロー概念と意味が異なるものと考えられ、生徒にとって後に混乱を与えかねない。［小倉 2013］によれば、キャッシュ・フローと一口で言っても、企業金融論（コーポレートファイナンス）の下で定義される概念と会計理論の下で定義される概念は異なっているとし、相違点を考察している。授業ではこのことを意識する必要があると考える。

（5）キャッシュ・フロー計算書の見方・活用と財務諸表分析

教科書では、キャッシュ・フロー計算書の単元とは別の単元「財務諸表の活用」の中で、キャッシュ・フロー計算書に関連して二つの指標を取り上げている。すなわち、

①「営業キャッシュ・フロー対売上高比率（営業キャッシュ・フロー・マージン）」
②営業キャッシュ・フロー対流動負債比率」

前者①は収益性指標、すなわち売上高からどれぐらい営業キャッシュ・フローを生み出したかを示す比率であり、後者②は経営効率指標として流動負債に対して返済財源となる営業キャッシュ・フローがどれぐらいあるか示す比率である。なお、全商主催会計実務検定財務諸表分析科目の受験を意識する場合には、この2つの指標に加えて多種多様な他の指標も取り上げる必要があろう。

（6）第三の財務諸表としてのキャッシュ・フロー計算書に関する、様々な理論的考察

キャッシュ・フロー計算書に関する会計理論研究または制度化経緯の中で、キャッシュ・フロー計算書を第三の財務諸表として位置づける、という論議をよく目にする。以下、論拠を示す4つの先行研究をみる。

ア　［染谷 1983］は、企業における「もの」の流れと「かね」の流れの両者を企業会計の対象とし、P／L・キャッシュ・フロー計算書（執筆時は「収支

計算書」)・B／Sの３つで財務諸表を構成する、とした。

イ ［安平 1994］は、「第三の財務諸表の簿記機構論的基礎付け」は上記の染谷と共通するが、違った側面から、K．ケーファーの資金計算書理論に範をとり、資金計算書の意義を展開している。

ウ ［郡司 2010］は、M．R．レーマンの学説にふれ、キャッシュ・フロー計算書の情報内容・有用性の側面（機能的側面）とともに、B／S・P／Lとの計算構造的関係を検討し、キャッシュ・フロー計算書が第三の財務諸表にするには、取引記録（複式簿記記録）から直接的に作成することが必要だとする。

エ ［石川 2015］は、キャッシュ・フロー計算書の３つの活動区分と財務諸表の相互関係を説いている。この３区分は実はB／SとP／Lをキャッシュ・フローによって関連付けている。と主張する。

（7）アメリカとドイツにおけるキャッシュ・フロー計算書に関する高校生向け基本的参考書の書評

ア 山岡道男・淺野忠克共著『アメリカの高校生が読んでいる会計の教科書』（アスペクト）2009

同書は会計学をパーソナルファイナンスの視点から説明している。具体的内容は米国のジャンプスタート連合が制定・提唱する学習内容基準に準拠、おもに日本の高校生向けに著者が翻訳している。キャッシュ・フロー計算書に関わる説明も事例を用いながら、わかりやすく簡潔に示しており、キャッシュ・フロー計算書の指導の導入段階として、用いる適切な教材と考える。

(筆者は、この文献を用いた簿記の授業実践について、全商主催平成 24 年度全国商業教育研究長崎大会において、授業実践研究を研究報告をしている)

イ P.ヴァイレンマン著、安平昭二訳『資金計算書入門』（税務経理協会）1985

著者は、チューリヒ大学の教授であり、K．ケーファーの後継者でもある。ドイツの商業高等学校の教員を勤めた経験を生かし、おもに学生や経営者向けに書かれた教科書である。キャッシュ・フロー計算書の意義をはじめ、豊富な演習問題とその詳細な解説が載っている。さきに述べたとおり、わが国ではキャッシュ・フロー計算書の、市販の教育用の教材が極めて少ない中、授業の教材として有用な著書のひとつである。

（８）国際会計基準とキャッシュ・フロー計算書の国際的統合

「財務会計Ⅱ」教科書の小単元「会計基準の国際的統合」と題して、国際財務報告基準（IFRS）の重要性を示唆する。また、「わが国の会計基準の特徴と国際会計基準への対応」に関して、会計基準の国際的統合（コンバージェンス）の観点からの国際会計基準整合するような改正について触れている。とくに、キャッシュ・フロー計算書に関しては、「IFRS X」が2010年に公開草案を発表しており、貸借対照表、損益計算書との表示の連携について提案されている。この草案は、キャッシュ・フロー計算書の指導のまとめの段階で、今後の重要な課題の位置づけとして、授業でぜひ取り上げたい。

７．おわりに　～まとめと今後の課題～

以上にわたって、キャッシュ・フロー計算書に関する教材研究、関連教材研究、そしてそれらを活用した授業実践の経過とふりかえりを行ってきた。項目ごとにまとめる。

（１）実践研究の教育的効果

キャッシュ・フロー計算書の背景になっている会計理論や制度化の経緯について先行研究レビューを通して教材研究および関連教材研究を行い、それらを授業のあらゆる場面で活用することによって、指導に奥行と幅を持たせることができた。具体的には、平成20年度の指導実践と平成29年度のそれとの比較検討してみると、次のようである。すなわち、導入初年度は、選択者が53名、私ともう１名の教員で連携しながら指導したが、教材研究も十分進まず、教科書中心の講義形式と計算書作成演習に終わってしまった。対して今年度、指導手引書として、これまでの断片的な教材研究と授業実践の積み重ねを整理、それらを活用し、より実りのある授業を実践できた。

（２）生徒の授業に対する感想とキャッシュ・フロー計算書に関する書籍講読感想文からの知見

<書籍購読の読書感想文の抜粋>　原文のまま掲載

・「本当にお金はあるのか」という疑問に対して、今までこのことを意識していなかった。P／L上の当期純利益を計算するのは簡単だけど、実際にその金額が手元にあるかが大事だと感じた。

・キャッシュ・フロー計算書に関しては、内容はわかりやすかった。でも、いざ感想文として書くと難しい。

・こうした会計分野の文庫本を読むのは初めてだったが、意外におもしろかった。

・全体的に難しかったが、実際の企業の経営状態の一部を知ることができた。

<キャッシュ・フロー計算書に関わる授業全体の感想の抜粋>

・最初はキャッシュ・フロー計算書の金額を計算してただ計算書の空欄（　）に埋めるだけの理解だったが、なぜ作るのか等根本的なことも学べた。大学に進学して深く学びたい。

・３年生になって初めて触れたキャッシュ・フロー計算書だがコツをつかむことである程度理解できた。

・B／SやP／Lではわからない会社のお金の動きについて、詳しく読み取れる表があることがわかった。

（3）今後の課題

ア［生徒観］毎年変わる科目選択する生徒の興味・関心、意欲、能力への対応（授業の難易度）をどうするか

イ［指導観］探究型学習スタイルとケーススタディの実践事例の積み重ね（データベース化）

ウ［教材観］キャッシュ・フロー計算書に関する学習内容は、会計理論や制度化等の変化に左右される。改訂指導要領の趣旨を十分に見据えながら、会計実務界の動向やキャッシュ・フロー計算書に関する会計理論研究につねに注視していきたい。

エ［キャッシュ・フロー計算書に関する検定の受験指導］全商主催会計実務検定も、日商主催簿記能力検定も、年々問題の難易度が上がっている。過去問題中心の答案練習だけでは太刀打ちできない。計数的能力や思考力、文章読解力等の育成も重要課題となる。

• 本研究は、平成29年度第28回日本商業教育学会全国（兵庫）大会第2分科会「簿記会計分野」での研究報告内容の要旨を、加筆・修正したものである。

1　渡邉泉著『損益計算の進化』森山書店　2005　203～219頁
2　佐藤倫正著『資金会計論』白桃書房　1993　145～181頁
3　伊藤清己著『ドイツ資金計算書論～1980年代の動向を中心として』愛知大学経営総合科学研究所　1993　1～23頁
4　①溝上達也稿「キャッシュ・フロー計算書の位置づけに関する一考察～英国における議論の検討～」『産業経理』第75巻第1号　2015
②同稿「英国におけるキャッシュ・フロー計算書制度化の論理」『松山大学論集』第28巻第1号　2016
5　小津稚加子稿「フランス企業会計と資金会計」安平昭二編著『簿記・会計の理論・歴史・教育』東京経済情報出版　1992　所収　110～123頁
6　中川美佐子著『イベロアメリカの会計制度』千倉書房　1996　第1～2章
7　太田哲三稿「資金と損益」『産業経理』第12巻第1号　1952
8　染谷恭次郎稿「資金運用表について～資金運用表を財務諸表の一つに加えんとする提案～」『會計』第52巻第11号　1952
同著『財務諸表三本化の理論』国元書房　1983
9　鎌田信夫著『キャッシュ・フロー会計の原理』第2版　税務経理協会　2006
10　桑原知之著『全商会計実務対応財務会計Ⅱ問題集』ネットスクール出版　2017
11　谷江武士著『キャッシュ・フロー会計論』創成社　2009
12　①岡部勝成稿「キャッシュ・フロー計算書と中小企業規模の関連性～与信決定と中小会計針No.88に着目して～」『會計』第183巻第4号　2017
②同稿「私見卓見　中小にもキャッシュフロー経営」日本経済新聞　2017.11.24付け（経済教室）
13　小倉昇稿「キャッシュフロー情報分析の理論的検証」『会計プロフェッション（青山学院大学）』第8号　2013
14　染谷恭次郎著『財務諸表三本化の理論』国元書房　1983
15　安平昭二著『会計システム論研究序説～簿記論的展開への試み』神戸商科大学経済研究所　1994
16　郡司健稿「キャッシュ・フロー会計の構造～キャッシュ・フロー計算書の表示法と作成法を中心にして～」『大阪学院大学企業情報学研究』第10巻第2号　2010
17　石川純二著『複式簿記のサイエンス～簿記とは何であり何でありうるか～　増補改訂版』税務経理協会　2015

※本文中記載の書籍・文献は除き、脚注順に掲載した。

第6章　キャッシュ・フロー計算書に関する授業実践研究

第Ⅱ部　平成30年度の実践
「ケース教材を活用したキャッシュ・フロー計算書に関する授業実践研究

－2018年3月公示改訂学習指導要領を見据えて－

A Study of New Teaching Method on Cash Flow Statement

1. はじめに　～平成30年度の実践研究の趣旨～

周知のとおり、2018年3月、文部科学省から、次期改訂学習指導要領（以下、「改訂指導要領」と略称）が公示された。ここでの大きな改訂のキーワードは、何といっても「主体的・対話的な深い学び」であろう。この視点は、すべての教科・科目が対象となっているが、こと商業編に関しては、「ビジネス感覚を働かせ」、「協働的な討議をする」ことにより、深い学びに導く授業改善と工夫が要求されている[1]。

本報告のねらいは、第一に、こうした視点を踏まえて、「商業編」の中の「財務会計Ⅱ」科目に焦点をあて、「改訂指導要領」の指導項目、指導内容および指導上の留意点を考察する。第二に、その上で、「改訂指導要領」の学年進行実施（2022年）前に、実際に、キャッシュ・フロー計算書の単元において、新しいタイプの授業の改善・工夫の試みとそのふりかえり（検証）を示すことにある。

具体的には、授業実践のこの試みを通して、その教授法として、いわゆる探究型学習と多様なケース教材の効果的な活用を有機的に組み合わせることにより、主体的・対話的な深い学びを具現化できるか、を検証するものである。

2. 本校における会計科目群の履修と年次ごとのキャッシュ・フロー計算書に関する指導

筆者は、キャッシュ・フロー計算書に関する指導の流れとして、3年間を見通す授業を考えてきた。本校の情報ビジネス科では、平成24年度入学生から、下記のように、「簿記」および「財務会計Ⅰ」科目において機会を捉えてキャッシュ・フロー計算書に関する基本的な知識を授業の一部に織り込む指導の試みを行ってきた。

（1） 1年次 「簿記」4単位必修

複式簿記おける一連の取引の記帳学習の際に、発生主義の概念に触れ、収益の実現とキャッシュの流入は同じでないこと、同様に費用の発生は、キャッシュの流出ではないことを説明した。［山岡・淺野 2009］[2]によれば、アメリカでは高校生の初期段階から会計と株式会社の仕組みを商業に関する専門高校以外の生徒も学んでいるという。授業実践では、この著書を参考にして、決算手続きの中で、貸借対照表および損益計算書とともに簡素なキャッシュ・フロー計算書について解説し、生徒に作成させた。なお、「黒字倒産」の意味も簡単に説明し、発生主義だと困ること（限界）にも言及した。

（2） 2年次 「財務会計Ⅰ」2単位必修

この科目では財務諸表の活用の単元の中で、教科書の中では、キャッシュ・フロー計算書の重要性を記述している。実際企業のデータをもとに、ケース教材として、財務諸表分析を学習した。流動性分析や安全性分析、合わせて、キャッシュ・フロー計算書に関する分析についても簡潔に比率（営業キャッシュ・フロー・マージン等）を計算させ、その意味も簡潔に説明した。教科書では大企業の事例を取り上げているが、関連して中小企業における資金繰りの重要性についても触れた。

（3） 3年次 「財務会計Ⅱ」2単位選択

年間指導計画では、教科書記載の単元の順番を一部変更して授業を行った。すなわち、財務会計の基礎概念と会計基準を学習したのち、キャッシュ・フロー計算書および財務諸表の活用の単元を取り上げた。内容については、本報告のとおりである。

3．実践研究の方法と手順 ～仮説検証型研究～

研究の方法と手順は次のとおりである。

（1）仮説の設定

「授業の中で、ケース教材を活用することにより、生徒が“主体的”に学習し、グループディスカッションやプレゼンテーションするなど“対話”（言語活動）することによって、“深い学び”を達成できる」

（2）検証の前段階の２つの考察

ア　改訂指導要領における指導項目・指導内容・指導上の留意点の考察

イ　会計学におけるケーススタディの重要性と必要性の考察

（3）検証の方法（実証）

ア　キャッシュ・フロー計算書に関する教材研究　～先行研究の書籍、論文等による～

イ　授業の指導計画（８時間配当）の立案

ウ　ケース教材を活用した授業構想　～授業概要と学習指導案のひな型の作成～

（4）検証する際の２つの観点

ア　生徒の変容＝生徒の感想からの知見

イ　指導者のふりかえりによる教育的効果の確認＝８時間配当の各授業実践の深い学びの実現の度合いをテーマに対する生徒の関心度と指導者の評価を◎、○、△、×の４段階にランク付けする。

４．改訂指導要領におけるキャッシュ・フロー計算書の取り扱いの考察

ここでの内容は、序章の記述と重複しているか、章単独として活用できるように再掲した。

（1）「財務会計Ⅱ」科目の目標

商業の見方・考え方を働かせ、実践的・体験的学習活動等を通して、会計情報の提供と活用に必要な資質・能力を育成する。　※下線は筆者

改訂指導要領によれば、育成の主眼は、(ア) 会計情報 (キャッシュ・フロー計算書を含めた財務諸表を中心として) を作成し、それを利害関係者に提供する資質・能力を育成するとともに、(イ) その会計情報を分析し、経営活動に活用する資質や能力を育てるために実践的・体験的な学習活動等が想定されている。キャッシュ・フロー計算書の単元に関して言えば、実際の企業の財務データをもとに計算書を作成し、利害関係者 (おもに株主や投資家) の立場で、あるいは経営者の立場で、実際に会計情報を分析し、投資または経営活動のために活用する能力を養うこと、と解釈することができる。以下、キャッシュ・フロー計算書の単元の指導項目と指導内容および指導上の留意点を、現行指導要領と比較し、考察を加える。

(2) 指導項目

ア　資金繰りの重要性

イ　キャッシュ・フローに関する財務諸表の作成

アについて現行指導要領では、キャッシュ・フロー計算書の必要性からアプローチしているのに対して、改訂指導要領では、資金繰りの重要性を全面に出して、より強調していると考えられる。

イに関しては、現行がキャッシュ・フロー計算書の作成としているのに対し、改訂指導要領では、キャッシュ・フロー計算書に関する財務諸表の作成と表現が変更されている。このことは、現行指導要領で示されているキャッシュ・フロー計算書のみならず、キャッシュ・フローに関する財務諸表にも範囲を拡大して取り扱い、それについて作成する基本的な知識と技術を育成するものと考えられる。たとえば、いわゆる「財務4表」という概念が示すように、「株主資本等変動計算書」等も含むものと考えられる。

なお作成にあたっては、実際企業の会計情報を用いて、実際のキャッシュ・フロー計算書を作成する等の実際的な体験をさせることも視野に入れていると読み取ることができる。

(3) 指導内容と指導上の留意点

「適切な資金繰りを行うための財務諸表の意義についても取扱う」としている。このことは、企業活動において、適切な資金繰りとそれを遂行するにはどのような財務諸表を作成するのか、という関連性を強調して指導する、という趣旨であると考える。資金繰りという概念は抽象的であるので、生徒が理解できるように実際企業のケース教材により、説明することが必要であろう。

5．会計学におけるケース教材を活用した授業の重要性と必要性

会計学において、ケース教材の活用に関して、[斎藤 1992][3]は「なぜケース・スタディが必要か」という論考のなかで、その理由を２つ掲げている。すなわち、
（１）生きた会計知識を習得させるため、
（２）会計研究を深めさせるため
それぞれ、この２点について考察してみる。

（１）生きた会計知識を習得させるため

「会計の仕組みやルールを生きた姿で学ぶには、何よりも生きた事実の観察が必要である。現実の事例を教材にして会計基準の様々な適用を学ぶのである。中にはルールを歪めた適用例もあろう。それらについて、なぜそうなったのかを実務と会計基準の両面から考えてみる必要がある。」と斎藤教授は論述している。

商業高校おいて、１・２年次で履修する「簿記」と「財務会計Ｉ」で生徒が学ぶのは、あくまでも一般的な会計基準である。専門的知識・技術であるには違いないが、実際企業の実態や経済環境が目まぐるしく変わる中では、従来のルールでは処理しきれない問題も出てくる。財務会計Ⅱにおけるキャッシュ・フロー計算書の単元は、まだ１０年余の歴史しかなく新しい会計論点である。企業会計実務に即して指導することは、生きた会計の専門的知識・技術の習得につながると考える。

（２）会計研究を深めるため

同じく斎藤教授によれば、「事例研究は理論研究を裏から支えるもの」であるという。「事例研究が重要なのは知識を実務に活かす訓練ではなく予断にとらわれずに現実を認識し、経験的に意味のある理論（仮説）をつくるのに必要なセンスを養うことであろう」とも述べている。

「財務会計Ⅱ」科目のねらいは、実践的・体験的な学習活動がキーワードに

なっている。会計ルールの意味や内容を理解した上で、実際企業の事例を直視し、観察し、分析することで、会計情報の提供や活用に対して、深い学びをもたらすものと考える。

以上の斎藤教授の論考は、本報告の研究テーマの拠り所となっている。

6．ケース教材の選定の視点

ケース教材は無限にあるといってよい。授業の中で、効果的に活用するには、単元にふさわしいケース教材を選定しなければならない。

本研究では、以下4つの視点で選定することとした。具体的には、生徒の興味･関心の度合いや指導者の教育的効果への期待度等を鑑みることとした。[　] は企業名を示している。株式会社等はここでは省略して掲載する。

（1）生徒にとって、身近な企業、または新聞等で話題になった企業
　[シャープ、京都セラミック]

（2）連結財務諸表や国際的な会計基準の観点からのグローバル企業
　[トヨタ自動車、日産自動車、任天堂、コストコホールセール]

（3）生徒にとって身近な地域産業ビジネスの視点からの地元の著名な製造企業
　[D社・Y社（山形県山形市に本社を置く著名な優良製造企業）]
　※社名を伏せることを条件に当該企業から財務諸表を教材用として提供していただいた。（ただしキャッシュ・フロー計算書は公表していない）

（4）頻繁に、会計学の専門著書や論文等で、事例として取り上げられ、ケーススタディの題材となっている倒産企業・財務破綻企業
　[アーバンコーポレイション、江守グループホールディングス（HD）、スカイマーク]

7．授業の指導計画　～8時間配当～

○使用教科書：大塚宗春他著『財務会計Ⅱ』実教出版（2013検定済）

○単元名：第10章「キャッシュ・フロー計算書」

○履修単位：３年次　２単位選択必履修

○配当時間：８時間

他の章「財務諸表の活用」を抱き合わせ８時間配当とした。

○対象生徒　13名 ３年　総合ビジネス科・情報ビジネス科・国際ビジネス科

○授業計画：下記の通り（前出の平成29年度のものを踏襲しながら一部改善）

（１）［図表６－２－７① 指導計画：学習テーマとケース教材の活用］

時	学習テーマ	ケース教材
1	キャッシュ・フロー計算書の意味と必要性	シャープ
2	キャッシュ・フロー計算書の作成①～貸借対照表・損益計算書その他の資料より作成	Ｄ社　山形県内優良製造企業
3	キャッシュ・フロー計算書の作成②	全商「会計実務検定」過去問題
4	黒字倒産の意味とその分析	①アーバンコーポレイション ②江守グループＨＤ
5	資金繰りの重要性～なぜ経営破綻～	スカイマーク
6	キャッシュベース経営の実際 稲盛和夫の実学「勘定合って銭足らす」	京都セラミック
7	財務諸表分析 （キャッシュ・フロー計算書の活用）	①トヨタ自動車 ②コストコホールセール ③任天堂
8	単元のまとめ	評価テスト

※７時限は他の章での扱いを先取りした

（２）指導の計画にあたって

指導の５本柱は、下記のように考えた。

ア　キャッシュ・フロー計算書を貸借対照表、損益計算書、株主資本等変動計算書との関係から、体系的に意義や目的、必要性を理解させる。

イ　作成方法について、検定試験過去問題を解かせることにより基礎的な知識と技術を習得させる。また、実際の企業の会計データを活用してキャッシュ・フロー計算書の作成演習を行うことにより、直接法表示・間接法表示の両方についてその意義を理解させる。

ウ　黒字倒産に着目し、頻繁に専門書等で教材として取り上げられる典型的な企業事例を取り上げ、「なぜ倒産に至ったかの分析」を財務諸表から考えさせる。

エ　まとめとして、「キャッシュ・フロー経営」について取り上げ、実際企業におけるキャッシュ・フロー計算書の活用の状業について理解を深めさせる。

オ　教科書では別章の「財務諸表の活用」の単元を先取りし、キャッシュ・フロー計算書を中心にしての財務諸表分析（指標の計算とその評価）をさせる。

（3）学習指導案と評価規準

同一フォーマットの学習指導案を7時間分作成する。なお作成にあたっては、ケース教材やケーススタディの部分については、詳細に示すとともに、見やすいように工夫する。なお、3時間目と8時間目を除き、「ルーブリック評価法」による評価規準を採用する。

学習指導案のひな型（概要版および詳細版）は章末に掲載する。

（4）授業の実践

各時間の授業実践について概要を示す。

ア　1時間目

①小単元テーマ：「キャッシュ・フロー計算書とは何か？」

②教材観：キャッシュ・フロー計算書のフォームのイメージ（全体像）を捉えるため、実際企業の計算書を用いる。話題性のある赤字決算時期のシャープの連結キャッシュ・フロー計算書を取り上げる。

③指導観：第1章で考察した「5W1H」による思考の観点から説明・解説するとともに、貸借対照表および損益計算書との関連性を示す。

④本時のねらい：キャッシュ・フロー計算書の意義について、基本的な知識を習得させる。

⑤ケース教材：シャープの連結キャッシュ・フロー計算書（第122～123期）を提示する。

⑥教授法の過程（授業の概要）：「イメージパス図」および［平野 2018］[4]が示す財務諸表関連図より、「5W1H」思考に当てはめて、意義を考えさせる。なお、1・2年次での説明を導入段階で復習する。

イ　2時間目

①小単元テーマ：「キャッシュ・フロー計算書の作成（1）

②教材観：生徒にとって身近な地元の著名な企業を取り上げることにより、興味・関心をもたせることができると考える。

③指導観：ノートパソコンを活用して、エクセルスプレットシートにより比較貸借対照表を作成させたい。

④本時のねらい：直接法表示および間接法表示によるキャッシュ・フロー計算書（営業活動の部のみ）を、エクセルシート上に作成させる。

⑤ケース教材：D社（山形市に本社、地元優良製造企業）の第６４期財務諸表（貸借対照表、損益計算書、製造原価報告書等）。

⑥教授法の過程（授業の概要）：章末の学習指導案による

⑦授業風景の写真

キャッシュ・フロー計算書の
作成演習

ウ　３時間目

①小単元テーマ：「キャッシュ・フロー計算書の作成（２）」

②教材観：全国商業高等学校協会「会計実務検定試験財務会計科目」の出題必須の過去問題を取り上げる。

③指導観：検定過去問題を解くことにより、直接法表示および間接法表示によるキャッシュ・フロー計算書の作成手法を習得させたい。

本時のねらい：設問で与えられた比較貸借対照表、損益計算書、その他資料から、キャッシュ・フロー計算書を作成させる。（　）内に該当する用語または金額をうめる設問。

④ケース教材：上記検定の過去問題２年分教授法の過程（授業の概要）：直接法表示と間接法表示の相違点に留意しながら、営業活動の部の金額計算の方法を解説する。なお、直接法表記の場合、教科書においては、精算表を

作成する手法をとっているが、本時では勘定記入法（いわゆる「ボックス法」）を採用する。

エ　4時間目

①小単元テーマ：「黒字倒産の意味とその原因分析」～2社の事例から考える～

②教材観：会計学の専門書等で頻繁に取り上げられている倒産企業のうち、2社を教材として選定した。関連資料も豊富だからである。

③指導観：2社の事例について、グループディスカッションにより、倒産原因を見出せるように、ファシリテーションを的確に行いたい。

④本時のねらい：黒字倒産の意義を理解させるとともに、ケース事例の倒産原因の原因を考えさせる。

⑤ケース教材：

○［井端 2009］[5]

アーバンコーポレイションの倒産前5期分の財務諸表

○［村上 2010］[6]

ケース教材　ディスカッション資料（有料資料）

○東京商工リサーチの記事資料[7]

○［平野 2018］

⑥教授法の過程（授業の概要）：2つのケース教材を効果的に組み合わせて、グループディスカッションを中心に倒産原因を究明させる。ディスカッションを観察し、適宜、指導助言を行う。

オ　5時間目

①小単元テーマ：「資金繰り～なぜ経営破綻？」

②教材観：2015年当時話題になったスカイマークのエアバス超大型旅客機購入契約の事例を取り上げる。

③指導観：新聞記事の内容を理解させ、なぜ経営破綻したか考えさせる。

④本時のねらい：課題解決学習「エアバス購入の原資はどこにあったか？」

⑤ケース教材：日本経済新聞の記事[8]掲載のスカイマーク事例

⑥教授法の過程（授業の概要）：新聞記事を黙読させ、生徒全員から感想を発表させ、課題解決のために意見交換ディスカッションを行う。

カ　6時間目

①小単元テーマ：「キャッシュベース経営　稲盛和夫の実学～勘定合って銭足らす～」

②教材観：本単元のまとめとして、実際の企業のキャッシュ・フローに関わった経営の実際の事例を取り上げる。

③指導観：書籍講読後の読書感想文を発表会および質疑応答をとおして、キャッシュ・フロー計算書の必要性を理解させたい。

④本時のねらい：課題解決学習「当期純利益はどこへ行ったか」を考えさせる。

⑤ケース教材：稲盛和夫『稲盛和夫の実学　経営と会計』日本経済新聞出版社　2000年
第1章「キャッシュベース経営～勘定合って銭足らす～」

⑥教授法の過程（授業の概要）：書籍講読および読書感想文発表会・質疑応答。（生徒代表が司会進行を務める）

⑦授業の基本的流れは平成29年度とほぼ同じ

キ　7時間目

①小単元テーマ：「財務諸表分析～グローバル企業の連結キャッシュ・フロー計算書の活用～」

②教材観：現行指導要領においては、財務諸表の活用にあたっては、連結財務諸表を学習対象にすることになっていることから、著名な大企業のケースを教材とする。

③指導観：とくに、キャッシュ・フローに関連する指標を企業毎に計算し分析させる。

④本時のねらい：ケースとして取り上げる企業について分析指標を計算・分析させる。

⑤ケース教材：連結財務諸表グローバル企業のキャッシュ・フロー計算書の事例として

A　トヨタ自動車

B　コストコホールセール

C　任天堂

の3社を取り上げる。Aについては10年前の財務諸表と平成29年度のそれを比較[9]、Bについては英文表記に親ませるとともに、会員制の特殊性を考慮しながらの指標分析をさせる。Cの企業は、「日本経済新聞から分析したい企業を選ぶ」という課題で、1位になった話題の人気企業の事例を採用する。

⑥教授法の過程（授業の概要）：生徒が事前に準備した財務諸表を用いて流動性・安全性の観点から、1社ずつ指標を計算させる。

⑦授業の基本的に流れは平成29年度を踏襲した。ただし、授業時間の制約から、分析指標の計算は、キャッシュ・フロー計算書に関するもののみに限定した。とりわけ、トヨタ自動車に関しては、競合他社との比較ではなく、同一会社の時系列比較分析に指導の力点を置いた。

ク　8時間目

評価テスト概要：1学期期末考査の一部。財務データからキャッシュ・フロー計算書を作成する設問（直接法・間接法の各1問）を出題した。

ケ　自主学習（事前学習）に関して

改訂指導要領においては「主体的で対話的な深い学び」がキーワードであった。本単元では、多くのケース教材を扱うため、取り扱う企業に関する、財務諸表の準備や予習が非常に大切であると考える。

こうした意味から、昼休み・放課後の時間帯を利用して事前準備を分担して行うよう指示した。具体的には、財務諸表については、インターネット検索（EDINET等）または専門書により、全員分の資料を印刷させた。生徒によっては、その企業の会社概要について調べ学習した生徒もいた。

8．仮説の検証

検証のふたつの観点は前述のとおり。

（1）本単元の授業に対する生徒感想文からの知見

感想文の要旨から下記のことを垣間見ることができた。

○キャッシュ・フロー計算書に関する基本的な知識や作成技術は商学・経済経

営系の４年制大学や短大に進学してからも、あるいは、企業の経理担当として社会人になってからも使えるものだと感じていること。また、卒業後も、キャッシュ・フロー計算書をもう少し深く学びたいという感想。わずか８時間の配当時間では、学習領域にはそれほど深入りできないという例証だと考えられよう。

○ワークブックの（　）内に項目や金額をただ埋めるだけの知識・理解だけではなく、「なぜこの計算書を作るのか」といった基本的なところの理解が生徒には印象に残っている様子だったこと。

○１年次・２年次で簡単に触れただけであり、３年生になって、キャッシュ・フロー計算書に本格的に触れたけれども、生徒が計算書作成の自分なりの“コツ”をつかむことで、だいぶ理解できるようになったこと。作成演習の課題学習（家庭学習）により繰返し学習した成果であると考えられる。

また、別の面からの感想。１・２年の簿記や財務会計Ⅰの授業では、詳しく学習した内容ではないので、最初からつまづいた。まわりのみんなに聞いたりしながら、教えてもらいながら、ようやく最後の方になって理解できるようになったという感想。グループワークを多く取り入れた効果の一つと考えられる。

○貸借対照表や損益計算書ではわからない会社のキャッシュの動きについて、詳しくわかる報告書があるという、企業でのキャッシュ・フロー計算書の重要性を生徒は理解したこと。

上記の生徒感想の趣旨から要点を整理する。

ア　研究対象生徒の半数以上は４年制大学進学（商学系、経済経営系中心）をめざしていることもあり、生涯学習の観点から、もっと深く知りたい、または学びたいという気持ちが伺える。

イ　キャッシュ・フロー計算書の作成において、理解するまで時間が要した様子であるが、解き方がわかると意外にも簡単に作成できると生徒は感じたようだ。

ウ　さまざまなケース教材に触れ、なんとなくではあっても、キャッシュ・フロー計算書の意義や必要性について生徒は理解したように思える。

エ　７時間目の経営分析の小単元は、生徒に多大なインパクトを与えたようだ。とくに、コストコホールセールに関しては、生徒の自宅から自動車にて１時間程度で移動できる商圏内に店舗があり身近な事例として、しかも英文表記のキャッシュ・フロー計算書に興味津々のようだった。また、任天堂についても、生徒自ら日本経済新聞から選定したこともあり、さまざまな指標計算に挑戦したことは有意義だった。

（2）各時間の授業のふりかえりと生徒の興味関心度と指導者の評価

ア ［図表6－2－8① 授業展開の評価一覧表］

時	学習テーマとケース教材	生徒の関心度	指導者の自己評価
1	キャッシュ・フロー計算書の意味と必要性 ＊シャープ	△	△
2	キャッシュ・フロー計算書の作成① ＊D社	◎	◎
3	キャッシュ・フロー計算書の作成② ＊会計実務検定過去問題	○	○
4	黒字倒産の意味と原因分析 ＊アーバンコーポレイション 江守グループＨＤ	△	△
5	資金繰り～なぜ経営破綻？ ＊スカイマーク	○	○
6	キャッシュベース経営の実際 ＊京都セラミック	○	○
7	財務諸表分析 ＊トヨタ自動車 コストコホールセール 任天堂	◎	◎
8	全体的評価	○	○

※凡例：◎大変よい ○よい △ ふつう

イ 指導者のふりかえり～一覧表からの知見

1時間目：話題性でシャープを取り上げたが、赤字決算の特異な事例で生徒にとっては理解しづらかったか。

2時間目：D社は、生徒が幼少から食べている菓子の製造企業だけに興味関心が高い。しかし、キャッシュ・フロー計算書の作成にあたっては不明なデータもあり、推測するにも難解だった。

3時間目：教科書の例題とともに、直接法・間接法表記とも、全員理解した。

4時間目：生徒の知らない会社。今回活用したものは内容的には難解だった。

5時間目：新聞記事内容はわかりやすかった。

6時間目：書籍講読スタイルの授業は昨年に引き続き2度目。おおむね好評だった。

7時間目：電卓の効率的な活用にもつながり、指標数値をまわりと確認する様子もあった。

9．おわりに　～まとめと今後の課題～

（1）授業実践研究のまとめ

以上にわたって、改訂指導要領の核となる概念である指導法「主体的・対話的な深い学び」を見据えた仮説をたて、実際に、多様なケース教材を活用して、キャッシュ・フロー計算書の単元に関する授業を試み、その仮説を生徒感想文等の知見から検証してきた。

大学等では、ケーススタディの授業や演習は定着しているが、高校においては、本格的に実施するにはこれからであると考える。いわば生涯学習の観点から、大学への橋渡しとして、ケース教材を活用した探究型学習がますます必要になってくると考えられる。いずれにしても、生徒感想文からも汲み取れるように、多少なりとも理解を深化が達成できたと考えるし、生徒の変容が見られたことは何よりの研究成果と窺い知ることができる。

（2）今後の課題

ケース教材を活用した授業を生かすも殺すも、われわれ指導者のファシリテーションの熟練とケース教材の選定にかかっていると言っても過言ではない。今後とも、改訂指導要領の完全実施に向けて、まずはできることから、実践していきたいと考えている。改訂指導要領の解説を再度熟読、吟味して、指導のスキルフップの研鑽を深めたい。

今後、キャッシュ・フロー計算書は、大企業のみならず、中小企業においても重要性、必要性を増している[10]。生きたケース教材を活用するためにも、つねに実務界、理論研究、法規制等を注視していかなければならない。

※　付記

本実践研究は平成30年度第29回日本商業教育学会全国大会三重大会の第二分科会「簿記・会計分野」の席上での研究報告内容を要約し、加筆・訂正を加えたものである。

1　文部科学省HP「高等学校学習指導要領商業編」(2018.3) 参照
2　山岡道男・淺野忠克共著『アメリカの高校生が読んでいる会計の教科書』アスペクト　2009
3　斎藤静樹稿「なぜケーススタディは必要か」(『現代会計ケーススタディ』中央経済社 1992 所収)
4　平野智久著『ケースブック財務会計』新世社　2018
5　井端和男著『黒字倒産と循環取引』税務経理協会　2009
6　村上裕太郎稿「キャッシュ・フローと利益の質～アーバンコーポレイションとその他の企業の事例から～」慶應義塾大学大学院経営管理研究科ケース［文書番号9291号］2010
7　東京商工リサーチHPからアーバンコーポレイションおよび江守グループホールディングス（HD）の記事を抜粋し参照した
8　日本経済新聞2015年1月29日付朝刊3面　“スカイマーク㈱拡大裏目”の記事
9　末政芳信著『トヨタの連結財務諸表情報』同文舘出版　2009　資料参照
10　日本経済新聞2017年11月24日付　朝刊15面　経済教室：岡部勝成「私見卓見：中小にもキャッシュフロー経営を」参照

第６章 第Ⅱ部の付録１

ケース教材を活用した財務会計Ⅱ　学習指導案［概案ひな型の事例］

指導者：　○○高等学校　教諭　△△　△△
日　時：平成30年６月８日（金）５校時
クラス(人数)：３年選択　13名(男子５　女子８)
教科書：「財務会計Ⅱ」(実教出版)
場　所：学校図書館

１　単元名　　第10章第４節「キャッシュ・フロー計算書の作成手続き」(1)

２　本節の目標

キャッシュ・フロー計算書の表示区分や表示方法を踏まえて、事例を用いて、実際に作成のしかたを理解させる。［思考・判断・表現］

３　指導にあたって

（１）教材観・・・昨今の会計学は資産・負債アプローチが主流であり、実務界でもキャッシュ・フロー経営が多く行われている。この意味で計算書の作成手続きは大きな意義をもつと考える。

（２）生徒観・・・財務会計に対する興味・関心が高く、学習態度も意欲的である。

（３）**指導観・・・難解な内容であるので、教授法として、「ケーススタディ」を中核としたい。**

生徒にとって身近な県内の実際の著名企業の財務データを活用し、ノートパソコンを利用して比較貸借対照表を作成させ、「探究型学習型スタイル」によるワークショップ形式の授業を試みることにより、データの趨勢を気づかせ、キャッシュ・フロー計算書作成の一連の手続きを理解させたい。

（４）評　価

比較貸借対照表を表計算ソフトウェアで作成し、キャッシュ・フロー計算書（営業活動の部）を作成することができたか。

４　本節の指導計画　８時間配当のうちの２時間目

① キャッシュ・フロー計算書とは　②本時　③キャッシュ・フロー計算書の作成手続き (2)　④ 黒字倒産とは　⑤「資金繰り」の重要性　⑥キャッシュベース経営とは　⑦キャッシュ・フロー計算書に関わる財務

諸表分析　⑧評価テスト（1学期末考査の一部として）

5　本時の指導

（1）本時の計画

準備物：前時のプリント、D社財務諸表、ノートパソコン、付箋

過程	学習活動　○発問　・指示、説明	●指導上の留意点　◎評価　◇支援
導入 （5分）	○（前時復習） ・本時の学習内容説明	◇グループ編成　4グループ ◇学習プリント配付。 ◇ノートパソコン準備・ＯＳ起動 ◇大型ディスプレイにて手順説明。
展開 （40分）	・グループワーク　※「探究型学習」プロセス ○（共　感）　D社の財務データ ○（課題設定）　・ファシリテーション **「キャッシュ・フロー計算書を作成する」** ○（気づき） ○（情報分析）　}　**「ブレーン ストーミング」** ○（創　造） ○（まとめ・計算・作成）　＋　**ノートパソコン操作** ○（表　現）　比較BS→キャッシュ・フロー計算書	◇（共感）　→財務データの共有 ◇（気づき）→D社のＢＳの趨勢 ◇（分析）　→大雑把な経営分析 ◇（創造）　→関数の活用の試み ◇（計算・作成）　データ入力 ◇ブレーンストーミングの注意点示唆 ●グループごとに巡回指導 ●細かい指示は出さない ◎評価規準：ルーブリック評価法（個人毎）の採用
まとめ （5分）	・本時のまとめ　→　ノートパソコンの収納 ・次時の予告：教室にて 作成演習（2）	◇大型ディスプレイにて全体講評 終了しない場合は放課後の課題

（2）本時の評価と手立て　［評価］比較ＢＳからキャッシュ・フロー計算書を作成する手続が理解できたか。［手立て］データ入力している最中でも的確に、自由に発言できる雰囲気づくり。

ケース教材を活用した財務会計Ⅱ　学習指導案［細案ひな型の事例］

商業科（財務会計Ⅱ）学習指導案

公開研究授業

指導者名　○○高等学校　教諭　△△　△△

1　日時・時限　平成30年6月8日（金）　5校時（13：25～14：15）

2　学年・組・人数　3年総合ビジネス科・情報ビジネス科選択
13名（男子5　女子8）

使用教室　本校図書館

3　生　徒　観　財務会計に対する興味・関心が高く、学習態度もとても意欲的である。
進路希望は、商業経済系の4年制大学・各種専門門学校、事務系民間就職と多彩であり、全商簿記1級または日商簿記2級はほぼ全員が取得済である。

4　教　材　観　昨今の会計学は資産・負債アプローチが主流であり、実務界においてキャッシュフロー経営の実践も行われている。この意味で、キャッシュ・フロー計算書の単元学習は、大きな意味をもつと考える。

5　指　導　観　難解な内容であるので、ケーススタディを中核に、講義・実習・探究型学習・書籍講読等の教授法を効果的に組み合わせ、“対話的な深い学び”に導く。

6　教　材　名　①　教科書：大塚宗春他著『財務会計Ⅱ』（実教出版）2013検定済
②　参考書：桑原知之 著『使える財務会計Ⅱ問題集』（ネットスクール）2017年版

7　大単元名　第11章「キャッシュ・フロー計算書」

8　大単元の目標　［現行学習指導要領解説から］企業における資金繰りの重要性およびキャッシュ・フロー計算書の作成を取

り扱い、キャッシュ・フロー計算書を作成できる基礎的な知識と技術を習得させる。

9　大単元の学習計画（8時間配当）

1時限目　キャッシュ・フロー計算書とは？
（講義・ケーススタディ・ワークシート）

★2時限目　キャッシュ・フロー計算書の作成演習（1）
（ケーススタディ・パソコン実習）

3時限目　キャッシュ・フロー計算書の作成演習（2）
（検定過去研究・計算演習）

4時限目　黒字倒産とは？　（講義・ケーススタディ・集団討議）

5時限目　「資金繰り」の重要性を考える
（講義・ケーススタディ・集団討論）

6時限目　キャッシュベース経営とは？（書籍講読・感想発表会）

☆7時限目　財務諸表分析〜キャッシュ・フロー計算書活用の実際
（ケーススタディ・集団討議）

8時限目　評価テスト（1学期期末考査の一部として）

※　★本時の授業　☆7時限目は、別章での取り扱いを先取り抱き合わせ

【評価規準】

関心・意欲・態度	思考・判断・表現	技能	知識・理解
キャッシュ・フロー計算書について、関心をもち、その意義・必要性・作成法等を自ら意欲的に調べたり、まとめたりしようとする。	キャッシュ・フロー計算書に関して、様々な角度から考察するとともに、意義・必要性・作成法を的確に捉え、説明しようとする。	キャッシュ・フロー計算書に関して、作成基準に基づいて、企業の資料事例から計算書を作成し、適切に活用することができる。	キャッシュ・フロー計算書について、基礎的・基本的な知識を身につけ、その意義・必要性・作成法等を十分理解している。

10　本時の小単元名　「キャッシュ・フロー計算書作成演習（1）」〜D社のケース〜

11　本時の目標　　生徒にとって身近な山形県内著名企業の実際の貸借対照表・損益計算書等を活用して、キャッシュ・フロー計算書を作成するこ

とができる。

12　本時の学習展開

過程	学習内容	生徒の活動	教師の活動と留意点	評価の観点・方法	時間
導入	本時の学習 ①D社の比較貸借対照表の作成 ②キャッシュ・フロー計算書の作成（営業活動の区分のみ）	・D社資料の準備 ・ノートパソコン起動 ・表計算ソフトウェアの起動、データ入力準備	・授業の内容と流れを指示 ・本時のねらいの説明。 ・データ入力の方法の指示		5分
展開	①D社の比較貸借対照表の作成（ひな形にデータ入力） 入力しながら ②D社の2期間の貸借対照表の金額の趨勢や特徴を考える。	D社の2会計期間の貸借対照表の数値を、ひな形をもとに入力 ・指導者の質問に対して、金額の趨勢や特徴について、気づいたことや自分の感想、意見などを言う。	ファシリテーション（時間管理） 「関数」の利用して入力速度アップを促す 13名の生徒ひとりひとり、質問をする。 ・教師のコメントは本時間ではしない。	①キャッシュ・フロー計算書はどのような過程で作成されるかわかる ②ただ数値入力するのではなく、2期間の金額の趨勢を考えられたか ・以上2つの観点について ①自分の言葉で的確に伝えられるか ②表計算の意義をまとめ、学習内容を理解しているか <ルーブリック評価法>の採用	40分
まとめ	本時のまとめ 次時の予告	データを指定フォルダに保存 ・D社資料一旦回収 ・ノートパソコンを収納棚にしまう	・指導者の全体講評（気づいたことや感想に対して） ・次回はキャッシュ・フロー計算書の作成 直接法・間接法		5分

13　本時の評価と手だて

［評価］キャッシュ・フロー計算書作成のプロセスとして、D社比較貸借対照表を作成することにより同社の2期間の金額の変化の趨勢に対して、気づいたことや感想を自分なりに理解し、他者に口頭で伝えることができ、知識・理解を深めたか

［手立て］データ入力しているシーンでも、的確に、自由に発言できるような雰囲気づくり

14　指導者としての評価と反省

・かつての授業ではやったことのない、生徒にとっても身近な山形県内の著名な企業D社の公表財務諸表を活用することで、生徒の学習に対する興味・関心が高かったと感じた。地元の産業についての理解が深まったと思う。

・生徒の感想文にもあったが、2年次までの学習は、いわゆる“検定簿記・検定会計”で実際の企業の財務諸表を見て、キャッシュ・フロー計算書をパソコンでつくる実習は有意義なものであった。

・データを入力しながら、D社の2期間の貸借対照表の金額の趨勢などを考えるのは、生徒にとってむずかしかったと考えられる。入力の時間と、趨勢分析をわけるという方法も検討の余地がある。

・この小単元内容とボリュームからして、1時間の配当時間では、足りなかった。入力が終わらない生徒もいた。指導者のほうで、ひな型を示すとき、入力のカラムを少なめに設定すべきだった。

15　授業実践後の生徒感想文一部抜粋（原文のまま掲載）

・私たちのよく知るD社の財務諸表をみて、キャッシュ・フロー計算書をつくるという学習はとて新鮮だった。

・キャッシュ・フロー計算書の作成は、意外と方法がわかりやすかった。でも、趨勢とか質問されると、よくわからなかった。

・こうした会計分野のパソコン実習は初めてだったが、おもしろかった。

・全体的にむずかしかったが、実際の企業の経営実態の一部を知ることができたのでよかった。なぜ、2期間比較で、差額マイナスがこんなにも多いことに気づいた。

16　授業風景写真　前出省略

17　その他の事項

（1）他の商業科担当教員等の評価（質問・意見・助言等）について～公開授業合評会～

・データ入力の数値のケタが大きくないか。単位を千円とか万円にして端数をつけないほうがよいのではないか。全体像がわかればよい。

・パソコン操作やエクセル関数の使い方に関して、生徒でかなり温度差がある。その点をどうフォローするか。

・キャッシュ・フロー計算書を作成させるとともに、せっかく趨勢の分析もしているのだったら、D社のキャッシュ・フローに関わる財務諸表分析も一緒に実習したらいいのではないか。

（2）ルーブリック評価法について

学習到達度を示し、評価項目ごとに、一覧表（マトリックス表）をつくり、小単元ごと評価する。

（東京都教育委員会の事例を参考にしておこなった）

※　ここに示したひな型は、青森県高等学校商業教育研究会の機関紙『2017 MERCURY』に掲載されているひな型の事例を参照して、筆者が一部改変の上、作成したものである。

終　章
本書のまとめと指導手引書の編修の方向性

われわれは、序章－学び・研究のプロローグ－のなかで、本書の学び・研究の論考は“二枚看板”になっていることを明言した。本書の執筆を終わるにあたって、それぞれの看板について、簡潔に要点をまとめておきたい。そして、各章で随時ふれてきた指導法やその考え方を、指導手引書の編修という形でまとめていきたい。

1．キャッシュ・フロー計算書に関する理論研究および制度化の論理のまとめ

1枚目の看板、つまり一つ目のねらいは、キャッシュ・フロー計算書に関する理論研究および制度化の論理を明らかにすることであった。そこでの考察の視点は、“過去－現在－将来”という時系列的に、キャッシュ・フロー計算書に関して、紐解くことであった。

具体的には、“過去”の視点は、第2章の「キャッシュ・フロー計算書に関する各国の歴史的経緯」であった。500年余にわたる簿記の歴史からすれば短いと言えるけれども、イギリスの「ダウラィス製鉄会社」の工場長が社長にあてた手紙が起源とすれば、キャッシュ・フロー計算書は、実に170年余の歴史が存在するのである。世界各国に目を向ければ、キャッシュ・フロー計算書の源流（萌芽）はその国によって、その時代、なぜ生まれたかの理由や経済的背景等、さまざまである。そして、それに対する先行研究も、その起源に対する見方もまたさまざまである。本書では、研究対象の国をわが国はもとより、ヨー

ロッパ圏からイギリス、ドイツ、フランス、そしてアメリカ、イベロアメリカ圏の代表として、いまや世界の中の経済大国となったメキシコを取り上げた。第3章の「制度化の論理」も同様である。理論研究と制度化は切っても切れない関係にあり、研究対象の国によって、二つの関係性はかなり異なっていることも窺い知ることができた。

「温故知新」という、『論語』出典の四字熟語がある。“古きを訪ねて、新しくを知る”、という意味であろうか。筆者が本書全体からすれば多くのページを割いて、多くの先行研究をレビューしてきた所以でもある。［藤本 2019］[1]は、自著のなかで、「学問としての会計学」のセクションで次のように述べている。「学問としての会計学は、現在採用されているルールが決まるまでの過程も学んでいきます。以前はこのようなやり方が採用されていたとか、本当は別のやり方も考えられるけれども、こういう理由で没になったといった内容です。商業高校で当たり前のように学んだルールですが、そのルールを最初から知ったうえで、没になったルールや考え方がその裏側にあるということに触れると、突然、点と点が線でつながったような感覚があります。会計学の奥ゆきが深まったような驚きもありました。」と。会計学をキャッシュ・フロー計算書論に置き変えれば、まさに、歴史的経緯を辿ることは、新しい発見または、将来へのひらめきにつながるのではないだろうか。歴史研究の醍醐味のひとつは、ここにあると筆者は考えている。

次に、“現在”の視点。第1章の「基礎的概念」である。本書の学び・研究の中核となる部分である。

「キャッシュ・フロー計算書は誰のためにあるのか」、「なぜ作るのか」、「どのように使うのか」、基本的な疑問は挙げれば枚挙にいとまがない。キャッシュ・フロー計算書に関する先行研究の著書・論文等は数多く存在するが、とくに「誰のために、なぜつくる」の疑問に対して、その回答を直接的に“ズバッ”っと投げかけてくれる研究文献はそれほど多くないことに気付く。論考はいわば“暗黙の了解”で始まるため、最後まできちんと読破しないと、「誰のために、なぜつくる」の疑問の答えはわからないものが多いと筆者は感じている。本書では、こうした理由から、キャッシュ・フロー計算書の情報利用者を株主・投資家、債権者、そして経営者に分けて、それぞれ論じてきたわけである。

最後は、“未来”の視点である。第4章の内容である。論議の内容は以下の二つの観点があった。

①過去に将来志向的なキャッシュ・フロー計算書の斬新的な論理の提言があったこと

ア. ［IFRS X2010］の財務諸表の連携表示

イ. 各国の1960～1970年代の将来志向的キャッシュ・フロー計算の理論

・イギリスのローソン学説、リー学説およびクリモの学説

・アメリカのバッター営業予算における「ファンド・フロー計画書」

・ドイツのリュッケによる「資金計画論」

②将来に向けた、キャッシュ・フロー計算書のあり方の提言

ア. ［IFRS ED2019］における二つの提案

○キャッシュ・フロー計算書の間接法表示の始点を「営業利益」に変更

○利息・配当金をどの区分に表示するかの選択適用の廃除

イ. わが国における予算会計での予算キャッシュ・フロー計算書のシステム構築

なお、①アであるが、過去と断言していいかどうか、イと次元が異なる。［IFRS X2010］の論議が凍結していることから、このような分類とした。

翻って、第5章は、“過去”の視点か、“現在”の視点か迷うところではあるが、内容の性格上、過去と現在にまたがるスタンスで論考するここととした。とくに、「直接法か間接法か」の論議はいますぐに結論がでるような課題論点ではないと考える。それぞれの論拠がつねに拮抗している現状のなかで、その国の特質を十分考慮しつつ、そして実務界の動向をにらみながら、制度化に結び付けていくことになると考える。

筆者はこうした観点から、わが国においては、直接法と間接法の選択適用を認めながらも、直接法の適用を推奨することを制度のなかに盛り込んではどうかと提言したのであった。「表示区分」の課題論点についても、SFAS95で示された、企業の活動領域の立場でみた3区分がいわば、「デファクト・スンダート」[2]になっている。これに対して、イギリスのFRS 1号は、「営業活動」、「投

資財務活動の損益」、「税金」、「投資活動」および「財務活動」の５区分、改訂FRS １号にあっては、「投資活動」をさらに４区分に細分化をおこない、全部で８区分と規定した事実もある。

筆者は、このイギリスのFRS １号および改訂FRS １号で示された「税金」の区分に焦点をあて、４区分表示、すなわち営業、税金、投資、財務の区分表示を提案する。

以上、第１章から５章までの論議を、“過去－現在－将来”の時系列観点から、手短に、キャッシュ・フロー計算書に関する理論および制度化についてふりかえった。ここで論議した内容はもちろん、ひとつの切り口でしかない。また、内容的に見ても、まだまだ論議を尽くしていない論点や論議に舌っ足らずの面があることは否めない。こうした論点は、筆者の今後の研究課題としていきたいと考えている。

なお、第６章の内容は授業実践研究であるので、まとめは割愛する。

２．指導手引書作成の編修の方向性と今後の課題

さて、本研究の２枚目の看板、つまり二つ目のねらいは、キャッシュ・フロー計算書に関する理論研究および制度化の論理を考察することによって、高等学校商業科「財務会計Ⅱ」科目の「キャッシュ・フロー計算書」の単元指導のための指導手引書の作成の試みであった。指導の対象は、商業高校生はもちろんであるが、大学の商学系で財務会計論、あるいは財務諸表論等で、キャッシュ・フロー計算書について初めて学ぶ大学生等も含んでいる。指導手引書編修の観点は、本書の副題が示すとおり、2022年実施改訂指導要領の内容を見据えることであった。

ここで、本研究のスタート時点から想定していた編修案を［図表７－２①］として、次に示したい。理論研究の内容、制度化の論理の内容から、改訂指導要領が掲げている指導項目と内容に変更したものになっている。

［図表7－2①　2022年実施改訂学習指導要領を見据えた、「財務会計Ⅱ」科目の「キャッシュ・フロー計算書」単元の指導手引書　編修（私案）

	指導項目	指導内容	想定　指導教授法	本書の章・課題
1	基礎的知識	意　義 　必要性 　資金の範囲 （関係法規） （IFRS）	講義 簡易な事例 ミニコラム＊	第1章 （第2章） （第5章） （第4章）
2	資金繰り	資金繰りの重要性	講義 事例研究 （ケーススタディ：経営破綻・黒字倒産）	第1章
3	作　　成	作成の基本 ・区分表示 ・表示法 　（直接法・間接法） ・利息、配当金の区分	講義 ディスカッション （ディベート、 　ケーススタディ） ミニコラム＊	第1章 第5章 （第4章）
4	作成演習	簡易な資料から直接法表示と間接法によって表示作成	演習 作成法①精算表②勘定記入法BOX法 （検定試験学習）	第5章 ※本書では作成のプロセスは取り扱っていない
5	財務諸表の活用	財務諸表分析 キャッシュ・フロー計算書との関わりで3つの指標	計算演習 企業事例分析	第1章
6	課題研究 （章末課題）	単元全体	探究型学習 アクティブ・ 　ラーニング ・グループワーク ・発表会・レポート 　作成	第1章から 第5章まで

出所：筆者作成

＊印のコラムは補助教材である。下記、［図表7－2②］に想定しているものを示す。

今後、キャッシュ・フロー計算書に関する指導に際して、学習者に興味・関心を抱かせ、理解をより深めるために、授業で取り入れることのできる、補助教材（トピックス・ミニコラム）について、以下の8項目の教材テーマを選定する。

［図表７－２②　指導手引書に掲載する補助教材（トピックス・ミニコラム）］

１　すでに指導実践を試みている補助教材	該当指導項目
（１）「黒字倒産」の意味と事例研究	資金繰り
（２）わが国におけるキャッシュ・フロー計算書制度化の経緯	基礎的知識
（３）アメリカ・ドイツにおけるキャッシュ・フロー計算書に関する教育事情	課題研究
（４）IFRS と会計基準の国際的統合（コンバージェンス）	基礎的知識
２　これから教材研究をおこなう予定の補助教材	**該当指導項目**
（５）中小企業における資金繰りとキャッシュ・フロー計算書	課題研究
（６）会計学上とコーポレートファイナンス上との「キャッシュ・フロー」概念の明確な相違	基礎的知識
（７）アクティビティ教授法を採り入れたキャッシュ・フロー計算書の学習活動～「キャッシュ・フローかるた」の制作とゲームの事例～	課題研究
（８）地元企業の財務諸表（キャッシュ・フロー計算書）のケース教材	すべての指導項目に適用

出所：筆者作成

高等学校における商業教育に、キャッシュ・フロー計算書の単元をはじめて指導したのは、平成 18 年度であった。平成 10 年に「意見書」が出され、連動して金融商品取引法の改正されたことをうけ、旧指導要領商業編が平成 16 年度より実施されたのであった。科目は「会計実務」、そして現行の指導要領のもとでは、「財務会計Ⅱ」科目、さらには、2022 年実施改訂指導要領においてもキャッシュ・フロー計算書の単元が踏襲された。しかし、科目名は同じでも、指導のねらい、指導内容や指導法は、大きく様変わりする。「財務会計Ⅱ」科目は、生徒にとっても、われわれ指導者にとっても比較的に難解とされ、文部科学省の統計によれば、全国の商業高校の約半数しか履修していない現状にある。だからこそ、「主体的で対話的な深い学び」[3] の指導法の実現に向けて、本書の２枚目の看板のねらいであった、2022 年度以降の改訂指導要領を見据えての、われわれ教員のための指導手引書の作成を急がなければならない。

文部科学省によれば、指導要領は、10 年先を見据えて作成するのだという [4]。逆に教科書は文部科学省の検定のため、３年前の段階で作成されると言われている。“Society 5.0 時代”を迎え、人生 100 年時代、グローバル社会の進展の中で、簿記会計のプロフェッションである公認会計士や税理士の仕事内容も大きく様変わりするに違いない[5]。そしてAI技術の高度化により、新たな会計教育観へシフトすると考えられる[6]。われわれは、これまでの永年にわたって培われてきた会計学研究や会計学教育論を十分に踏まえながら、これからの会計学のあり方、それに連動して、高校簿記教育のあり方、ひいては大学における会計学研究のあり方を模索していかなければならない[7]。もちろん、キャッシュ・フロー計算書に関する指導のあり方も例外ではない。

繰返しになるが、本書では、第4章において、未来志向的キャッシュ・フロー計算書の研究も取り上げた。未曽有の時代の変化は日進月歩である。今後とも、本研究でレビューした考察を足掛かりにして、"未来"のキャッシュ・フロー計算書に関する理論を構築していくとともに、教育の不易と流行を十分見据えながら、時代の変化に対応した教育のあり方も模索していかなければならない。また、第4章で取り上げた、2020年11月現在、パブリックコメント期間は終了したが、[IFRS ED2019] の公式見解を注視していかなければならない。

1 ［藤本 2019］藤本拓也『商業高校から一橋大学に入って公認会計士試験に合格した話』とりい書房　2019年　178頁より引用

2 ［水野・小川 2004］水野学・小川進「同業他社へのノウハウ公開の効果」『組織科学』第38巻第1号　2004年の論文中 に、用語の定義が説明されている。
工業や商業に関する商品や技術等、ISOやJIS等の標準化機関が定めた規格ではなく、市場における競争の結果広く採用され「結果として事実上標準化した基準」のことを言う。

3 京都大学准教授　石井英真氏「主体的、対話的な深い学び」の実現にむけた授業改善」
（福島大学人間発達文化学類　2020教育実践ラウンドテーブル基調講演）聴講した。具体的な指導法の講演内容の趣旨は、すでに第1章で論議した。

4 文部科学省初等中等教育局参事官付産業教育振興室（商業）教科調査官 田中　圭氏および文部科学省初等中等教育局視学官　矢幡清司氏　いずれも「高等学校学習指導要領の改訂と実施に向けて」講話の聴講による（講師招聘；日本商業教育学会　2019年、2020年）

5 ［佐々木他 2020］佐々木大輔他『会計士・税理士はこれからどう生きるか－AI時代にも稼げる働き方の未来地図』KADOKAWA　2020年 参照

6 ［渡邉 2018］渡邉泉「これまでの会計、これからの会計」『會計』第195巻第7号　2018年参照、および［渡邉 2019］渡邉泉『会計学者の責任－歴史からのメッセージ－』森山書店　2019年　第9章　参照

7 ［柴他 2015］柴　健次・荒木孝治「高校生の会計教育に関する意識－会計教育に関する高校生アンケートの分析－」『関西大学商学論集』第60巻第3号　2015の論考を今後十分に吟味し授業実践に活かしていきたい。

おわりに　～学び・研究のエピローグ：キャッシュ・フロー計算書の現在・過去そして未来へ～

最後まで、この本に目を通していただき、ありがとうございました。いくらかでも、お役に立ちましたでしょうか。

はしがきの冒頭でふれましたが、読者諸氏はさまざまな立場の方々を想定して、筆を進めてきました。

- 商業に関する専門高校生で「財務会計Ⅰ・Ⅱ」科目で、キャッシュ・フロー計算書を学習している高校生の皆さん。
  ⇒第１章で、キャッシュ・フロー計算書に関する基本的知識はいかがでしたか。もしかしたら、表現が難しかったかもしれませんね。本書では、教科書に詳細に記載されている直接法表示と間接法表示の計算書の作成法については、その細かいノウハウにはふれませんでした。直接法に関しては、勘定記入法やいわゆるボックス法等の作成法があります。皆さんは、作成は十分にマスターしていることと思います。その背景となっている考え方も、注視すべきでしょう。
- キャッシュ・フロー計算書を初めて学ぶ商科・経営系の大学生の皆さん。
  ⇒大学生諸氏は、「財務会計論」や「財務諸表論」等の授業・講義のみでは、計算書に関する基本的な知識を習得するのは、難しいかもしれません。計算書の作り方は、他の参考書に譲るとして、理論や制度化の論理をもう一度、目を通して確認してほしいと思います。
- 簿記・会計学系の専門学校で、税理士や公認会計士を志している専門学校生で、キャッシュ・フロー計算書をもう少し深く学びたいと思っている学生諸氏。
  ⇒日本商工会議所の簿記検定試験の簿記会計・会計学科目に、キャッシュ・フロー計算書の知識や計算問題が出題されています。授業もあるかと思います。出題数は少ないものの正答率をあげるには基本的かつ幅広い知識が必要になるでしょう。
- 日々、企業の会計経理部門等で、キャッシュ・フロー計算書を含む財務諸表に携わっているビジネス・パーソンの皆さん。

⇒大企業の経理部門で、キャッシュ・フロー計算書の四半期ごとの作成。そして、キャッシュ・フロー計算書に関わる財務諸表分析。IT 化も進展し、すべてパソコンでの処理でしょうか。筆者はインターンシップを除き、企業での勤務経験がありません。理論上、制度上と実務界は必ず一致しているとは限らない故に、思わぬ勘違いがあるかもしれません。

○キャッシュ・フロー計算書に興味・関心があり、これから学ぼうとしている方々。

⇒金融商品取引法に該当する連結企業は、計算書を作成し、公表しなければなりません。わが国においては、制度化されてから、22 年。歴史的にみれば、新しいことなのです。貸借対照表や損益計算書の歴史とからすれば足元にも及ばないと言えるでしょう。しかし、本書で再三再四述べてきたように、キャッシュ・フロー計算書はグローバル経済社会において、とても重要な財務諸表のひとつであるに違いありません。

ぜひ、興味関心のある読者諸氏は、本書で気になった部分をもう一度、見直してはみてはいかがでしょうか。

●商業に関する専門高校において、「財務会計Ⅱ」科目等を教えている高等学校商業科の先生方。

⇒本書の読者諸氏のメインターゲットは、キャッシュ・フロー計算書に関する指導者の皆さんです。高等学校で「財務会計Ⅰ」または「財務会計Ⅱ」の授業を担当されている商業科の先生方。キャッシュ・フロー計算書の学習単元の教材研究の一助としてお役に立ちましたでしょうか。筆者が教員になりたての頃、先輩の先生から、次のように言われました。「1 時間の授業では、20 時間の教材研究が必要であり、教材観と指導観を明確にせよ」と。20 時間は大袈裟かもしれませんが、十分な教材研究が必要であることは事実です。基礎知識の定着はもちろん、限られた配当時間の中で、いかに“授業にふくらみ”をもたせることができるかが重要だと考えます。本書の内容が完成版だとは思いません。指導実践を重ねるうち、変わりうるものです。会計制度も変わる可能性もあります。

2022 年度には、改訂指導要領もスタートします。本書は、この改訂を見据えて論考してきたつもりです。ぜひ、指導の参考にしていただければ、筆者にとって幸甚のかぎりです。

●商科・経営系の大学で、「財務諸表論」等を学生に対して教えたり、キャッシュ・フロー計算書を専門の研究分野になさっていたりする大学の先生方。

⇒本書は、第１章～５章においては、学術論文の意味合いも持たせています。膨大な書籍と論文を駆使して論考しましたが、筆者の理解が誤っていたり、思わぬ勘違いがあったりの危惧は否定できません。学会等をとおして、先生方の忌憚のないご指導ご鞭撻をいただければ幸いです。

○その他、タイトルを一見して、何となく手にとってくださった等、諸々の皆さん。

⇒いかがでしたか。

本書は、上記に羅列した皆さんを念頭におきながら、下記の二つの目的で書きました。

目的１［●で示した読者諸氏］ 指導の手引書としてご活用できるように、基礎理論から、一般的な、いわゆるハウツー本では詳細に取り扱わない歴史的経緯等の項目も網羅しています。

目的２［○で示した読者諸氏］ 文部科学省検定済教科書や問題集には記載されていない項目も含めて、もっと深く学ぶために、副教材的な視点での活用できるように、“５Ｗ１Ｈの思考”により、わかりやすい説明・解説をしました。とくに、商業高校で、財務会計Ⅰ・Ⅱを学ぶ高校生諸君には、学びが最適解になるように配慮しました。

それぞれ、読者諸氏の必要な章全体や部分について、ご活用いただければ、筆者にとって望外の幸せです。

ところで、筆者が、キャッシュ・フロー計算書に初めて出会ったのは、高校３年生の時でした。商業高校の出身なのですが、「簿記会計Ⅲ」科目（当時の科目、現在の「財務会計Ⅱ」に相当）の特別授業の中で、「黒字倒産」という言葉が出てきました。「何期も連続して損益計算書に、当期純利益が計上されているのになぜ企業はつぶれるのか？」腑に落ちませんでした。放課後、授業担当の先生に放課後、聞きに行くも、「自分で調べなさい」と一蹴。図書館でいろいろ調べるうち、貸借対照表や損益計算書の他に、「資金計算書」(当時はこのように呼んでいた) なるものが存在することを知ったのです。なぜ?? 好奇心は尽きない。大学に進学した大きなきっかけにもなりました。

大学では、早速、会計学の基礎はもちろん、管理会計・経営分析の領域 (とくに資金会計論) に深くふれることになりました。アメリカにおける資金計算書の考察をとおして、件(くだん)の黒字倒産のメカニズムも鮮明になりました。好奇心はとどまらず、「ドイツでは、資金計算書論について、どのような研究が行われているのだろうか、アメリカの資金計算書とどう違うのだろうか」という疑問。神戸まで足を伸ばし、大学院にて、ドイツ簿記理論・資金会計論の権威の先生に師事し、継続研究。

修了後は、地元山形に戻り、公立高等学校の商業科教員として、母校を中心に、34年間余教鞭をとりました。会計関係科目 (簿記・財務会計・原価計算等－時代によって科目名は異なる－) がメイン担当でした。キャッシュ・フロー計算書に関する指導は、平成20年度から、10年間携わりました。その傍ら、リカレント教育として、会計学指導のスキルアップとして、再び大学院の門をたたき、最新のキャッシュ・フロー計算書論を極めています。簿記会計は私にとってライフワーク。簿記の800年余の歴史のなかをさまよい続けています。

かの有名な元NHKアナウンサーの鈴木健二氏は、「知るは楽しみ、知識は財産、たくさん持つと人生を楽しくしてくれる」といった名言を番組の中で常套句とされていました。本書では、筆者の、こうした長きにわたる継続研究の一端を紹介してきました。かつて、ある教え子生徒は、「キャッシュ・フロー計算書は、最初むずかしそうで、とっつきにくかったが、いざ学習してみると、意外と楽しかった」という趣旨の感想を残しています。

話は変わりますが、筆者がある大手書店で、ビジネスコーナーを覗いていたら、ある本を手に取りました。

それは、『中小企業診断士第一次試験過去問題集～財務・会計分野』。パラパラと立ち読みしていると、偶然、「キャッシュ・フロー計算書に関する問題」。解答肢は四択なのですが、ひっかけ問題も含まれ、意外な難しさを感じました。

本書では、詳しくふれませんでしたが、本書のテーマのキャッシュ・フロー計算書は、大企業とは別の意味で、中小企業でこそ、必要性が高いと筆者は考えています。このことについては、今後の研究課題としたいと思います。時代は、日進月歩です。本書でも垣間見たように、キャッシュ・フロー計算書に関する課題は未だ解決していない問題が山積しています。IFRS財団も盛んに論議しています。キャッシュ・フロー計算書の多様な利用者にとって、活用できる計算書に関する理論構築と制度化がよりよいものに進展することを願ってやみません。

それでは、キャッシュ・フロー計算書の“知の扉”をこの辺で閉じたいと思います。

窓から蔵王連峰を望む書斎にて

我妻　芳徳

［謝　辞］

本書を執筆するにあたり、福島大学大学院経済学研究科修学中、多くの先生方に多くのご指導、ご支援そしてご協力いただだいた。この場を借りて、心から感謝の意を表します。

まずもって、福島大学准教授の平野智久先生。4年間以上にわたって、愚鈍な学生である筆者に対して、ご多忙の中、会計学の基礎の基礎から教えていただき、また本書の研究テーマに沿った最新の学術研究の書籍や論文を紹介・提供してくださり、的確な助言をいただき、ほんとうにありがとうございました。大袈裟ですが、常に明るい雰囲気の先生の温かくも厳しいご指導がなければ、本書は完成しなかったかもしれません。

そして、同大学教授の貫田岡先生。管理会計学の基礎から応用分野、そして実務界の事例まで、高等学校の教科書を使いながらの深い理解に導く指導はとても印象に残っています。さらに、同大学准教授の菊池先生。本書の第2章で取り上げた歴史研究に際して、とくにヨーロッパの経済史を中心に、詳細にご教示いただきました。とりわけ、ドイツの産業経済状況については知っているようで知らないことばかりであり、第2章「歴史的経緯」に関する内容について多くのヒントをいただき、感謝の意に堪えません。加えて、メキシコの歴史、経済問題、そして本書でも取り上げた「マキラドーラ」政令に関して、多彩な文献を用いて丁寧に教えていただいた同大学教授高田先生。コーポレートファイナンス理論を基本から教えていただいた准教授の根建先生に感謝いたします。

そもそも、本研究のスタートは筆者が高校3年生に履修した「簿記Ⅲ」のなかの授業の1コマにありました。日商簿記検定試験1級「会計学」科目の学習の中、当時1年時の担任でもあり、山形県下、簿記指導の第一人者の異名をとる先生が特別講座として、「黒字倒産」をテーマにした授業をしてくださいました。「損益計算書に当期純利益が何年も継続してでているのに、なぜ企業はつぶれるのか、なぜ倒産するのか？」。授業中はなんとなく腑に落ちません。放課後、その疑問をもう一度、件の先生に尋ねると、「自分で考えなさい、宿題、宿題！」の一言の返答。

福島大学経済学部に入学する大きなきっかけのひとつになった言葉でした。就職希望を大学へと方向転換を指南していただいたのも先生でした。筆者の勤務校では先生とは机が隣で、周りから師弟関係と評された、今は亡き高梨三郎先生に感謝の意を表します。

学部在学中、現名誉教授の相良勝利先生のゼミに所属、ペイトン＝リトルトン著『会社会計基準序説』翻訳書を皮切りに、飯野利夫著『財務会計論』をはじめ、数多くの専門書の講読をとおして、財務会計、管理会計関する学説の真意を正確にとらえる方法を教えていただき、卒業論文は、「アメリカにおける資金会計理論の一考察～バッターの資金理論を中心に～」でした。バッターの資金理論は、本書でもふれましたが、次の疑問は「では、ドイツの資金会計論はどうなっているのか？」でした。幸いにも、相良先生も、バッターの資金理論と同時期のドイツのワルプやレーマン等の所論についての研究をなさっていました。筆者が神戸商科大学大学院経営学研究科博士前期課程に進学する大きなきっかけを与えてくださいました。改めて、相良先生に、この場を借りて御礼申し上げます。

兵庫県立神戸商科大学（現：兵庫県立大学）大学院では、当時、税理士試験の試験委員であり、高等学校商業科用の「簿記」の教科書（文部科学省検定済教科書）の執筆に携わり、「日本簿記学会」の初代会長であった、同大学教授の安平昭二先生に師事しました。ドイツにおける簿理理論、勘定学説、ケーファーをはじめとする資金会計論はもとより、高等学校簿記教育の真髄を筆者に授けてくださいました。修士論文の題は、「資金会計理論に関する一考察－ラハニットの『期間貸借対照表』について－」でした。

ラハニットの論文「期間貸借対照表について－会計報告、企業分析、企業管理の手段として－」は、ドイツにおける資金会計論の歴史的経緯とアメリカにおける資金会計理論を融合させて期間貸借対照表という独自の概念のもと、キャッシュ･フロー計算書を提言する内容でした。まさに、ドイツのキャッシュ･フロー計算書理論の流れを考察するための素晴らしい研究題材であったと思います。当時はこの論文の翻訳書もあるはずはなく、翻訳してまとめるので手一杯だったように思います。安平先生の「ちがうやろ！」という檄が飛ぶ演習の日々。筆者が高校の教員を 30 数余年、続けてこられたのも先生のおかげと確信しています。ほんとうにありがとうございました。本書を先生に直接お会いして上梓の報告をするという夢は叶いませんでしたが、亡き先生の墓前に、本書を捧げたいと思います。

最後になりますが、福島大学大学院経済学研究科に修学するにあたり、温かい目で見守ってくれた、山形県立米沢商業高等学校の校長先生および商業科担当の先生方に感謝申し上げます。とりわけ、修学について親身に相談に乗っていただいた元校長の小原敏之先生（現：大原学園大原簿記情報ビジネス医療福祉専門学校山形校校長）をはじめ、「財務会計Ⅱ」科目でキャッシュ・フロー計算書の単元を一緒に指導した先生方に感謝の意を表します。

本書の上梓にあたり、株式会社神戸新聞総合印刷営業事業本部出版部の堀田様には、制作の初期の段階から、デザインレイアウト、ゲラの校正等まで、大変お世話になりました。改めて感謝申し上げます。

我妻　芳徳

A　本文中の脚注に記載した引用参考文献（書籍・論文）再掲〔章別〕

章	A書 B論		著者名	書名・論文名	出版・雑誌名、巻号	出版年
0	A	し	実教出版編修部	『財務会計Ⅱ指導書』	実教出版	2015
0	B	わ	我妻　芳徳	キャッシュ・フロー計算書に関わる指導法の研究－指導手引書の作成の試み	日本商業教育学会『商業教育論集』第28集	2018
0	B	わ	我妻　芳徳	ケース教材を活用したキャッシュ・フロー計算書に関わる授業実践研究－2018年3月公示改訂学習指導要領を見据えて－	日本商業教育学会『商業教育論集』第29集	2019
0	B	も	文部科学省	商業教育の実態調査資料	文部科学省	2019
0	B	な	中筋　健太	財務会計Ⅰの中でのキャッシュ・フロー計算書の指導	『商業教育研究』第69号（全国商業高等学校協会）	2017
0	B	に	西村　修一	高等学校学習指導要領の改訂と商業教育	『とうほうnavi 商業教育資料』第11号	2018
2	A	ほ	J..G. ホワイト（川添節子訳）	バランスシートで読みとく世界経済史	日経PB社	2014
2	A	た	田中　靖浩	会計の世界史	日本経済新聞出版社	2018
2	B	み	溝上　達也	英国運河会社における資本勘定－Kennet&Avon運河における1794年から1810年までの会計報告－	『松山大学論集』第19巻第6号	2007
2	B	み	溝上　達也	資金計算書の淵源－Kennet & Avon運河による1812年から1817年までの会計報告	『松山大学論集』第21巻第2号	2009
2	B	む	村田　直樹	Kennet and Avon運河の会計報告1794-1833	『長崎県立大学論集』第27巻第2・3号	1994
2	A	む	村田　直樹	近代イギリス会計史研究－運河・鉄道会計史－	晃洋書房	1995
2	A	こ	コリン・ジョイス、森田浩之訳	「イギリス社会」入門	NHK出版	2011
2	B	む	村田　直樹	現金主義と発生主義の会計史	『経済集志』日本大学経済学部　第86巻2・3号	2016
2	A	く	久保田秀樹	『市場経済の発展と発生主義会計の変容』	『滋賀大学経済学部研究叢書』26号	1996
2	A	と	友岡　　賛	『会計の歴史』	税務経理協会	2016
2	A	な	中村　萬次	『英米鉄道会計史研究』	同文舘出版	1991
2	A	む	村田　直樹	『鉄道会計発達史論』	日本経済評論社	2001
2	A	わ	渡邉　泉	『損益計算の進化』	森山書店	2005
2	B	わ	渡邉　泉	産業革命時における損益計算の展開－イギリスの簿記史－	平林喜博編著『近代会計成立史』同文舘出版　所収	2005
2	A	わ	渡邉　泉	『会計の歴史探訪』	同文舘出版	2014
2	A	わ	渡邉　泉	『会計学の誕生-複式簿記が変えた世界』	岩波新書	2017
2	A	く	倉田三郎監修	『資金会計論の系譜と展開』須藤芳正・谷光透編著	ふくろう出版	2015
2	B	く	黒澤　清	近代会計学と複会計制	『税経通信』第12巻第10号	1957
2	A	い	伊藤　清己	『ドイツ資金計算書論』	同文舘出版	1985

章	A 書 B 論		著者名	書名・論文名	出版・雑誌名、巻号	出版年
2	A	い	伊藤　清己	『ドイツ資金計算書論の展開－1980 年代の動向を中心として』	『愛知大学経営総合科学研究所』	1993
2	B	く	倉田　三郎	イギリスの複会計制度と資金計算書	『松山商大論集』第 29 巻第 5 号	1978
2	B	さ	澤登　千恵	19 世紀中葉イギリス鉄道会社の複会計システム	『會計』第 175 巻第 4 号	2009
2	A	い	飯岡　透・中原　章吉	『バッター資金会計論』（翻訳書）	同文舘出版	1971
2	B	さ	澤登　千恵	19 世紀英国鉄道会社の外部報告書－なぜ英国鉄道会社は複会計システムを採用したのか－	『六甲台論集経営学編』第 48 巻第 1 号	2001
2	B	わ	我妻　芳徳	資金会計理論に関する一考察－L.. ラハニットの『期間貸借対照表』について	神戸商科大学大学院経営学研究科修士論文	1985
2	B	さ	相良　勝利	商人的収支計算と流動性分析－M.R. レーマンの所論を中心として－	『商学論集（福島大学）』第 51 巻第 3 号	1983
2	B	に	新田　忠誓	動的貸借対照論シェーマの難点－M.R.. レーマン理論と E. コジオール理論の吟味－	『商学論叢（神奈川大学）』第 11 巻第 1 号	1975
2	A	や	安平　昭二他訳	『ケーファー資金計算論の理論（上巻）』（翻訳書）	千倉書房	1973
2	B	お	奥山　茂	年次決算にみる資金概念－Kapitalflussrechnung の意味	『商経論叢（神奈川大学）』第 50 巻第 2 号	2015
2	B	う	上野　清貴	コジオール収支的会計理論と収入収支観	『財務会計研究』第 10 号白桃書房	2016
2	A	う	上野　清貴	『収入収支観の会計思考と論理』	同文舘出版	2018
2	B	こ	興津　裕康	コジオールの収支的貸借対照表	戸田博之他編著『20 世紀におけるわが国会計学研究の軌跡』白桃書房	2005
2	B	お	小津稚加子	フランス企業会計と資金会計	安平昭二編著『簿記会計の理論・歴史・教育』東京経済情報出版	1992
2	B	さ	斎藤　昭雄	フランスにおける資金計算書の展開	『経済研究（成城大学）』第 55-56 合併号	1976
2	A	さ	佐藤　倫正	『資金会計論』（初版）	白桃書房	1993
2	B	や	山﨑　泉	W.J.Vatter および A.B.Carson の資金理論	『京都産業大学論集』社会科学系　第 23 号	2006
2	B	い	石川　純治	資金計算書の歴史的展開と数学的展開－その照応関係の一視点－	『駒澤大学　経済学論集』第 38 巻第 4 号	2007
2	A	か	鎌田　信夫・藤田幸男共訳	『財務報告と支払能力の評価』	国元書房	1983
2	B	お	奥薗　幸彦	企業の支払能力の評価指標についての一考察－流動比率か、営業キャッシュ・フローか	『九州国際大学経営経済論集』第 15 巻第 2-3 合併号	2009
2	B	な	中川美佐子	メキシコにおける商法・会社法の改正－会計規定を中心として－	『国際商事法務』第 9 巻第 5 号	1981
2	B	な	中川美佐子	メキシコにおける会計・監査制度	『関東学院大学研究論集』経済系第 178 集	1994

章	A書 B論		著者名	書名・論文名	出版・雑誌名、巻号	出版年
2	B	な	中川美佐子	メキシコにおける会計発達小史	『會計』第148巻第1号	1995
2	A	な	中川美佐子	イベロアメリカの会計制度	千倉書房	1996
2	B	な	中川美佐子	ラ米紀行その1	『會計』第113巻第3号	1978
2	B	お	太田　哲三	資金と損益	『産業経理』第12巻第1号	1952
2	B	そ	染谷恭次郎	資金運用表について	『会社経営』第2号	1950
2	B	そ	染谷恭次郎	資金運用表について - 資金運用表を財務諸表のひとつに加えんとする提案 −	『會計』第62巻第6号	1952
2	B	そ	染谷恭次郎	資金運用表の生成過程をたずねる	『早稲田商学』第100号	1952
2	B	そ	染谷恭次郎	ケスターの資金運用表とコールのWhere got Where gone表	『會計』第59巻第3号	1951
1	B	ま	松村　勝弘	キャッシュ・フロー・ブームの問題点とキャッシュ・フロー情報利用の一視点	『龍谷大学経営学論集』第50巻第4号	2011
1	A	く	桑原　知之	『使える財務会計Ⅱ』　文部科学省検定済教科書	ネットスクール出版	2018
1	A	た	田宮　治雄	『なぜ作る･何に使うキャッシュ･フロー計算書』	中央経済社	1999
1	B	う	梅田　誠	キャッシュ・フロー計算書の必要性	桜井通晴・佐藤倫正編著『キャッシュフロー経営と会計』	1999
1	A	し	白田　佳子	『企業倒産予知モデル』	中央経済社	2003
1	A	す	W.R. スコット、太田康広・椎葉淳・西谷順平訳	『財務会計の理論と実証』	中央経済社	2008
1	A	い	石川　純治	『キャッシュ・フロー簿記会計論 - 構造と形態』	森山書店	2005
1	B	ま	牧田　正裕	FASB基準書第95号キャッシュ・フロー計算書の形成問題と帰結 − 発生基準会計利益の主導性の再認識 −	『立命館経営学』第35巻第2号	1996
1	A	い	井端　和男	『最近の粉飾 − その実態と発見法』第2版	税務経理協会	2008
1	A	ふ	藤井　秀樹	『入門財務会計　第3版』	中央経済社	2019
1	A	い	池田　正明	『新版企業価値を高めるFCFマネジメント』	中央経済社	2013
1	B	さ	佐藤　倫正	キュッシュ・フロー計算書とは何か	桜井通晴・佐藤倫正編著『キャッシュフロー経営と会計』	1999
1	A	た	武田　隆二	『最新　財務諸表論』第11版	中央経済社	2008
1	A	さ	桜井　久勝	『財務諸表分析　第7版』	中央経済社	2017
1	A	あ	足立　武志	『知識ゼロからの経営分析入門』	幻冬舎	2010
1	A	お	大塚宗春 他	『財務会計Ⅱ』文部科学省検定済教科書	実教出版	2015
1	A	く	桑原　知之	『財務会計Ⅱ指導者テキスト』	公益財団法人全国商業高等学校協会	2012
1	A	や	矢部　謙介	『武器としての会計思考力 − 会社の数字をどのように戦略に活用するか	日本実業出版社	2017
5	B	み	溝上　達也	キャッシュ・フロー会計の論点整理	『松山大学論集』第25巻第4号	2013
5	B	な	中村　信博	資金計算書の変遷に関する再考察	『商学論叢（福岡大学商学	2015

章	A書 B論		著者名	書名・論文名	出版・雑誌名、巻号	出版年
					部)』第59巻第4号	
5	B	そ	染谷恭次郎	資金会計の基礎概念	染谷恭次郎編著『体系近代会計学Ⅶ資金会計論』中央経済社	1980
5	B	な	中村　宏	わが国の証券取引法における資金情報開示の序説	『阪南論集社会科学編』第29巻第1号	1993
5	A	た	立石康人 他	『キャッシュ・フロー計算書のしくみ』(新日本有限責任監査法人編)	中央経済社	2013
5	A	と	豊岡　隆	『キャッシュ・フロー計算書の再構築』	同文舘出版	2005
5	A	ま	町田　耕一	直接法によるキャッシュ・フロー計算書	『国士舘大学政経論叢』第22巻第1号	2010
5	B	み	溝上　達也	キャッシュ・フロー計算書の表示区分についての考察	『松山大学論集』第21巻第6号	2010
5	B	さ	佐藤　渉	法人税の費用性の検討	『明治大学経理知識』第71号	1992
5	A	そ	染谷恭次郎	『財務諸表三本化の理論』	国元書房	1983
5	B	や	安平　昭二	資金計算書の第三の財務諸表としての意味－その簿記機構論的意義づけの試み－	『産業経理』第43巻第2号	1983
5	A	や	安平　昭二	『会計システム論研究序説 - 簿記論的展開への試み』	神戸商科大学経済研究所	1994
5	B	す	杉本　徳栄	簿記理論とキャッシュ・フロー計算書	『龍谷大学経営学論集』第42巻第3号	2002
5	B	ぐ	郡司　健	キャッシュ・フロー会計の計算構造－キャッシュ・フロー計算書の表示法と作成法を中心として－	『大阪学院大学企業情報学研究』第10巻第2号	2010
5	A	い	石川　純治	『複式簿記のサイエンス－簿記とは何であり何でありうるか－』増補改訂版	税務経理協会	2015
4	A	か	鎌田信夫・大雄 令純 共訳	『営業予算－編成と運用－』	同文舘出版	1973
4	A	ま	牧浦　健二	『ドイツ資金計画論』	森山書店	1997
4	B	み	溝上　達也	英国における将来志向的キャッシュ・フロー計算論の展開	『松山大学論集』第22巻第3号	2010
4	A	こ	児玉　厚	『増補改訂　予算会計 - 連結キャッシュ・フロー予算制度構築に向けて』	清文社	2016
4	B	え	遠藤　秀紀	IFRS X における直接法キャッシュ・フロー計算書の連携	『国際会計研究学会　年報』2017年度第1・2合併号	2017
4	A	か	鎌田　信夫	『キャッシュ・フロー会計の軌跡』	森山書店	2017
4	B	こ	小山　智弘	IASB 公開草案『全般的な表示および開示』の解説	『旬刊経理情報』第1569号 2020年2月10日特大号 中央経済社	2020
4	B	み	溝上　達也	キュッシュ・フロー計算書における営業概念の意味	『會計』第165巻第6号	2004
4	B	み	溝上　達也	英国におけるキャッシュ・フロー計算書制度化の論理	『松山大学論集』第28巻第1号	2016
4	B	な	中野一豊・清水克益 共著	キャッシュ・フロー計算書の構造とその問題点	『豊橋創造大学紀要』第10号	2006

章	A書 B論		著者名	書名・論文名	出版・雑誌名、巻号	出版年
4	B	こ	国際会計基準委員会(IASB)	公開草案 「全般的な表示及び開示」パブリックコメント日本語版	HP:https://cdn.ifrs.org	2019
4	A	は	八田進二・柴健次・青木雅明編著	『会計専門家からのメッセージ－大震災からの復興と発展に向けて』	同文舘出版	2011
4	A	そ	染谷恭次郎	『ある会計学者の軌跡－ひとつの会計学史－』	税務経理協会	1997
4	B	よ	頼　　誠	予算管理	浅田孝幸他『管理会計・入門第3版』有斐閣アルマ	2011
4	B	さ	佐藤　康男	日本企業の予算管理－その現状と問題点－	『経営志林（法政大学）』第30巻第1号	1993
4	B	こ	児玉　厚	キャッシュ・フロー予算制度構築	『週刊経営財務』（税務研究会）第3234～3237号	2015
4	A	こ	児玉　厚	『予算会計～連結キャッシュ・フロー予算制度の構築に向けて』	清文社	2016
4	A	お	大鹿　靖明	『東芝の悲劇』	幻冬舎	2017
3	B	み	溝上　達也	英国におけるキャッシュ・フロー計算書制度化の論理	『松山大学論集』第28巻第1号	2016
3	B	み	溝上　達也	資金計算書における資金概念と表示区分との関連性について	『松山大学論集』第15巻第2号	2003
3	A	す	鈴木　義夫	『ドイツ会計制度改革論』	森山書店	2000
3	B	ひ	東良　徳一	ドイツ会計基準の国際化の動き	『大阪産業大学経営学論集』第12巻第2号	2011
3	B	い	井戸　一元	ドイツにおける財務報告-国際的調和化に向けた対応	『名古屋外国語大学現代国際学部紀要』創刊号	2005
3	A	く	久保田秀樹	『ドイツ商法現代化と税務会計』	森山書店	2014
3	B	か	加藤恭彦・遠藤久史	ドイツ　企業領域におけるコントロールと透明性に関する法律の解説（2）	『甲南経営研究（甲南大学）第39巻第3・4号』	1999
3	B	ふ	藤井　秀樹	基準調和化時代のフランス会計是度：プラン・コンタブル・ジェネラルの20年を振り返って	『京都大学大学院経済学研究科 Working Paper J-37』	2004
3	A	な	中村宣一朗他訳	『フランス会計原則』	同文舘出版	1984
3	B	お	小津稚加子	フランスにおける資金情報開示制度の動向	『広島経済大学経済研究論集』第15巻第4号	1993
3	B	お	小津稚加子	フランス企業会計と資金会計	安平昭二編著『簿記会計の理論・歴史・教育』東京経済情報出版	1992
3	A	と	豊岡　　隆	『キャッシュ・フロー計算書の再構築－国際会計基準の対応－』	同文舘出版	2005
3	B	な	中村　　宏	わが国の証券取引法における資金情報開示の序説	『阪南論集（社会科学編）』第29巻第1号	1993
3	B	た	武田　安弘	資金繰表開示の実態と問題点	『地域分析（愛知学院大学経営研究所）』	1987
3	B	お	太田　哲三	金詰まりと金繰り会計	『産業経理』第9巻第1号	1949
3	A	か	鎌田　信夫	『キャッシュ・フロー会計の原理』	税務経理協会	2006

章	A 書 B 論		著者名	書名・論文名	出版・雑誌名、巻号	出版年
3	A	な	中川美佐子	『会社会計制度の比較研究－12か国を対象として－』	千倉書房	1988
3	A	ひ	久野　康成	『メキシコの投資、M&A、会社法、会計税務』	TCG 出版	2015
7	A	ふ	藤本　拓也	『商業高校から一橋大学に入って公認会計士試験に合格した話』	とりい書房	2019
7	A	わ	渡邉　　泉	『会計学者の責任－歴史からのメッセージ－』	森山書店	2019
7	B	わ	渡邉　　泉	これまでの会計学これからの会計学	『會計』第194巻 第7号	2019
7	A	さ	佐々木大輔他	『会計史・税理士はこれからどう生きるか－AI時代にも稼げる働き方の未来地図』	㈱Freee社 KADOKAWA	2020

B　本文脚注以外で参考にした文献（書籍）

章	著者名	書　　名	出版社	出版年
0	斎藤静樹・奥山章雄　編集	現代会計ケース・スタディ	中央経済社	1992
2	青柳　文司	アメリカ会計学	中央経済社	1986
2	桑原　正行	アメリカ会計理論発達史	中央経済社	2008
2	友岡　賛 訳	歴史に学ぶ会計の「なぜ？」	税務経理協会	2015
2	戸田博之・興津裕康・中野常男 編著	20世紀におけるわが国会計学研究の軌跡	白桃書房	2005
2	安平　昭二	簿記－その教育と学習	中央経済社	1992
2	安平　昭二	簿記・会計学の基礎－シェアーの簿記・会計学	同文舘出版	1986
1	伊藤邦雄 編集	キャッシュ・フロー会計と企業評価	中央経済社	2006
1	稲盛　和夫	実学　経営と会計	日本経済新聞出版	2000
1	井端　和男	黒字倒産と循環取引	税務経理協会	2009
1	岡部　洋一	素人が書いた複式簿記	オーム社	2004
1	川井　隆史	会計知識	明日香出版社	2019
1	北村敬子・新田忠誓・柴健次　編集	体系現代会計学第2巻　企業会計の計算構造	中央経済社	2012
1	菊池　誠一	連結経営におけるキャッシュ・フロー計算書	中央経済社	1998
1	國貞　克則	財務三表一体分析法	朝日新聞出版	2009
1	黒川　保美　編著	会計学を面白く学ぶ	中央経済社	2003
1	佐藤靖・佐藤清和	キャッシュ・フロー情報	同文舘出版	2000

章	著者名	書　　名	出版社	出版年
1	佐藤倫正・向伊知郎 編著	ズバッとわかる会計学	同文舘出版	2014
1	柴野直一	資金繰り入門	サンマーク出版	2002
1	渋谷　武男	ベーシック経営分析　第2版	中央経済社	2012
1	末政　芳信	トヨタの連結財務情報	同文舘出版	2006
1	杉本典之・洪慈乙	キャッシュ・フロー計算書－国際的調和化の現状と課題	東京経済情報出版	1995
1	染谷恭次郎	キャッシュ・フロー会計論	中央経済社	1999
1	谷江　武士	キャッシュ・フロー会計論	創成社	2009
1	永野　則雄	ケースブック　会計学入門　第4版	新世社	2014
1	西澤 茂・上西順子	グローバル企業の財務報告分析	中央経済社	2017
1	西山　　茂	会計思考　77の常識	日経ＢＰ社	2018
1	西山　茂 監訳	アンソニー会計学	東洋経済新報社	2016
1	日経トップリーダー	なぜ倒産－平成倒産史編	日経ＢＰ社	2019
1	平野　智久	仕訳でかんがえる会計学入門	新世社	2019
1	平野　智久	ケースブック　財務会計	新世社	2018
1	平林　亮子	ポイント図解式　キャッシュ・フロー計算書入門	アスキーメディア	2008
1	安平　昭二 訳	バイレンマン資金計算書入門	税務経理協会	1985
1	百合草　裕康	キャッシュ・フロー会計情報の有用性	中央経済社	2001
1	渡邊　和矩	財務報告とキャッシュ・フロー情報の研究	東京経済情報出版	2010
5	永田　　靖	キャッシュ・フロー会計情報論－制度的背景と分析手法	中央経済社	2010
5	中村　　忠	会計学風土記	白桃書房	2003
4	伊藤和憲 他3名	キャッシュ・フロー管理会計	中央経済社	2016
4	北村敬子・今福愛志　編集	財務報告のためのキャッシュ・フロー割引計算	中央経済社	2001
4	髙橋　良造	資金会計論－時価評価論との呼応	税務経理協会	1995
4	田口　聡志	制度会計論－未来の会計をデザインする	中央経済社	2015
4	藤井　則彦	財務管理と会計　第4版	中央経済社	2010
4	程原　大善	中小企業支援のための実践戦略会計－過去会計から未来会計へ	同友館	2012
3	薄井　彰	会計制度の経済分析	中央経済社	2015
3	岸　悦三　訳	フランス会計基準	同文舘出版	2004
3	黒沼　悦郎	金融商品取引法入門　第5版	日本経済新聞出版	2013
3	久保田秀樹	日本型会計成立史	税務経理協会	2001
3	田中　　弘	イギリスの会計制度	中央経済社	1993
7	山岡道男・淺野忠克	アメリカの高校生が読んでいる会計の教科書	アスペクト	2009
全体	中央経済社編	会計法規集　第8版	中央経済社	2015

C　本文脚注以外で参考にした文献（論文）

章	著者名	論文名	雑誌名、巻号	出版年
0	我妻　芳徳	キャッシュ・フロー計算書に関わる指導法の研究	商業教育資料『じっきょう』第109号	2018
0	小見山　隆行	会計教育論考	愛知学院大学『商学研究』第54巻第2・3号	2014
0	川崎　定昭	会計制度改革が簿記教育に与えた影響分析	『経済集志』第84巻第1号	2014
2	須藤　芳正	資金会計論の歴史的展開 - 財務諸表体系における資金計算書の位置と資金概念	川崎医療福祉大学　『学会誌』 第11巻第2号	2001
2	百合野　正博	会計史の文献が古代にも紙幅を割いている意味についての一考察	『同志社商学』第61巻第6号	2010
2	中村　信博	資金計算書の変遷に関する再考察	『福岡大学商学論叢』第59巻第4号	2015
2	郡司　健	ドイツ企業年次報告書における資金計算書開示の変遷	大阪学院大学『企業情報学研究』第9巻第1号	2009
2	郡司　健	資金計算書とその現代会計的意義	大阪学院大学『商学論集』第14巻第2号	1988
2	茂木　虎雄	17・18世紀イギリス会計史の研究	『立教経済学研究』第29巻第3号	1975
2	石川　純治	資金計算書の歴史的展開と数学的展開	駒澤大学『経済学論集』第38巻第4号	2007
2	中村　信博	資金計算書の変遷に関する再考察	福岡大学『商学論叢』第59巻第4号	2015
2	関口　了祐	資金理論の計算構造－バッター資金会計再考－	『名古屋商科大学総合経営・経営情報論集』第48巻第2号	2004
2	倉田　三郎	ケーファー教授の資金会計論再考	『尾道市立大学経済情報論集』第1号	2001
2	渡邉　泉	18世紀イギリスに登場した残高表	『大阪経大論集』第58巻第1号	2007
2	澤登　千恵	19世紀中葉イギリス鉄道会社の複会計システム	『會計』第175巻第4号	2009
2	中川　美佐子	ブラジルの会計制度－法改正め会計基準をュ運に－　上下	『国際商事法務』第26巻第9-10号	1998
2	溝上　達也	資金概念に関する一考察	『松山大学論集』第27巻第4-1号	2015
2	渡邉　泉	17－19世紀イギリスにおける会計の展開	土方久編著『近代会計と複式簿記』（税務経理協会）所収	2003
2	友岡　賛	イギリス会計史の展開	『三田商学研究』第61巻第1号	2018
2	中村　宏	アメリカ資金会計論史における統一会計の意義	『阪南論集社会科学編』第37巻第1号	2001
2	井戸　一元	イギリスの財務報告	『豊橋創造大学紀要』第18号	2001
2	春日部　光紀	デトロイト＆ミルウォーキー鉄道会社の複会計システム	北海道大学『経済学研究』第68巻第1号	2018

章	著者名	論文名	雑誌名、巻号	出版年
1	高田橋 範充・鈴木一功	企業価値評価とキャッシュ・フロー	『會計』第164巻第2号	2003
1	郡司　健	キャッシュ・フロー会計の計算構造－キャッシュ・フロー計算書の表示法と作成法を中心として－	大阪学院大学『企業情報学研究』第10巻第2号	2010
1	溝上　達也	キャッシュ・フロー計算書における資金の多様性について	『松山大学論集』第31巻第1号	2019
1	永田　靖	キャッシュ・フロー計算書の財務表としての基礎的特徴	『広島経済大学経済研究論集』第32巻第1号	2009
1	佐藤　靖	キュッシュ・フロー構成比分解分析の論点と実践	福島大学『商学論集』第76巻第3号	2008
1	百合草　裕康	Leeのキャッシュ・フロー会計に関する一考察	奈良産業大学『産業と経済』第7巻第4号	1993
1	上野　清貴	支払能力とキャッシュ・フロー会計－ヒースの会計思考の検討－	長崎大学『経済学部研究年報』第15号	1999
1	石川　勝他	キャッシュ・フロー情報にもとづく企業倒産の研究	東洋学園大学『現代経営経済研究』第3巻第1号	2012
5	幸田　威久矢	キャッシュ・フロー計算書の作成方法-間接作成法とその構造	『八戸学院大学紀要』第51号	2015
5	澤村　隆秀	資金計算書における資金概念の特質と問題点（上）	『産業経済研究所紀要』第2号	1992
5	濱田　崇嘉	キャッシュ・フロー計算書の区分表示に関する再考	龍谷大学『経営学論集』第53巻第3号	2014
5	安平　昭二	資金計算書の簿記機構論的意味付けに関する各種の試み	神戸商科大学『商大論集』第46巻第3号	1994
5	石川　純治	キャッシュ・フローの動態分析に関する覚書	大阪市立大学『経営研究』第47巻第3号	1996
5	中野一豊・清水克益	キャッシュ・フロー計算書の構造とその問題点	『豊橋創造大学紀要』第10号	2006
5	関口　了祐	キャッシュ・フロー計算書の位置づけ	『慶應商学論集』第14巻第1号	2001
5	溝上　達也	キャッシュ・フロー会計の論点整理	『松山大学論集』第25巻第4号	2013
5	児島　幸治	キャッシュ・フロー情報の表示方法を巡る論点	関西学院大学『国際学研究』第1号	2012
5	溝上　達也	キャッシュ・フロー計算書の表示区分についての考察	『松山大学論集』第21巻第6号	2010
4	上西　順子	キャッシュ・フロー計算書に関する一考察－日、米、国際会計基準の比較を中心に－	静岡産業大学『環境と経営』第4巻第2号	1998
4	百合草　裕康	国際会計基準改訂第7号のキャッシュ・フロー計算書の特徴とその意義	奈良産業大学『産業と経済』第8巻第3-4号合併号	1994
4	小西　範幸	財務諸表の表示プロジェクトの意義	『産業経理』第73巻第2号	2013
4	関口　了祐	国際会計におけるキャッシュ・フロー計算書の意義	『慶應商学論集』第15巻第1号	2002

章	著者名	論文名	雑誌名、巻号	出版年
4	溝上　達也	キャッシュ・フロー会計における営業概念について	『松山大学論集』第 17 巻第 2 号	2005
4	鎌田　信夫	企業のキャッシュ・フローと財務諸表の連携	中部大学『経営情報学部論集』第 28 巻第 1・2 号	2014
4	石川　純治	P／L脳は病なのか－ファイナンス思考と会計	『経営財務』第 3389 号	2018
3	西口　清治	我が国におけるキャッシュ・フロー計算書の傾向	奈良学園大学　『社会科学雑誌』第 5 巻	2012
3	牧田　正裕	財務報告目的とキャッシュ・フロー計算書	『商学討究』第 48 巻第 2・3 号	1998
3	牧田　正裕	会計原則設定史からみたFASB 基準書第 95 号キャッシュ・フロー計算書の諸特徴	『商学討究』第 48 巻第 1 号	1998
3	斎藤　静樹	連結キャッシュ・フロー計算書等の作成基準の設定に関する意見書の経緯と概要	『企業会計』第 50 巻第 7 号	1998
3	柴　健次	会計制度に関する国際比較研究のための覚書	関西大学『現代社会と会計』第 9 号	2015
3	溝上　達也	英国資金会計の本質	『松山大学論集』第 14 巻第 4 号	2002
3	洪　慈乙	新しい財務諸表の制度化から見る複式簿記システム	山形大学人文学部『研究年報』第 8 号	2011
3	森　美智代	IFRS 導入と EU ／ドイツ	『国際会計研究学会年報』	2010
7	小倉　昇	キャッシュ・フロー情報分析の理論的検証	『会計プロフェッション』第 8 号	2013

図表一覧

著者プロフィール

［現　在］
山形県公立高等学校　商業科教諭
山形大学大学院理工学研究科（工学系）博士後期課程
ものづくり技術経営学専攻　在籍
学位：経営学修士（神戸商科大学）、経済学修士（福島大学）

［略　歴］
1961年　山形県生まれ　地元の県立商業高等学校卒、福島大学（旧）経済学部経営学科入学、会計学の基礎および管理会計・経営分析（とくに資金会計論）に深くふれる。とくに、アメリカにおける資金計算書に関する研究をW. J.バッターの所論を中心に研究する。卒業後、兵庫県立神戸商科大学（現：兵庫県立大学）大学院経営学研究科博士前期課程入学。ドイツにおける簿記理論および資金計算書論を研究。修了後は、山形県公立高等学校教諭。これまで5つの高校に勤務し、母校勤務を中心に、簿記・財務会計Ⅰ及びⅡの授業をメインに担当する。その傍ら、リカレント教育として、簿記・会計学指導のスキルアップとして、最新の資金計算書論（現在では、「キャッシュ・フロー計算書論」）を福島大学大学院経済学研究科修士課程にて継続研究。

高校3年時「簿記会計Ⅲ」科目の授業で、“黒字倒産”という言葉をはじめて聞き、強い興味をもつ。損益計算書上に当期純利益が、毎期計上されているのに、なぜ会社は倒産するのか ⁇ なぜ ⁇　好奇心は尽きない。大学に入学した大きなきっかけとなった。簿記は私にとってライフワークになっている。

現在は、現職のまま山形大学大学院理工学研究科（工学系）博士後期課程にて、中小製造企業における技術経営学を管理会計、とくにキャッシュ・フロー会計の視点から研究を進めている。

［学　会］
日本商業教育学会　（東北地区部会副部長、本部付理事）
日本簿記学会
中小企業会計学会
秘書サービス接遇教育学会
日本学校教育学会

［研究テーマ］
簿記・会計学、財務会計、管理会計とくに「キャッシュ・フロー計算書論」およびその指導法研究

［おもな論文］
・「高校簿記教育の再検討」　安平昭二編著『簿記・会計の理論・歴史・教育』（東京経済情報出版）1992 年　所収
・「ケース教材を活用したキャッシュ・フロー計算書に関する授業実践研究～ 2018 年 3 月公示改訂学習指導要領を見据えて～」『商業教育論集』第 29 集（日本商業教育学会誌） 2018 年　所収
・「簿記の導入段階での指導～金融教育からのアプローチ～」公益財団法人全国商業高等学校協会『商業教育研究』第 64 号　2013 年　所収　等

著者略歴

1961 年　山形県生まれ
現　・山形県公立高等学校　商業科教諭
・山形大学大学院理工学研究科（工学系）　博士後期課程
ものづくり技術経営学専攻　在籍
学歴　・福島大学　経済学部（現 経済経営学類）経営学科 卒
・福島大学　大学院経済学研究科　修士課程
経営学専攻会計税務プログラム　修了
同大学　大学院経済学研究科　研究生
・兵庫県立神戸商科大学（現 兵庫県立大学）大学院
経営学研究科　博士前期課程　経営学専攻　修了
職歴　・山形県内の公立高等学校、青少年教育施設（併任 : 山形大学
地域教育文化学部非常勤講師）を歴任
・山形県総合出先機関総務企画部税務課　勤務を経て現職

5W1H 思考で学ぶキャッシュ・フロー計算書

2021 年 9 月 22 日　初版第 1 刷発行

著者・発行者　我妻芳徳
制作・発売　神戸新聞総合出版センター
〒 650-0044 神戸市中央区東川崎町 1-5-7
TEL 078-362-7140 ／ FAX 078-361-7552
https://kobe-yomitai.jp/
印刷　神戸新聞総合印刷

ISBN978-4-343-01123-7　C0033